What makes a start-up company grow fast?

何がベンチャーを急成長させるのか

経営チームのダイナミズム

小林英夫［著］
Kobayashi Hideo

中央経済社

■はしがき

　筆者は1987年に経済学部を卒業し，新卒で社員2万人を超えるコンピュータ会社に就職した。そこでは，金融機関を担当するシステムエンジニアとして，データモデリング，オブジェクト指向開発，ファイナンシャル・エンジニアリング等に取り組んだ。だが，プログラミングを得意とする理系エンジニアではなく，将来的にはライン管理職の道に進みたいと考えていた。

　11年間は目の前の業務に追われながら勤務したが，ライン管理職を目指すために会社を休職し，1998年に国内のビジネス・スクールに入学した。当時はMBAホルダーとして，大企業の上級経営者になりたいという気持ちを持っていた。

　在学中の1998年～2000年は，ビットバレーがブームとなりITバブルが膨れた時期である。だが，そのような世の中の動きを横目で見ながら，自分自身で会社を興そうという気持ちにはならなかった。企業家精神を学ぶゼミに入り，ビジネスプラン執筆講座も履修したが，自らが創業者になれるとは思えなかった。幾ら企業家精神を学んでも，創業活動がどのように進んでいくのか，創業に新たな参画者がどう加わり組織拡大という現象へと発展していくのか，その過程で参画者はどのように役割を分担し組織として機能するようになっていくのかということは見えなかった。

　そのような筆者が，イー・アクセスというADSL（Asymmetric Digital Subscriber Line：電話線を用いた高速インターネット接続）サービスを手掛ける通信ベンチャーの創業に参画することになったのは，修士2年目の初夏に大学院で催された起業に関するパネルセッションがきっかけであった。

　そこにパネリストとして登壇したゼミの指導教官でもあった教授が強調したのは，ベンチャーで働くことのキャリア・マネジメントにおけるメリットであった。元々NTTに勤務していた教授は，「顔も見たことのないような人事部の人間に異動を決められるなんて真っ平御免だ，自分の人生を自分でコントロールできるのは素晴らしいことだ」と訴えた。

　筆者には，壇上に居る教授が，何故か大勢の聴衆ではなく自分だけに語り掛

けているように感じられた。それまでの人生で，そういった感覚に襲われたことはなかったし，その後も今に至るまで起こっていない。その不思議な感覚を抱えたまま家に帰った筆者は，夜遅くに教授に「ベンチャーに参画できる機会はないでしょうか」とメールを送った。すると「アークヒルズの個人事務所に来るように」とのメールが返ってきた。

アポを取り事務所を訪れた筆者に教授は「自分の所に5つくらい新しいビジネスに関する話がある」と打ち明けてくれた。「全く新しい事業を興す話もあるし，海外企業の日本法人を立ち上げるといった話もある。だが，どれをやるか，どれもやらないか，自分がどの程度関与するか，まだ何も決まっていない」と教授は話した。筆者は，「何でも良いので是非参画させてください」と訴えた。

教授は，筆者の素性，経歴や家庭，父親のことなど，ゼミでは話さなかったことをさりげなく聞き出してから，「では話が動いたら参画してもらう方向でカウントしておこう」と言った。そして，8月から12月までミネソタ大学への交換留学が決まっていた筆者に，「アメリカに行ったら，通信事業に関する科目があれば履修すること。Level 3, Covad, Northpoint, Rhythmsという通信会社があるので，それについても調べてみるように」との指示をした。

Covad, Northpoint, Rhythmsはいずれも米国でADSLサービスを手掛けるベンチャーであり，教授の頭に当時既にイー・アクセスの起業アイディアが大きくあったことがわかる。一方で，後から知ったことであるが，物理的な通信回線構築を手掛けるLevel 3の日本進出を担うという事業案も候補であった。

米国に渡った筆者は，指示どおりミネソタ大学で通信関係の講義を履修し，米国での学生生活を謳歌していた。すると11月初旬に教授からメールが届いた。それには短く「会社が出来ました。早く帰ってきてください」と書いてあった。そうはいっても授業があり，ミネソタ大学での単位取得と修士論文執筆を米国で行い，12月下旬に筆者は日本に帰国した。

帰国した筆者はすぐさまイー・アクセスの創業活動に参画し，それから週何日も会社に泊まり込む怒涛の日々が始まった。結果として会社は発展し，ベンチャーの成功のマイルストーンとされるマザーズへの上場を創業から4年弱で達成，その1年後には東証一部へと指定替えになった。

さらに，会社はイー・モバイルというブランドで携帯電話事業に参入した。筆者は経営戦略本部長となり，免許取得，資金調達，ネットワーク建設に奮闘，サービスは立ち上がった。やがて，会社は1,400人の規模となり，筆者は44歳で一部上場企業の代表取締役副社長となった。それは，大企業の上級経営者になりたいという自分の想いを実現したはずであった。

　だが，実際になってみると，その先が見えなかった。当時の筆者は上場企業の経営者として株価に一喜一憂し，月次業績そして四半期の決算発表の数字に執着し，一方で企業の社会的使命に対する想いは薄れていた。やがて株主や他の経営幹部との関係に疲弊した筆者は，次の道を模索しはじめた。そして博士課程の門を叩いた。

　大学院博士課程に籍を移し，改めて創業参画活動を振り返ってみた時，ベンチャーの創業から発展を当事者として経験しながら，いったいどうしてそのような事象が起こったのか，鍵となる要素は何であったのか，その結果を左右したものは何であったのかということは，はじめはよくわからなかった。起業活動に従事しているときには，それを意識することさえなく，日々発生するさまざまな課題に他のメンバーとともに取り組んでいるうちに，いつの間にか会社は発展していた。

　ビジネス・スクールの学びは，起業の実務には大いに役立った。だが，ケース・スタディにもとづく実務的な問題分析に明け暮れ，理論的な学びを欠いていた。博士課程では理論的な知識を学び，自分が参画した現象にアプローチする武器をある程度身に付けることができた。その武器を駆使しながら自らの経験やそれから発展する関連事象を解き明かすことが，できるようになったと感じている。

　そこで本書では，博士課程での研究活動をベースとして，事例研究や参与観察等の手法を交えて考察を加えながら，筆者が参画したベンチャーや競合他社の経営チーム形成を分析している。特に，参画した者，とりわけ創業者ではないが初期段階から参画した経営チームメンバーに注目して，創業者と参画メンバーの関係性を探求し，急成長するベンチャーの内部では何が起こっているのかを明らかにすることを試みている。

経済を活性化して成長を導くためにベンチャーの果たす役割は大きい。近年の経営環境は，市場の成熟とソフト化・サービス化の進展といった経済環境の変化，ITの発達による技術環境の変化，人口の高齢化や価値観の多様化といった社会的環境の変化，規制やベンチャー支援政策といった政治的環境の変化，等の構造的変化の波に晒されている。このため，従来型の延長ではなく，抜本的変化を伴い構造的変化に対応する経営が求められるようになってきている。この実現を支える存在としてベンチャーは，⑴経済発展のエンジン，⑵雇用機会の創造，⑶社会的問題の解決手段，⑷自己実現の機会の提供，として大きな意義を有している（金井，2002a）。

　低迷が続く日本経済を再び活性化し新たな成長を導くには，起業活動の活性化が重要な要素の１つである。1990年代の米国でのシリコンバレーに牽引された経済構造改革に見られるように，ベンチャーの創出は市場と雇用を生み出すだけでなく，産業の新陳代謝を促して経済構造を変革し，経済を活性化して発展させる効果を有している。しかしながら日本の起業活動は国際的に依然として低水準にある。このため起業家の育成は日本での大きな課題とされている（中小企業庁，2014）。

　日本の企業家研究も「事業を立ち上げること」への興味が中心である。だが，その注目は特定個人の創案や創業活動に集まり，経営チーム組成への注目は乏しい。このため創業者がどのように経営チームを築いているか，非創業者でありながら起業初期段階に経営チームに参画する人間の動機がどのようなものであるか，また経営チームのどのような行動がベンチャーの発展に効果をもたらしているか，はほとんど明らかになっていない。

　また海外におけるベンチャーの経営チームの研究も，チームの規模や結束の強さと組織成果の関係やチーム構成員の社会的関係や誘因に関する理論研究やサーベイ研究が主であり，実際にベンチャーの経営チームの内部でどのような力が作用しているのかを質的に深く踏み込んだ研究は乏しい。

　そのため，ベンチャーにおける経営チームの実態は依然として十分に解明されているとは言えないのが現状である。そこで，実際にベンチャーに創業メンバーとして参画した経験を踏まえて，ベンチャーの経営チームの実態を解き明かすことは意味があると思われる。

また，長期雇用慣行が変容しつつある日本社会において，ベンチャーの経営チームの実態を解き明かすことは，個人に対する新たなキャリアモデルの提示となり得るであろう。

　日本的雇用慣行における人材育成は，企業全体の仕事を広く浅く学ぶゼネラリスト養成型であり，そこで蓄積されるスキルは企業特殊的要素が強いと考えられがちである。しかしながらベンチャーの経営チームでは経営資源が不足しており，多様な業務に柔軟に対応する浅くとも広いスキルが有効に活かされる機会が多い。ゼネラリスト・スキルは企業特殊的なものではなく，その幅広い知識を活用できる場がベンチャーにはある。

　だが，現在のベンチャー振興策や企業家教育はそのような視点を欠いている。著名な創業経営者をロールモデルとして示して自らが起業することを促すが，自らが創業者にならずとも起業関連の活動や初期のベンチャーへの参画を促すことは行われていない。

　起業はチームによる活動であり，起業活動に従事している人の数は創業者よりもそうでない者のほうが遥かに多い。したがって，自ら起業することを煽るだけでなく起業参画者のすそ野を広げることが，起業活動の活性化や成功確率の向上に大きく貢献すると思われる。ベンチャーをキャリア・マネジメントの手段と位置付け，大企業のゼネラリスト・キャリアを捨て初期のベンチャー経営チームに参画して組織を支える人材を増加させることができれば，ベンチャーの成功と発展の可能性を高めることになる。本書はそのような期待を込めて執筆された。

　結果として，本書はベンチャーの経営チームの実態を描くことを通して，草創期のベンチャーでは何が起こっており，何故に高生産性が達成されるのかを明らかにしている。さらに，創業者ではない人間にとってのキャリア・マネジメントの手段としてベンチャーの有効性を提示する。

　したがって本書は，ベンチャー成功の鍵を明らかにすることに興味を持つ研究者や起業志望者だけでなく，起業に憧れは持ちながらも到底起業できるとは思っていない人や，企業の歯車となる生活に閉塞感を感じているサラリーマンにも是非読んでいただきたい。

なお，本書は筆者の博士課程における研究にもとづいている。その一部は学会誌・専門誌に既に公表されており（小林，2014；2015），書籍化するにあたり構成の見直しや加筆修正を行っている。

　学術論文の執筆においては，まず何らかの問題意識のもとに先行研究をレビューし，これまでの研究で足りない部分を研究課題として明らかにする。そして，研究課題に取り組む方法を提示した上で調査を行い，結果に対する考察のもとに結論を導くという段階を踏むのが標準的作法である。

　本書も，第2章から第5章は各々独立した研究として，基本的にこの作法に従った構成となっている。だが，書籍とするにあたり，学術界の関係者だけでなく実業界も含めたより広い読者に読んでいただくことを意識し，学術論文としての用語定義や先行研究レビューを簡略化するなど，読みやすさを意識した修正を行っている。学術関係者でこういった点に更に興味を持たれる方は，筆者の博士論文（小林，2016）を参照されたい。

　また，本書では研究手法として，事例研究，エスノグラフィ，インタビューという定性的調査を用いている。このため本文中に多くの方々にご登場いただいていることに感謝するとともに，表記においては敬称を省略させていただきましたことを，ここにお断りする。

目　次

はしがき・i

序章　創業の実際 ―イー・アクセスの事例― ── 1

　　1　ADSLベンチャーの機会の窓……1
　　2　イー・アクセスの立ち上げ……3
　　3　イー・アクセスの成長……17

第1章　研究対象としてのベンチャー ── 23

　　1　問題意識……23
　　2　ベンチャーと企業家という存在……25
　　3　本書のアプローチ……36

第2章　ベンチャーにおける経営チーム形成の事例比較 ── 43

　　1　チーム形成に関するこれまでの研究……43
　　2　東京めたりっく通信の起業……52
　　3　アッカ・ネットワークスの起業……57
　　4　財務戦略……61
　　5　チーム形成の違いを生む要因……68
　　6　小　括……77

第3章　創業参画者の意識と組織文化 —— 79

1　ベンチャー参画者の意識に関するこれまでの研究……80
2　イー・アクセスの創業チーム……98
3　組織文化……108
4　ベンチャーにおける経営チームの構図……114
5　小　　括……119

第4章　ベンチャー発展に伴う組織構造の変化 —— 121

1　ベンチャーの組織構造に関するこれまでの研究……122
2　イー・アクセスの組織の変遷……129
3　ネットワーク組織による初期の高生産性……138
4　小　　括……141

第5章　ベンチャー成長における滑業家の存在 —— 143

1　ベンチャーの不足資源充足に関するこれまでの研究……144
2　筆者の役割……151
3　創業参画者の自己エスノグラフィ……155
4　滑業家のインタビュー……163
5　滑業家の探求……174
6　小　　括……178

終章　草創期の魔法の種明かし ─── 181

1　経営チームのダイナミズム……181
2　本書の含意……186
3　おわりに
　──ベンチャーのキャリア形成手段としての意義……189

あとがき・193

参考文献・196

人名・企業名索引・211

事項索引・213

序章

創業の実際
—イー・アクセスの事例—

1　ADSLベンチャーの機会の窓

　創業には，機会の窓（Window of Opportunity）と呼ばれる時期がある。創業活動は，信用力の欠如，資源不足，体制の未整備といった，新規性が故に抱える不利な点が多い（Stinchcombe, 1965）。だが，ある時期，技術革新，規制緩和，社会的なニーズの変化などにより，ある業種・業界において新規参入の成功可能性が高まることがある。この時期を機会の窓という。

　かなりの規模の初期設備投資を必要とする通信事業への新規参入は非常に困難であるが，稀に機会の窓が開くことがある。1985年に日本電信電話公社民営化と通信自由化により，第二電電（DDI），日本高速通信，日本テレコムの3社が第一種通信事業者として参入したのが，日本の通信事業における最初の機会の窓であった。そして次に機会の窓が開いたのが1999年であった。

　近年，MVNO（Mobile Virtual Network Operator）の形で他の通信事業者からインフラ設備を借りて移動体通信サービスを提供することが可能となっている（これはこれで1つの機会の窓である）が，当時は通信事業者が自社設備を貸し出すことはなかった。だが，1999年のNTT分割後，NTT局舎へのコロケーション（他事業者が間借りして自社設備を設置すること）や加入者回線への重畳，ダークファイバー（未利用光回線）開放，等に関するルールが整備され，NTTの設備を利用しつつ限定的な設備投資で通信事業へ新規に参入する

ことが可能となったのであった。

　このようなルールが整備された背景には，監督官庁である郵政省（現・総務省）の後押しがあった。バブル以降の"失われた10年"と呼ばれる1990年代の終わり，米国経済がシリコンバレーの興隆とともに復活を遂げたのに対して，日本経済は長期的な景気低迷に喘いでいた。この一因として指摘されていたのが，インターネット接続環境の遅れであった。「米国との競争力格差の一因として，米国ではベンチャー参入による競争が通信サービスの価格低下をもたらしている」との指摘を受けて，郵政省は積極的な規制緩和に乗り出し，特に，高速インターネット通信技術であり，米国で普及しつつあったADSLの実用化に前向きな動きが見られた。

　だが，当時のNTTはISDN（Integrated Services Digital Network，デジタル化された公衆交換電話網）の普及に力を入れており，ISDNの次の技術としてはFTTH（Fiber To The Home，家庭向け光ファイバー網）を見据えていた。ADSLは，旧来の銅線を用いたアナログ通信であり，ISDNに対して電波干渉による通信障害を引き起こす可能性も指摘されていた。このため，ISDNの普及にもFTTHの普及にもマイナス要因となるADSLの日本での展開に対してNTTは否定的な立場をとっていた。

　新しい技術であり，これまでのサービスを凌駕する性能や価格優位性がある。その事業化に既存の巨大事業者は否定的であるが，規制当局の後押しがある。このような状況が機会の窓を開けていた。そこで，新規に創業されてADSL事業に乗り出したのが，東京めたりっく通信，イー・アクセス，アッカ・ネットワークスである。先行した東京めたりっく通信は1999年7月に，イー・アクセスは4ヶ月遅れて1999年11月に，アッカ・ネットワークスは2000年3月に設立された（**図表序－1**）。

　ADSL事業へは地域限定で数多くの企業が参入したが，全国的な展開を図ったベンチャーはこの3社であった。3社とも通信会社の統合の波に飲み込まれて既に存在しないが，日本におけるADSLサービスの黎明期を飾り，日本のICT環境の発展に大きな貢献をしたことは事実である。

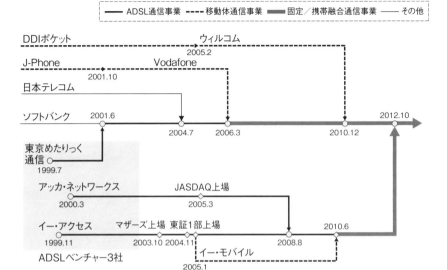

図表序-1 2000年代初頭のADSLベンチャーの変遷

2　イー・アクセスの立ち上げ

❖ 創業者

　筆者が参画したイー・アクセスは千本倖生とエリック・ガンの2名により創業された。

　千本は，1942年生まれで，京都大学で電子工学を学び新卒でNTTに入社した。在職中にフルブライト交換留学生としてフロリダ大学に留学し，電子工学の修士・博士を修めている。NTTでは技術畑を歩み，近畿電気通信局部長まで務めた。1984年の通信自由化を受けて，42歳でNTTを飛び出し京セラの稲盛和夫を動かして第二電電（以下，DDI）の創業を手掛け，DDIを上場企業に導き副社長まで務めた後に大学に転じ教鞭を執っていた。千本は歯に衣着せぬ物言いをする毀誉褒貶の激しい人物であるが，この実績から，通信業界とベンチャーの世界では著名な人物であった。

共同創業者のガンは、1963年に香港で生まれて、中学より英国に留学した。実家は香港で事業を営む裕福な家庭で、ファミリーとしてのリスク分散のために兄弟をカナダや英国など異なった国に留学させていた。ロンドン大学インペリアル・カレッジを卒業し、そのまま英国で日系の証券会社に勤務した後に来日し、ゴールドマン・サックスに入社した。そこでNTTドコモのIPOやNTTの増資、IIJの米国での上場などを手掛け、トップランクの情報通信アナリストとなり、1999年にゴールドマン・サックスのマネージング・ディレクターとなっていた。

二人は経営者とアナリストとして千本のDDI時代から親交があり、千本が大学に移って以降もたまに意見交換をしていた。

❖ 起業への胎動

イー・アクセスの創業は、DDIの共同創業やベンチャー企業論を経営大学院で教えていたという経験から千本が牽引していたように受け取られがちであるが、事業アイディアとしてADSLの日本での可能性を主導的に検討したのはガンのほうである。

香港で事業を営む家庭に生まれたガンは、アナリストとして分析するよりもいつかは自ら事業を手掛けてみたいという気持ちを持っていたという。当時、通信業界のアナリストだったガンは、米国でADSLを手掛けるベンチャー企業が急成長しているのを見て、日本でも事業化できるのではないかと考え、可能性を検討しはじめた。そして、ゴールドマン・サックスと同じアークヒルズに個人事務所を構えていた千本に話を持ち掛けた。

インターネット接続環境の悪さが情報化社会で日本が立ち遅れる要因となっていることを問題意識として共有し、千本とガンは1999年のゴールデンウィークを利用し米国へ視察旅行に出かけた。そしてADSL技術の日本での適用可能性への確信を得て、本格的な事業計画立案に取り掛かった。

イー・アクセスの創業に際して、共同創業者の一人ともいえる役割を果たしたのが、ゴールドマン・サックスでガンのアシスタント・スタッフを務めていた田中敦史である。田中は1974年の生まれで、大手GMS（General Merchandise Store：総合スーパー）のアジア展開の責任者を務めていた父を持ち、高校を

マレーシアで過ごし米国の大学に進んだ。大学は経済学部を卒業して日本でゴールドマン・サックスに入社，ガンを補佐して通信業界のアナリストを務めていた。海外経験が長かったため，英語はネイティブ並みであった。

　田中は，「父親はサラリーマンだが，その中で海外を担当し，香港でGMS事業を立ち上げたり，マレーシアで潰れかけていた会社を社長になり立て直し上場するなどした。それを近くで見ていた。サラリーマンだが，その中でリスクをとり社内で成功し続けてきた。起業するにしても何にしても，リスクをとってやるということについては，ずっと前から興味があった」と語る。常に新しいことを手掛けていた父親と米国流の価値観の影響から起業活動に非常に興味を抱いていたという。

　初期段階で実際に事業計画書を書いていたのは田中であった。当初から田中は起業に非常に前向きであったが，トップアナリストとしてゴールドマン・サックスで巨額の報酬やストックオプションを得ていたガンは，それを捨て起業に踏み切るだけの確信があったわけでなかったという。それを覆し思い切って起業することを促したのは田中であった。

　ガンがゴールドマン・サックスを辞める方向に傾いた時点では，千本は大学教授を辞めて起業に専念することまでは考えておらず，エンジェルとして出資をして非常勤で経営支援を行うつもりであった。その頃千本に，「起業へ参画する機会があれば加わりたい」と相談をしたのが，千本のゼミ生であった筆者だった。

　1964年生まれの筆者は，大学では経済学を専攻，新卒で日本IBMに入社し金融機関担当SEとして11年勤務した。その後，休職して国内のビジネス・スクールに進み，そこで教鞭を執っていた千本の研究室に所属していた。起業計画を明かされた筆者は，具体的な事業内容も千本の関与程度も他の参画者も何も聞かずに千本が手掛けるベンチャーへの参画を決めた。

　事業計画書を整えて，ガンと千本は資金調達に動き出した。当初は，米国の地域通信会社大手のクエスト・コミュニケーションズによる出資が有力な候補であった。また，ガンの所属するゴールドマン・サックスやモルガン・スタンレーにも足を運んだ。

　最終的な出資への合意を取り付けられたわけではなかったが，ゴールドマ

ン・サックスの日本における責任者だったボブ・ディレイニーから，千本が大学教授を辞めてフルタイムでCEOとして責任を果たすことを条件に出資へ前向きな言質をとりつけると，千本も腹を括り大学を辞めてイー・アクセスの創業活動に注力することとした。そして，創業チームの構築活動が本格化した。

❖ 創業チーム

創業チームの組成に取り掛かった千本は，初めにDDIでの部下であった庄司勇木と原恵海を勧誘した。

庄司は1964年生まれで，大学は文学部を卒業し，新卒3期生としてベンチャー精神が溢れていたDDIに入社した人物であった。DDIでは規制当局に関する対応や他の通信会社との相互接続に関する業務を手掛けていたが，通信業界の規制についてしっかりと学びたいとDDIを退職して大学院修士課程に進学し公共政策を専攻した。その後，CATV会社に就職して，担当部長として規制対応業務に従事していた。

原は1956年の生まれで，大学は法学部を卒業，中途でDDIに入社し総務部長を務めた後，情報通信分野の出版社に転職し営業企画部長としてインターネットビジネスの開発を手掛けていた。

2人とも千本が大学に転じてからは特に交流を持っていたわけではなく，当時は既にDDIを離れていた。千本から連絡を受けた時のことについて，庄司は「また事業の立ち上げに加われると思うとワクワクした。千本さんがやるならやってみたいと思った」と述懐している。

会社設立日は1999年（平成11年）11月1日である。世界一を目指す企業として，一並びのこの日が選ばれた。1999年7月に創業参画を千本に約束した筆者は，8月から12月までミネソタ大学へ交換留学に行き，事業計画書の作成や登記等の会社設立作業には関わっていなかった。

創業日には原と庄司が社員として入社していた。田中はゴールドマン・サックスに籍を残していたため形式上は社員とはなっていなかったが，実質的には社員としての活動を行っていた。

会社は設立されたものの1999年はまだ準備段階であり，ガンと田中は事業計画書の作成と資金調達，原が会社としての形式の整備，庄司がADSLサービス

実施のための必要作業の準備、そして千本も含めて全員で人集めを行うという作業が遂行されていた。

オフィスは監督官庁へ足を運びやすい桜田通り沿いの虎ノ門33森ビルに構えた。森ビルは創業時にベンチャーが借りるには過ぎたオフィスであったが、オフィスがもたらす対外的な信用力を重視した千本が知己のあった森ビルのオーナーに頼み込んで、保証金をまけてもらい借りた。

会社の設立と並行して、千本はメンバーの勧誘を続けた。

事業遂行には技術者が絶対に必要であったが、千本にはADSLを手掛ける適任者が思い浮かばなかった。そこで通信会社の知り合いや業界に詳しい人間から情報収集し、日本進出を模索していたある米国の地域通信会社から、国際電信電話株式会社（KDD）出身でスピードネット社のオペレーション責任者の小畑至弘の評判を聞きつけた。

小畑は1961年生まれ、1986年に大学院の工学研究科電子工学専攻修士課程を修了しKDDに入社し、技術畑を歩むとともに、通信規格の標準化団体での活動にも従事して国際標準化を手掛けた。1999年9月にKDDを退社しインターネット総合研究所（IRI）へ転職、そこから出向する形でソフトバンク、東京電力、マイクロソフトの合弁会社スピードネットのオペレーション本部長を務めていた。

小畑は、それまで千本のことは知らなかった。当時について小畑は、「KDDからIRIへ転職したのは、KDDがDDIに買収されそうだったから」と語っており、元々親交のあったIRIの藤原洋所長から転職の誘いは受けていたが、スピードネットへの出向の話が前提で転職していた。その直後に千本からイー・アクセスへの勧誘の話を受けたものの、最初は「うーん、という感じ」ですぐに乗り気になったわけではなかったという。

だが、何回か話を聞いているうちに、スピードネットのほうが東京電力とソフトバンク・マイクロソフト間で軋みが生じて、話が前に進まなくなってしまったという。そのうちに小畑も、イー・アクセスのほうが物事は進み、事業としても可能性を感じるようになり、参画を決断するに至った。小畑には、取締役のポストが用意された。

イー・アクセスに軸足を移すと、すぐに小畑は共に参画するメンバーを探し

始め，KDDで同期だったマーケティング部門の阿部基成と五十嵐尚を勧誘した。

阿部は1963年の生まれで，工学部の情報工学科を卒業して新卒でKDDに入社．AT&T等とKDDのJVへ出向して米国で勤務するなどの経験をした後，インターネット関連サービスの企画などを担っていた。阿部は決して雄弁ではなく，ぐいぐいと周囲を引っ張っていくタイプではなかったが，鋭い分析力を持っており，またウィットに富んでいて部下からの人望もあった。

五十嵐は1962年の生まれで，経済学部を卒業し，新卒でKDDに入社した。その後，外資系通信会社に転職して，営業企画部長として，マーケティング戦略を担当していた。

小畑，阿部，五十嵐はKDDで同期入社であるが，小畑は院卒のため年齢は上である。

小畑はさらに，いつかは一緒にビジネスをやりたいと話していた技術者仲間から日本テレコムの矢萩茂樹とNTTデータの岡本久典を勧誘した。

矢萩は1964年の生まれで，工学部電気通信工学科を卒業後に日本テレコムに入社，国際電話交換システムのソフト開発等に従事した。その後インテリジェントテレコムに出向しプロバイダー事業立ち上げを担っており，ネットワーク技術者として小畑と親しかった。

岡本は1966年の生まれ，電気通信学部を卒業後にNTTデータに入社し，プロバイダーのネットワークの計画，デザイン，構築，運営等に従事した。技術雑誌への執筆活動や，インターネットに関する展示会の技術面の主要運営メンバーを務めるなど，ネットワーク技術者の間では知られた存在であった。

矢萩と岡本のイー・アクセスへの登場は衝撃的であった。ある朝，前職の会社から据え置き型の大きな筐体のPCを旅行用のトランクを載せる簡易な台車に括りつけて引っ張って登場し，その姿は後々語り草となった。

小畑は「千本さんもガンも技術には人脈がないし，個人的には知らなかった。コンタクトを受けたが，のめり込んでいったわけではない。一人では出来ないので，勧誘は沢山の人に声をかけた。最終的に判断するのは当人なので，声を掛けることは気にならない」と語る。事業の可能性に惹かれて参画したという面もあるが，ソフトバンク・東京電力・マイクロソフトのJVというスピードネット社の意思決定の遅さを見限ったというほうが強かった。

小畑が声をかけたKDD組の阿部や五十嵐は「KDDの没落状況を踏まえてイー・アクセスの可能性に賭けた」「小畑が声をかけてくれたし，自分達でやるということに魅力を感じた」と述懐している。技術者仲間の岡本や矢萩は「元々，技術展覧会の環境設定などで付き合いが深いので会社の枠といった意識はあまりなく，いつかは一緒に何かやりたいと思っていた」と語っている。

　小畑が声をかけ，初期に実際に会社に出入りしていた人物の中には，最終的に創業に加わらなかった人間もいる。KDDからは，阿部・五十嵐以外にも，後にイー・アクセスの社長を務めた深田浩仁やもう1名の同僚が良く顔を出していたが，最終的に創業段階ではイー・アクセスに賭けるという決断はせず，KDDに残った。結局，深田は2000年10月にKDDとDDIが合併するタイミングでイー・アクセスに移ってきたが，もう1名はイー・アクセスに加わることはなかった。

　一方，この時期にガンは通信アナリスト仲間でフィデリティ投信の鈴木松吾を勧誘している。鈴木は1968年の生まれで，米国の大学の経営管理学部を卒業後にビジネス・スクールを修了，MBAを取得した。カリフォルニア州の公認会計士の資格をとり同州で会計事務所に勤務後，フィデリティでリサーチアナリストを務めていた。

　鈴木は，英語はネイティブ並みであるが日本語に怪しい所があり，会話は良いが日本語の文章を書くのは苦手にしていた。創業初期の早い段階から英文の事業計画書作成に貢献し非常に優秀ではあったが，評論家的な所があり自ら手を動かすということをあまり行わなかった。

　創業メンバーの中で，金銭的な話が一番好きだったのが鈴木だった。ITバブルによる他社の株価暴騰を見ながら自分の出資額が将来いくらくらいになる可能性があるかを嬉々として語った。車好きで，フェラーリの雑誌を買ってきて，上場したらこれが買いたいといった話もよくしていた。だが，その後すぐにITバブルは弾け，鈴木が夢見たような莫大なリターンがもたらされることはなかった。会社で様々な業務が動き出すと鈴木の活躍する場面は少なくなり，結果的に創業メンバーの中で一番早く2002年5月に，唯一，上場前に会社を離れた。

　こうして，千本とガンの共同創業者とイー・アクセスの創業メンバーと呼ば

れる10名の人材が集まった。彼らは，管理職相当の幹部社員の扱いであり，報酬も一律で前職の給与水準は考慮されていなかった。ほとんどは前職企業より下がっていたが，「創業時は手弁当」といったものでなく，相応の給与が事業計画上も計上され実際に支払われていた。

ただし，ここで創業メンバーとしているのは創業期に経営幹部との位置づけであった者であり，実際にはそれ以外にアシスタントやスタッフとして初期段階から参画していた者もいた。

一般職社員として最初に採用されたのはDDIのショールームレディを務めていた女性で，千本の秘書として雇われた。次は，東洋情報システムから転職した女性で，WEBや広報等に関する雑務を引き受けていた。続いて，若い技術者の男性とDDIで人事系のスタッフをしていた女性が入社している。いずれも原が勧誘してきた。管理職相当か一般職相当かについては，これまでの実績や創業メンバーとの関係，勧誘経緯などから「何となく」決まっていた。

社員番号は入社順に振られていた。管理上，取締役3名は別扱いとなっており，創業メンバーの社員番号は**図表序-2**のようになっている。いずれも，1999年末までには参画をコミットし実質的な活動もしていたが，事業計画書の

図表序-2 創業メンバーと社員番号

社員番号	名前	年齢（創業時）	入社日
0001	千本	57	1999/11/1
0002	ガン	36	1999/11/1
0003	小畑	38	1999/11/1
1001	原	43	1999/11/1
1002	庄司	35	1999/11/1
1005	鈴木	30	2000/1/18
1006	小林	35	2000/1/22
1007	阿部	36	2000/2/1
1010	五十嵐	37	2000/3/1
1012	矢萩	35	2000/3/1
1013	岡本	32	2000/3/13
1025	田中	25	2000/4/4

＊社員番号の飛びは，その間に一般社員が採用されていることを意味する。

執筆を手掛けた田中がゴールドマン・サックスを辞めて正式にイー・アクセスに入社したのが創業メンバーで一番遅いように，前職の退社日との関係で入社日は異なっている。

このように創業メンバーは，社長の千本とCFOのガンという共同創業者に，小畑とその勧誘による技術系の3名，小畑の勧誘した企画/マーケティング系2名，千本の勧誘した渉外，総務の各1名，ガンの勧誘した財務系2名，そして千本のゼミ生で社長室として遊軍的な動きをする1名の計12名であった。50代1名，40代1名，30代9名，20代1名という構成であった。

❈ 資金調達

1999年11月の設立時点でのイー・アクセスの資本金は3,000万円であり，発行価格5万円で600株を発行し全額を資本に組み入れている。その後，2000年1月に発行価格5万円で3,900株を発行して全額を資本に組み入れ，資本金は2億2,500万円となっている。この大部分は共同創業者である千本とガンが拠出し，他の創業メンバーが残りを出している。しかしながら，この資本金では通信事業の設備投資には全く足りないため，千本とガン創業前から資金調達活動に奔走していた。

資金調達の種となる事業計画書は何回も加筆修正が行われ，最終的に英文で数百ページにも及ぶものとなった。事業機会，会社の強み，戦略，業界分析，経営陣，資本構成，10年間の財務計画，月次設備投資計画，キャッシュフロー分析，事業リスクなどの項目が網羅されており，非常に精緻な事業計画書となっていた。

創業後もゴールドマン・サックスとの出資交渉は継続して行われていたが，同時にモルガン・スタンレーにも出資を打診した。出資の働きかけはガンを中心として行われ，説明資料の準備等の実務面は田中と鈴木が主に担い，実際の交渉はガンと千本が行った。イー・アクセスへの投資は本社案件となり，千本とガンは2000年の正月早々に米国へ飛び事業計画の説明を行い，出資への承諾を取り付けた。イー・アクセスは国際的基準で評価を得たのである。

イー・アクセスは2000年2月に，発行価格300万円で1,500株を発行し45億円を調達した。創業メンバーへの創業株式割当から1ヶ月で60倍の価格となった

この割当の大部分は，ゴールドマン・サックスとモルガン・スタンレーにより引き受けられた。

　第三者割当増資の記者発表は2月7日に帝国ホテルの大きめの宴会場を借りて，大々的に行われた。だが，一部で注目されてはいたものの創業間もないベンチャーの記者発表にさほど多くの記者が集まるとも思われなかった。千本は記者会見の準備を取り仕切った原に，場が華々しくなるようにありったけの人を動員するように指示をした。原の号令のもとで，皆が自分の知り合いに業界関係者のフリをしてサクラとして記者会見に出席するように依頼して，その結果会場はほぼ埋まった。

　出資とともにゴールドマン・サックスとモルガン・スタンレーから各1名の社外取締役を受け入れ，さらに2名の社外取締役を加え，社外取締役が取締役会の過半数を占める体制となった。メンバーの入れ替わりはあったが，社外取締役が取締役会の過半数を占める構成はずっと維持された。

❖ 事業の始動

　2000年が明けてすぐ，ケータリングの寿司や菓子類を用意してオフィスで新年会が開催された。そこで千本は，「この会社はブロードバンドの世界一の会社になる。ネクタイを外して，シリコンバレー・スタイルで自由にやっていこう」とスピーチした。筆者は心の中が燃え上るのを感じたことを覚えている。

　新年会以降，同社の活動は徐々に活発になってきた。虎ノ門33森ビル2階のオフィスは，平日の昼間は人が少なかったが，夜や土日になるとバラバラと人が集まってきた。当初は，常駐メンバーとして原が管理庶務系，庄司が事業関連のことをコントロールしていた。田中はゴールドマン・サックスに顔を出していることも多かったが，庄司から依頼された作業なども行っていた。

　鈴木は米国MBAで身に付けた鋭い金融分析力を持っていたが，日本語に不安があり細かい事務作業は苦手で，事業計画書作成や海外機器ベンダーの情報収集など英語を用いた作業が中心であった。アメリカン・スタイルの陽気さを持っており，キックボードをオフィスに持ち込んで走り回ったり，オフィスの空きスペースで野球をしたりしていた。

　夜になると五十嵐や阿部といった人間も顔を出し，オフィスが賑やかになっ

た。皆が帰宅するのは，いつも終電であったが，筆者は寝具を持ち込んで週の半分程度は会社に泊まるようになった。

❖ 後続人材の勧誘

　初期段階で人材獲得に最も活躍したのは原であり，その果たした功績は計り知れないものがある。原は創業メンバーの中で一人だけ離れて年上であり，行動力と強引さを持っていた。原の勧誘方法はやや誇張気味にストックオプションによる経済的利益の夢を語るものであり，他人に人生を変えさせることに躊躇はなかった。

　原が勧誘して引き入れた者で最も存在が大きかったのは，DDIで剛腕営業として鳴らしていたKCである。初期のイー・アクセスの営業部隊は，KCが配下のスタッフとともに集団で転職してきて組成したものだった。

　原はDDI時代にKCとともにラグビー部に所属していた。トップ営業で経済的報酬に強いこだわりを持つKCを口説くのに，原は成功時にストックオプションがもたらす莫大な利益を，当時のネットバブルの過熱ぶりを踏まえて大きく話を膨らませて語った。ある晩には，千葉の印旛沼にあったKCの自宅に車を飛ばしてアポなしで訪問し熱心に説得した。この熱意にほだされKCはイー・アクセスへの転職を決意し，2000年3月末でDDIを退社し4月1日にイー・アクセスに入社してきた。

　原の勧誘により入社したのはKCだけではない。情報システムの立ち上げを担ったYSや顧客サービスに習熟しており業務企画を担当したAYもDDIラグビー部のつながりで原が勧誘してきた。また，DDI以外からも原は積極的に人材を引っ張ってきた。初期に事務スタッフとして活躍した女性は原がWEB技術の勉強のために以前通ったデジタルハリウッドの講座で知り合った人間だった。

　創業間もない2月のある日，原は筆者に声をかけ，出版社時代に知己のあったソフトウェア開発会社の男性を勤務先に訪ねた。表面上の要件は，イー・アクセスを立ち上げるために通信会社の料金請求パッケージを探しており，それに関するアドバイスを貰いたいというものだった。

　湯島にある同社のオフィスで，原はイー・アクセスの計画や資金調達の状況

などを説明した上で，パッケージに関する情報があったら教えて欲しいと依頼して帰ってきた。だが，帰社するとすぐに原は彼に「本当の目的は君のリクルーティングであり，是非とも転職してきて欲しい」とメールして，熱心な勧誘を行った。その男性も4月にはイー・アクセスへ転職してきた。

しかしながら原の強引な勧誘は，移ってきた者の元所属企業からクレームを受けることもあった。特に大量の転職者を呼んだDDIからは強いクレームを受け，会社間の関係は拗(ねじ)れた。後にKDDIがADSLサービスの卸売事業者を選定する際にイー・アクセスでなくアッカ・ネットワークスを選択したことは，これが関係していた。

原がDDIから多くのメンバーを勧誘してきた一方で，筆者は追加メンバーの勧誘にほとんど貢献していなかった。主要因は，通信業界の出身ではなかったため，強く勧誘したい機能を持つ人物がネットワークに存在しなかったことがある。同時に，会社の成功に対して，相応の大企業で安定した仕事に就いている友人にリスクを取って転職を勧めるだけの絶対的な自信があったわけではないことも理由の1つだった。それでもコンピュータ会社時代の同僚やビジネス・スクールの友人に軽く打診はしたが強く引っ張ることはせず，実際の転職も実現しなかった。

創業メンバーに小畑，阿部，五十嵐の3人が参画したKDDからも，企画部門で阿部の部下であったTS，DS，MOの3人が次々に移籍してきた。この3人はKDDで1年ずつ年次が違い，阿部を含めて同一部門の先輩後輩というタテの関係であった。

KDDからの移籍についてはDDIのようなトラブルはなかった。KDDが2000年10月にDDIと合併することが決定しており，表面上は対等合併とされていたものの実質にはKDDが呑み込まれる形であり，KDDからの人材流出が大量に発生していたためであった。初期段階から水面下で参画していたKDDの技術部門で小畑の同期だった深田は，DDIとの合併と同時に退社して部下のYOら数人を引き連れて転職してきている。

金融系では，鈴木がカリフォルニアで監査法人に勤務していたHYとSIを勧誘した。2人とも米国の大学卒業後にそのまま米国で勤務していたが，この機会に帰国して転職してきている。また過去にゴールドマン・サックスで田中の

指導を担当したMSも勧誘を受け転職してきた。

　このように後続メンバーが徐々に加入してきたが，創業株割当を受けているメンバーと，そうでないが経済的リターンのこだわりを強く意識して入社した初期メンバーの間には後々微妙な壁が生じた。

　イー・アクセスには，後に創業メンバーとして扱われる者以外にも初期段階から参画している者が少数ではあるが存在する。彼らにも創業株が割り当てられたが，その数はわずかであり，幹部社員と同じような形ではなかった。また，創業株の割当は2000年1月上旬時点でイー・アクセスへの参加をコミットしていた初期参画者に行われたため，その後幹部社員と同格で扱われながら，僅かなタイミングの差で創業株の割当を受けなかった者もいる。

　そのような人間には，後の最初のストックオプション発行時に，創業株割当を受けたメンバーより多くのストックオプションを付与することによって経済的利益の差を埋めているが，創業株の割当を受けた者との差が完全に埋められたわけではなかった。

　この創業メンバーとなった者とそうでない者との差は，あまり目立たないものの，一部の人間，特にKCやKCとともに移籍してきた営業部隊の人間の中に不満の種となって燻っていた。2004年4月の話であるが，原が会社を去る際の送別会は創業株の割当を受けた者だけで行われた。

❖ 経営チームの構成

　イー・アクセスでは2000年1月までに会社に加わり創業株の割当を受けた10名を創業メンバーと当初呼んでいたが，その後は創業メンバーであることは社内で特別に意識されていない。

　創業メンバー10名は経営幹部の位置付けであった。創業メンバーのうち小畑だけは創業者に近い位置付けであり，創業時の取締役も務めている。続いて創業後1年以内に会社に加わった経営幹部の位置づけのメンバーを初期メンバーとここで定義し，創業者，創業メンバー，初期メンバーを合わせて起業チームと定義するが，これもその後社内で意識されていたものではない。

　初期メンバーは，創業メンバーからの誘いにより加わった者が19名，公募により入社した者が2名である。このうち女性は1名のみである。公募により入

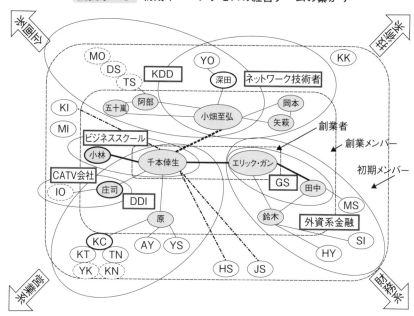

図表序 - 3　初期イー・アクセスの経営チームの繋がり

社した2名は初めから経営幹部層として入社したわけではなく，Manager（下級管理職）格で入社し，その能力を顕示してその後昇進している（図表序 - 3）。

関西支社長HSと内部監査室長JSは千本がDDI時代の繋がりで年配の人間を直接勧誘して据えている。また一般個人とのトラブルを抱えることの多い通信会社の特性を熟知した千本が依頼して紹介して貰った警察OBのKIは，セキュリティ対策を担った。

イー・アクセスでは，その後も長期にわたり人材紹介会社等を通じて外部からヘッドハントした人間を経営幹部に据えることは行われなかった。経営陣は，自分達の経営能力が高いという自負を持っており，多額の費用を払って戦略のコンサルティング会社を使うようなこともなかった。経営チームの組成には千本，ガン，小畑の各々のネットワークが大きな役割を果たしている。

千本のネットワークは元DDIの繋がりが大きく，これにビジネス・スクールでの繋がりから筆者が1人だけ加わっている。DDI出身者は，その後主に営業およびカスタマーサービス業務において中心的な役割を果たした。

ガンのネットワークは，ゴールドマン・サックスの部下であった田中も含めて外資系金融機関に勤務する者の繋がりである。この繋がりによる者は，その後主に経理・財務および採算管理において中心的役割を果たした。

小畑のネットワークは元KDDの繋がりと通信業界のネットワーク技術者の繋がりの2つがあった。ネットワーク技術者の繋がりによる者はネットワーク開発等の技術系業務で中心的役割を果たし，KDD出身者で技術系でない者は経営企画やサービス企画で中心的役割を果たした。通信業界出身でも財務畑でもない創業メンバーは筆者だけであった。

創業者の千本とガンが創業メンバーの勧誘以降は追加メンバーをほとんど直接勧誘していないのに対して，創業メンバーの多くは自らのネットワークを通じて新たなメンバーの勧誘を行っている。ある人物が自らのネットワークで勧誘できる範囲は限られているので，創業者が創業メンバーを勧誘して以降の更なる拡大は創業メンバーに委ねられる。そして，後続加入者は勧誘者と同分野でかつ後輩となる人物がほとんどである。したがって，創業メンバーの構成は以降の経営チームの構成のかなりの部分を規定することになる。

3 イー・アクセスの成長

❖ 事業実現への動き

ADSL事業は，競合企業でもあるNTTの局舎内に間借りをして自社の機器を設置すること（コロケーション）により実現する。イー・アクセスは日本でこれを実現する環境が整ってきたことを起業機会と捉え新規参入を目指して創業されたが，実際にはNTTはADSLサービスに懐疑的な姿勢を崩していなかった。このため千本と庄司は，コロケーションを認めさせるために，監督官庁である郵政省や識者への働きかけを行っていた。

特に積極的にアプローチをしたのが，当時は中央大学教授であり情報通信審議会電気通信事業部部会長を務めていた東京大学名誉教授の齊藤忠夫であった。齊藤はADSLサービスの日本での開始に積極的な姿勢を示していた。千本と庄司は齊藤を講師に勉強会を開催したり会社に招いたりして関係を強化していき，

齊藤はADSLサービスの実現を助ける省令等の整備に尽力した。

　第三者割当増資による資金調達以降は、サービス実現に向けて通信機材の調達、バックボーンネットワークの整備、NTT局舎への機器の設置といった技術的作業に邁進し、4月にはNTTの東京青山局と三田局にADSLモデムを設置して試験サービスを開始した。

　この作業を主導したのは矢萩と岡本であり、NTTとの交渉は庄司が担った。通信事業の技術面では門外漢だった田中や筆者も、勉強を兼ねてNTT局舎や回線集約装置を置くデータセンターに足を運び、機材の搬入や接続、テストなどの作業を手伝った。

　また、事業遂行に向けてサービス内容の企画も集中的に進められた。月額単価を幾らに設定するか、販売チャネルをどのようにするか、といった大きなテーマについて議論が重ねられた。この議論は20時頃から行われることが多く、誰が参加してもよく、宅配ピザを頬張りながら深夜まで続いた。

　この議論を引っ張ったのは、小畑と阿部、五十嵐というKDDからの転職組だった。特に阿部の鋭い分析力は皆から一目置かれ、率先して議論を引っ張るわけではないが阿部の意見によって方向性が決まっていくことが多かった。自社でISP（Internet Service Provider：インターネット・サービス・プロバイダー）としてインターネット接続を担い一般消費者に直接サービスを販売するのではなく、既存のISPに卸売りをするホールセールというサービス形態も、この議論の中で決定された。販売方針が決まるとISPとの交渉は営業部隊が担ったが、営業部隊の人間が深夜の議論に加わることはほとんどなかった。

　営業部隊はDDI出身者でほぼ構成され、他のメンバーと異なり全員がスーツにネクタイ姿で、KCの統制のもとに1つの集団を形成していた。決して他のメンバーと対立していたわけではないが、独立部隊のような見えない壁を作っていた。ただし、DDI出身でKCを勧誘した原はその内部に深く入り込んでいた。また、コンテンツ関連のビジネスが絡んだ場合や会社自体を積極的に売り込む際には、田中や筆者が同行して営業先企業を訪問することもあった。

❖ 公募と新卒採用による人員増加

　事業活動の発展とともに、積極的に人材の調達が進められた。創業後の人材

調達は,「ベンチャー企業は成長するにつれ『ヘッドハント』から『公募による中途採用』,そして『新卒採用』へと,採用チャンネルをシフトさせていく」という中小企業基盤整備機構(2011)の調査を裏付ける。

　ガンの発案で社員紹介制度を設け,自分の引きにより社員が入社すると10万円が貰えた。ガンはこういった思い付きをよく行った。2000年3月末までにイー・アクセスは創業メンバー以外に8人の社員を採用しているが,いずれも縁故採用であった。2000年4月～2001年3月にかけては114名を採用,そのうち36名が縁故,78名が人材紹介会社を通じた公募採用であった。

　将来的なことを考えて,新卒採用を積極的に行うように指示したのは千本であった。商用サービスも開始していない2000年5月に2001年新卒入社の採用活動を積極的に行ったところ,折からのビットバレーの余韻の残るベンチャーブームとITバブルにより早慶などの上位校から大量の学生が集まった。辞退が多く出ることを見越して,社員が40名に満たなかった2000年7月に50名の学生に内定を出した所,翌年4月には全員が入社してきたのである。

　2001年4月～6月の新規採用者67名の内訳は,縁故1名,公募中途採用16名,新卒採用50名であった。以降は中途採用と新卒採用を組み合わせ,創業から2003年10月の上場までに計362名(うち縁故53名,公募227名,新卒82名)の採用を行った。

　社員が増えるとともに,オフィスも借り増しされた。最初に借りていた虎ノ門33森ビルの2階の4分の1では足りなくなり,空いていた3階の半分も追加で借りることにした。

　東京と大阪からサービスを開始することにしたために関西にも拠点が必要となり,6月には大阪駅からほど近い一等地のアバンザ堂島に関西支社を開設した。アバンザ堂島は虎ノ門33森ビル以上に創業間もないベンチャーには分不相応と思われる綺麗で立派なオフィスビルだったが,千本がこだわって原に指示をして,そこに居を構えることにした。

　また,オフィスの机にもこだわりがあり,比較的高価であったインターオフィス社の机と椅子を用いていた。この机は一般の事務用デスクよりかなり大きく,気の利いた補助機器やコンセントがあるわけではなかったが,大企業でスペースを節約するために詰め込まれたオフィスに慣れていた者にはゆとりを

感じさせるものだった。時には，この机を"田の字"型に4つ並べて，卓球台にして遊ぶこともあった。

❖ 事業の進展

　イー・アクセスは，必ずしも順風満帆であったわけではない。先行する東京めたりっく通信に比べると，プロバイダーへのホールセールという形態をとっているため自社が顧客向けメニューをコントロールする余地に乏しく，知名度も向上しなかった。

　2000年末にはそれまでADSLサービスに懐疑的であったNTTが方針を転換してフレッツADSLという名称でADSLサービスに参入し，ISPもNTTへとなびいていった。全く同業態のアッカ・ネットワークスもサービスを開始し，KDDIのISPのDIONはアッカ・ネットワークスのみを取り扱い，他のISPもイー・アクセスとアッカ・ネットワークスを天秤にかけて条件交渉を行ってきた。

　当初調達した資金は底を尽きかけ，2001年2月にゴールドマン・サックス等への第三者割当増資により更に約50億円を調達した。当初のライバルであった東京めたりっく通信が6月に経営破たんすると，それを救済・吸収しつつソフトバンクがYahoo! BBというサービス名称で新規参入して価格破壊を仕掛けてきた。当初の事業計画で想定していた料金水準より遥かに急速な市場価格の下落が起こり，獲得顧客数を大幅に増加させた事業計画の再作成を余儀なくされた。追加の設備投資が必要となり，米国9.11の発生直前に辛うじてカーライル等から100億円を調達した。

　このように厳しい2001年であったが，それでも顧客数は増加し2001年12月には10万契約を突破していた。これは，Yahoo! BBの参入により，ADSLサービスの認知が急激に高まり，市場が急拡大した恩恵であった。ADSL全体では120万契約を突破していたが，NTTのフレッツADSLとYahoo! BBがそれをほぼ2分しており，イー・アクセスのシェアは8％強に過ぎなかった。

　社員は増え続け，2001年4月には新卒採用の社員が50名入社し，2001年末時点では社員数は約200人にまで増加していた。シェア自体は伸びなかったが，市場拡大の波に乗り発展を続けたイー・アクセスは2003年10月に東証マザーズ

上場，2004年11月に東証一部へ指定替えとなった。

❖ モバイル事業への進出

　東証一部上場の大企業となったイー・アクセスであったが，その立場に安住することはできず，その頃からADSLの次の事業の開発に迫られた。ADSLは電話局と顧客宅間のメタル回線を用いるサービスであったが，NTTはこの回線を光ファイバーに置き換えて自宅までを光ファイバーで繋ぐFTTHを推進していた。ADSLはFTTHまでの過渡的なサービスであり，いずれ顧客数が減少していくことは明白であった。このため，イー・アクセスはADSLの次の基幹事業を創っていく必要があったのである。

　ADSLの延長線上に事業を考えるとすればFTTHを手掛けるのが自然であったが，既存のメタル回線に重畳するADSLと異なり，光ファイバー回線を自社で敷設していくFTTHを手掛けるのはベンチャーには一層困難に思われた。

　社内では新規事業開発の部門が設けられ，アイディア・コンテストも行われた。だが，現場から出てくるのは小規模なビジネス・アイディアばかりで，基幹事業に育てられそうな案は出てこなかった。また，千本とガンも，口では「新しい事業を考えろ」と言いながら，実際の行動では上場企業としての毎四半期の業績に対して強く執着し，徹底的に無駄を削減してスラックを許さず，戦略的に開発投資を行うこともほとんど認めなかった。

　結局，社内からボトムアップで創造的な事業案が出てくるように促すことは進まず，むしろ社員が創造的であることを阻むような行動となっていた。管理を強めるほど創造性が阻害され，創業者がプロの上場企業経営者であろうとすればするほどベンチャーとしての創造的活力は失われていくように思われた。これは，「イノベーションのジレンマ」や「成功の復讐」に類するものであろう。

　その後イー・アクセスは，子会社として設立したイー・モバイルを通じて2007年に定額制のモバイル・ブロードバンド・データ通信サービスに参入した。そのアイディアを出して強く牽引したのは千本とガンだった。他の創業メンバーや後続の社員から基幹事業となるような新しいビジネスのアイディアが出てくることは終ぞなかった。

だが，千本とガンの牽引力は，イー・アクセスを更なる大きな成長へと導いた。新規周波数の獲得に成功し，ゴールドマン・サックスなどから約1,300億円の出資を引き出すと，全く新たな移動体通信ネットワークを全国に建設していき，2007年3月にサービスを開始した。さらにアッカ・ネットワークスを吸収合併して事業を拡大し，社員約1,400名を抱えるまでに成長していった。

❖ 消　　滅

モバイル・データ通信に焦点を当てたイー・モバイルの戦略はあたり，着実に加入者を増やしていった。だが，スマートフォンが徐々に浸透し携帯通信の主戦場が音声通信からデータ通信へと移行する環境変化のなかで，NTTドコモ，KDDI，ソフトバンクの大手三社が，イー・モバイルが開拓したモバイル・ブロードバンドの市場に食い込んで来るようになった。

そのような状況下で，2012年にKDDIとソフトバンクがイー・アクセスに対して買収提案を持ち掛けてきた。これは，データ通信に対するニーズが高まる中で，大手三社と並びイー・アクセスにも割り当てられていたLTEと呼ばれる新世代の高速通信の周波数の獲得を狙ったものであった。交渉の結果，千本とガンはソフトバンクの買収提案を受け入れることとした。

イー・アクセスは2012年12月末に上場廃止となり，株式交換でソフトバンクの子会社となった。その後，同じくソフトバンク傘下にあったウィルコムとの合併，ヤフーブランドを利用したY! Mobile（ワイモバイル）へのブランド変更などを経て，2015年4月にJ-Phone，Vodafoneの流れを汲むソフトバンクモバイル，日本テレコムの流れを汲むソフトバンクテレコム，ADSLサービスのYahoo! BBを提供するソフトバンクBBとの4社合併によりソフトバンク株式会社となり，企業として消滅した。

2014年3月末で千本はソフトバンクを離れ，現在は別のベンチャーの会長や社外役員などを務めているが，ガンはソフトバンクに残り，Y! Mobileブランドの事業を引き続き手掛けている。

第1章
研究対象としてのベンチャー

1　問題意識

　「スタートアップ（新興企業），特にその草創期には，何かしら魔法のようなことが起きている」（Livingston, 2010）と言われる。原典では，これはベンチャーが非常に高い生産性のもとで素晴らしい製品・サービスを創りだすことを指している。実際，イー・アクセスにおいても創業期はある種の興奮や熱気を有しており，組織としてしっかりと統制されたものではなくてもメンバーは自律的に行動し，結果として驚くほど短期間のうちにサービスを提供し事業が立ち上がった。

　だが，起業活動を外部から観察することと内部者として遂行することとの大きなギャップが指摘されるとおり（Aldrich & Yang, 2012），草創期にベンチャーの中でいったい実際には何が起こっているのか，そしてどうしてそのようなことが起こるのかを当事者以外が窺い知ることは容易ではない。このため「何かしら魔法のようなこと」と言われてしまうのである。

　草創期のベンチャーの活動を牽引するのは間違いなく創業者である。成功する創業者はカリスマ性と先見の明があり「ビル・ゲイツとかスティーブ・ジョブズ，あるいはラリー・エリソンのように，（中略）超人的な努力を持って大いなる困難に打ち克ち，自分の足でしっかと立つヒーロー」（Shane, 2008）というのが一般的な認識であろう。

そして起業研究の多くは，個人としての創業者に注目する。「事業を立ち上げること」に焦点を当て，それを遂行する神話的存在としての企業家個人の資質や行動，そしてその企業家の歴史に対して注目している。創業者がどのような意図のもとにどのように行動してベンチャーを立ち上げ，その発展を実現したのかについての研究も数多い。

　確かにベンチャーに対して創業者が及ぼす影響は甚大である。創業者は何かしら素晴らしいアイディアを持ち，会社を興し，それが発展を遂げて，ベンチャーを大成功に導き，結果として上場するか他企業に売却するかして，莫大な創業者利益を手にしている。

　だが，個人としての創業者の活動とベンチャーの組織としての活動は全く同じものではない。ベンチャーを運営し発展させていく活動は複数の人間による一連の行動であり（Gartner, Carter, & Reynolds, 2010），ベンチャーの経営は個人ではなくチームにより担われ（Reich, 1987; Cooney, 2005），チームは多様な性格，特性，知識，能力を持つ人の組み合わせの効果により優位である（Vesper, 1989）。

　経営チームがどのような運営を行うかがベンチャーの成否を分け，ベンチャーの成功の最大の鍵は経営チームである（Timmons, 1994）。ベンチャーの組織としての活動はチームとしてのものであり，創業者と創業者以外の参画者がチームとなりベンチャーの成長を実現している。

　ベンチャーでは創業者に注目が集まり，組織，即ち一人の創業者のみではなく創業者を含む複数のメンバーの協働の体系としての活動がどのように行われているかについて焦点が当てられることは少ない。そして，個人としての創業者が注目されるあまり，チームとしてどのように組織化がなされているのか，創業者以外の人間がどのように初期段階のベンチャーに参画し，どのように企業家精神の共有や活動の機能分担などの役割を担いベンチャーの発展の実現に寄与しているのか，組織の形成とその後の変化にはどのような関係があるのか，それが組織の業績とどのように絡むのかといった問題は解明されていないのである。

　結果として，「創業期のベンチャーでは何かしら不思議なことが起こっている」と言われながら，いったい何が起こっているのかはよく分かっていない。

そして，少数のベンチャーは発展を遂げる一方で，ほとんどのベンチャーは発展することができずにやがて消え去っていっている。

本書では，「ベンチャーの創業時に，その組織の中では何が起こっているのか？」を明らかにして，ベンチャー草創期の魔法とは何かを解明していきたい。

2　ベンチャーと企業家という存在

❖ ベンチャー

ベンチャーとは何か，という定義は曖昧である。中小企業には量的基準に基づく定義があるが，ベンチャーにはそのような基準は存在しない。人により微妙に異なる曖昧なイメージのもとにベンチャーという言葉が用いられることが混乱を招いている。

日本における中小企業の定義は，1963年制定の中小企業基本法により明確に規定されている。会社の場合は資本金と従業員数，個人企業の場合は従業員数のみによって決定されており，その基準は大分類の業種によって異なる。

中小企業かどうかは現在の規模だけが問題とされる。会社設立からの年数，株主構成，上場有無，将来計画等は関係なく，現時点の資本金額と従業員数で全ての企業は大企業か中小企業のいずれかに分類される。

ベンチャーと呼ばれても，企業規模が中小企業の定義に含まれれば，それは中小企業でもある。一方，中小企業の定義に含まれてもベンチャーとは呼ばれない企業もある。したがって，中小企業という集合にベンチャーと非ベンチャーという2つの副集合が存在する。

では，同じ中小企業でもベンチャーと非ベンチャーを分ける基準は何なのであろうか。日本で企業類型としてベンチャーがという言葉が持ち込まれたのは1970年，米国でのセミナーから帰国した通産省（現・経済産業省）の佃近雄が，セミナーでの用語を紹介したとされている（松田, 1998）。

ただし，佃は「"Venture"という言葉が研究集約的な中小企業を指す用語として米国で一般に用いられていると誤解して日本に紹介しており，実際には米国ではそうした用語法は存在していなかった」（清成, 1984）とされ，日本の

ベンチャーと米国のVentureのニュアンスは若干異なっている。英和辞書ではVentureに「冒険的企て，危険，思惑，投機，冒険的事業」といった訳が当てられており，企業類型としての米国のVentureは「リスクをとりながらリターンを求める冒険的企業」という投機の意味合いが強い。

日本では，用語に対する概念的特徴付けが清成忠男らの研究者によってなされ，ベンチャーという言葉は1970年から1971年にかけて急速に普及した。

その定義は「研究開発集約的，またはデザイン開発集約的な能力発揮型の創造的新規開業企業」であり，「それらは小企業として出発するが，従来の新規開業小企業の場合とちがうのは，独自の存在理由をもち，経営者自身が高度な専門能力と，才能ある創造的な人々を引きつけるに足りる魅力ある事業を組織する企業家精神をもっており，高収益企業であり，かつ，このなかから急成長する企業が多く現れていることである」（清成・中村・平尾, 1971）とされる。

清成はその後「重化学工業化の成熟段階に登場する知識労働の投入度の高い創造的な中小企業をいう。その特徴としては，企業家（entrepreneur）がリスクを負って創造の所産を企業化するという点をあげることができよう」（清成, 1984）と改めてベンチャーを定義した。

1990年代に入り，柳は「高い志と成功意欲の強いアントレプレナー（起業家）を中心とした，新規事業への挑戦を行う中小企業で，商品，サービス，あるいは経営システムにイノベーションに基づく新規性があり，さらに社会性，独立的，普遍性を持った企業」とベンチャーを定義した（柳, 1994）。

また松田は「成長意欲の強い起業家に率いられたリスクを恐れない若い企業で，製品や商品の独創性，事業の独立性，社会性，さらに国際性をもったなんらかの新規性のある企業」とベンチャーを定義した上で「ここで挙げられている要件のうち半分以上を満たせばベンチャー企業と呼ぶ」とし，更に「最低限『リスクを恐れず新しい領域に挑戦する若い企業』まで範囲を広げてもよい」と，その範囲を非常に広く捉えた（松田, 1998）。

金井はベンチャーを「起業家によって率いられた革新的な中小企業」と定義した上で，「ベンチャー創造という現象をアントレプレナーシップと表裏一体の現象と考え『企業家』活動の一部である『起業家』活動をベンチャー企業の鍵となる要件であると規定」した（金井, 2002a）。

これらの定義にほぼ共通するのは，①創業からの期間が短いか，もしくは中小規模であること，②アントレプレナーの存在，③創造性・革新性・新規性を持つこと，④成長志向であること，という項目である。
　「①創業からの期間が短いか，もしくは中小規模であること」は重要であるが，一方でこれが「起業＝ベンチャー」という短絡的視点を導き，中小企業とベンチャーの違いの議論の混乱の種となっている。榊原（1999）は，「日本でベンチャーあるいはベンチャービジネスという言葉が注釈なく使われる場合，それはほとんど例外なく『創業後間もない事業会社』をさしているといってよいように思われるが，それは『間違いである』と米国の研究者に指摘された」と記している。
　だが，開業率が高くボーングローバルなベンチャーを輩出している米国においても，「起業すること」と「ベンチャーを興すこと」の区別がされずに，「企業家精神＝シリコンバレーで見られるようなベンチャーの創業」という誤解が存在する。
　Shane（2008）は，典型的な起業者のイメージが「数人の仲のいい友人と数百万ドルのベンチャー資本を調達して会社をおこし，特許によって守られた新発明の装置を開発するような，ジェット機にしょっちゅう乗るシリコンバレー在住のエンジニア」で，「会社を興して億万長者になるといったアメリカン・ドリームのような」起業にまつわる神話が存在するとした上で，「実際に起業している者はすぐ隣にいるような人であり，自分が生まれ育った土地で人生の大半を過ごして住み続け，長年その業界で働いた経験のある，建設会社や自動車修理工場のようなローテクな事業を興す40歳代の男性で，貯金や銀行からの個人保証の融資による少額の資金を元手とする個人企業であって，他人の下で働きたくはないが生活費を稼いで家族を養うために事業を興している」と指摘する。
　これは日本におけるベンチャーの創業と中小企業の創業の違いと酷似している。設立から日が浅くても，自己資金を元に1人で小さなお店を開業するようなケースはベンチャーとは言い難い。ベンチャーは，創業からの期間が短いかもしくは中小規模であるが，創業からの期間が短い企業や中小規模の企業の全てがベンチャーというわけではない。

では「②アントレプレナーの存在」についてはどうであろうか。

Schumpeter (1934) はアントレプレナーを「新結合の遂行をみずからの機能とし，その遂行に当って能動的要素となるような経済主体」と定義した。ここで新結合とは，「(1)新しい財貨，あるいは新しい品質の財貨の生産，(2)新しい生産方法の導入，(3)新しい販路，市場の開拓，(4)原料あるいは半製品の新しい供給源の獲得，(5)新しい組織の実現，の5つの生産手段の組み替えが含まれる」であり，これこそがイノベーションであるとされる。

Schumpeterは，アントレプレナーが新結合の遂行と呼ばれるイノベーションを率先して実現することによって変革が生まれ，経済発展がもたらされると考えた。就労形態や経営者としての立場，起業・創業にはこだわっておらず，アントレプレナーは新しい企業を興す人のみに適用されるのではなく，既存企業の枠内で新しい考えを持ち込む人にも広く適用される概念である。

このように，アントレプレナーの定義の基本は，元来どのような組織に所属するかによらず，事業機会の発見や創出認識を通じて革新や進化をもたらす人物である。アントレプレナーの活動は創業活動には限らず様々な組織・立場で遂行されるものであり，ベンチャーにはアントレプレナーが存在するが，アントレプレナーが存在する組織の全てがベンチャーというわけではない。

「③創造性・革新性・新規性を持つこと」についてはどうであろうか。

確かに，創造性・革新性・新規性なくしてベンチャーであることは難しい。だが，東京の大田区や大阪の東大阪市に集積する町工場のように，ベンチャーとはされないが高い技術力を誇り革新的な製品を創りだしている中小企業も存在する。

いずれの地域も古くから海苔養殖や木綿といった産業が栄え，戦後の高度成長期に貸工場の誘致や工場建設を通じて金属加工等の中小企業が集積してきたという歴史を持っている。創業から時間を経ており急成長しているわけでもないが，その高い技術力で創造的で革新的な製品を生み出している企業も存在する。したがって，ベンチャーは創造性・革新性・新規性を有するが，創造性・革新性・新規性を持っている企業が必ずしもベンチャーというわけではない。

このように，「①創業からの期間が短いか，もしくは中小規模であること」「②アントレプレナーの存在」「③創造性・革新性・新規性を持つこと」は，ベ

ンチャーにとっては必要条件ではあるが十分条件ではない。

　一方「④成長志向であること」はこれらとは異なる。経営者であれば利益を生むことを目指すのは当然であり，それはベンチャーであるか中小企業であるかを問わない。しかしながら，どの程度の成長を志向するのかは企業により異なる。急成長よりリスクを抑えながら堅実な成長を目指す。これは中小企業の戦略である。一方，急成長を志向すれば，リスクをとり積極的な投資をして飛躍的成長を目指す。これはベンチャーの戦略である。

　急成長を志向することは上記の①〜③の項目を前提とする。大企業になるとその時点の事業規模に対して何倍・何十倍という成長を短期間に実現する夢を描くのは困難であり，飛躍的成長には創業からの期間が短いか，もしくは中小規模であることが必要となる。

　実際に成長するかどうかは企業の事業遂行力や環境に左右されるものであり結果論の側面もあるが，どの程度の成長を志向するかどうかは意図的なものであり志を持ったアントレプレナーの存在が必要となる。

　また，急成長の実現は他社と同じことをしていては難しいため，新たな技術開発や事業モデル，展開手法などでの相当の差別化を必要とする。したがって，ベンチャーには革新性・創造性・新規性が必要となる。

　以上を踏まえると，ベンチャーと非ベンチャーを分ける最大の要素は，成長志向であること，とりわけ急成長志向性の有無であり，それは①〜③も伴うことになる。

◈ 企業家

　企業と起業が同じ"きぎょう"であることから企業家と起業家という言葉は時に混同されて用いられるが，元来のアントレプレナーは企業家―業を企てる者―であった。

　その用語の起源は1775年に商業論を著したCantillonまで遡るが，学術的に明確に定義したのはSchumpeterである。前述の通りSchumpeter（1934）は企業家を「新結合の遂行をみずからの機能とし，その遂行に当たって能動的要素となるような経済主体」と定義した。

　また「リーダーシップの本質はイニシアティブ」であり，「企業家の機能と

は，経済の分野におけるリーダー機能」であり，「経済の分野における新しい可能性の認識とその実現の要求は，企業家機能の本質の一部。このような経済的リーダーシップは，次のような類型に分類された課題（上記，新結合を指す）によって裏付けられる」（Schumpeter, 1928）としている。

したがって，企業家は新しい企業を興す人のみに適用されるのではなく既存企業の枠内で新しい考えを持ち込む人にも広く適用される概念である。

一方"起業家"は日本で1980年代に使われるようになった言葉で，"企業家"と同義に用いられることも多い。しかしながら，起業を文字通り"業を起こす"ことと捉えれば，"起業家"は"企業家"よりも狭く，企業の立ち上げを行っている人—創業者—を指すものと考えられる。本書ではこの考えのもと，起業家∈企業家として両者を区別して用いる。

Schumpeterが非連続的な変化としての「革新」に焦点を当てたのに対して，未利用の機会の認知に焦点を当てて企業家を捉えたのがKirznerである。Kirzner（1973）は「企業家精神とは，新しい製品や新しい生産技術を導入することではなくて，新しい製品が消費者に価値あるものとなり，他人が知らない新しい生産技術が企業化できることを見直す能力なのである」と定義している。したがってKirznerは先駆者として非連続的な革新をもたらす者だけでなく，新しい機会を積極的に開拓して利用して漸進的に進化をもたらす「企業者に追随する模倣者の群れ」も企業家であると考えている。

起業家を「企業を興す，即ち創業する人間」とした場合，これに相当する英語として"Nascent Entrepreneur"（創業企業家）が存在する。Reynolds & White（1997）は"Nascent Entrepreneur"を「存続可能な組織に至ることを意図した重要な活動を開始した人」と定義している。

Reynolds（2000）によれば，新しいベンチャー創造は，①受胎／構想，②妊娠期／立案，③幼児期，④青年期の4段階からなるプロセスであり，受胎／構想から妊娠期／立案への遷移はある人が会社の立上げを行おうと決めることによって起こる。この時，その会社が独立したものである場合にはその人がNascent Entrepreneurであるとされる。

このようなアントレプレナーの定義において問題となるのは，果たしてそれが「なにもないところから新たなものをつくる『創造』として捉えるべきか」

という点である。

　多くの研究者は起業活動を「存在しない組織を創造する行動」の観点からみて，その新規性や資源の欠乏に注目する。しかしながら，Aldrich & Kenworthy（1999）が「アントレプレナーと彼らが作る新しいベンチャーの中に，大概は組織形態のありふれた複製が見られる」と指摘し，Schein（1989）が「創業者にしても集団メンバーにしても，必ず以前の経験を携えて出発する」と指摘するように，起業家は自らが創る組織の中に，その過去の経験や現在も取り巻く柵を持ち込んでいる。組織自体は存在しないものが誕生するのであるが，その組織には創生に携わる人間から様々な要素が持ち込まれている。したがって，起業という行為を捉える場合にも，生み出すという観点のみならず，持ち込まれるという観点にも着目する必要がある。

　近年，企業家研究を資源ベース理論の観点から追求する動きが生まれており（Barney, Wright, & Ketchen, 2001），機会認識能力としての資源が意識されている。機会の認識に対しては，Schumpeterの流れを汲み認知能力に基づいて発見，識別するというShane（2000）やBaron（2004; 2006）らの見方と，Kirznerの流れを汲み意図的に創造，構築するというKrueger（2003; 2007）やSarason, Dean, & Dillard（2006）らの見方が存在し，研究が進んでいる。

　一方，認識された機会を事業として発展させる機会実現は機会認識と一連の活動として一括りにとらえられることが多い。だが，機会実現は収穫を実現するかどうかに直結し，同じ事業機会を捉えて参入を果たしたベンチャーでも，収穫実現まで成長できるかどうかに違いが生まれる。したがって，ベンチャーを運営する機会実現活動へも注目を高めるべきであろう。

◈ 共同創業者，右腕と補佐役

　ベンチャーは，2名あるいは3名が共同創業者となり創られる場合もある。例えば，ソニーでは井深大と盛田昭夫が共同創業者とされ，Appleではスティーブ・ジョブズとスティーブ・ウォズニアック，Googleではラリー・ペイジとセルゲイ・ブリンが共同創業者とされている。

　単独創業よりもチームによる創業のほうがより成功を収める傾向があることが先行研究により明らかにされている（Van De Ven, Hudson, & Schroeder, 1984;

Doutriaux, 1992)。その理由としては，各チームメンバーが革新に必要な多様な要素を相互補完することが挙げられている。共同創業者の関係は，後述の創業者と右腕人材の関係と重なる部分もあるが，異なる部分もある。共同創業者と見做すか否かは，創案段階に対する関与度合いの違いが大きいが，一方の人物の参画時期というタイミングによる側面もある。

偉大な企業家には，右腕と呼ばれる有能な補佐役が存在した事例が多い。2人以上の共同創業者が存在する場合でも，ほとんどの場合その関係は完全対等な横並びではなく主従関係が存在していることを考えると，共同創業者も企業家と補佐役の関係の1つと言える。

パナソニックでは，松下幸之助に対して高橋荒太郎が，ホンダでは，本田宗一郎に対して藤沢武夫が補佐役として存在した。最近のベンチャー企業で言えば，楽天の創業者の三木谷浩史に本城慎之介，ＣＣＣの創業者の増田宗昭に笠原和彦などはこの関係である。

右腕の有効性に関する研究として，脇坂（2003）は，右腕の存在が「競争力」や「事業拡大方針」に対して有意な正の影響を与えることを見出すとともに，右腕と企業パフォーマンスの関係において，右腕の存在と「売上の伸び」および「経常利益の伸び」に正の相関があることを示した。また，補佐役の役割として，「負担の軽減」「決断の補完」「非を諫める」が指摘されている（森，1994）。

❖ 主導的起業家と追随的企業家

創業企業家（Nascent Entrepreneur）の活動は，会社を立ち上げることにあり，そこでは創造すること（Innovation）が重視される。それは1人か2人の創業者の活動であり，経営チームの組成や活動を導く役割を果たす。

Ensley, Carland & Carland（2000）が，「ベンチャーは創業チームによって形成されるが，通常は1人の個人がプリンシパル・リーダーとして出現する」と指摘するとおり，それは1人か2人の創業者の活動であり，経営チームの組成や活動を導く役割を果たす。そこでこの人間を主導的起業家と呼ぶこととする。

一方，創業された企業の発展においては，主導的起業家に巻き込まれてチー

ムを組み企業成長を牽引する人々が存在する。彼らは企業を興した者ではないが，その活動は創業初期段階で新たな事業を創り発展させるというSchumpeter的観点でも，また先駆者が作り出す非連続的な飛躍をさらに漸進的に進めていくというKirzner的観点でも，企業家としての活動である。そこでそのような人間を追随的企業家と呼ぶことにする。

狭義には主導的起業家のみを企業家と見做す見方もあるが，両者とも企業家（アントレプレナー）の定義に含まれるものであり，本書では企業家として主導的起業家と追随的企業家が存在し，その組み合わせによりベンチャーの経営チームが形成されると考える（**図表1-1**）。

Dyer, Gregersen, & Christensen（2011）は，企業家の機能をイノベーションに注目して指摘する。「イノベーティブな企業は，創設者起業家という，発見力に優れ果敢にイノベーションを推進するリーダーに率いられていること」「イノベーティブなチームを巧みに率いるリーダーは，自らの発見力と実行力の構成を知り，自らの弱みをほかのメンバーの強みによって補っていること」「多くのイノベーターが，実行力に優れた人材を探しタッグを組んでいること」を指摘している。

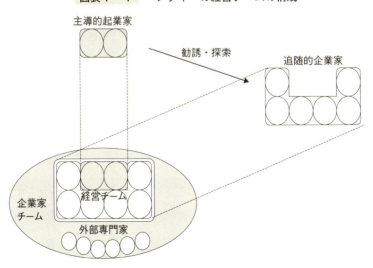

図表1-1　ベンチャーの経営チームの構成

初期のベンチャー研究で神話的創業者に注目が集まったのと同様，ベンチャーの経営チーム研究でも主導的起業家への注目が集まり，追随的企業家への着目は少ない。だが，ベンチャーの経営チームの大多数を構成するのは追随的企業家であり，企業が成長し経営チームが拡大するほどにその比率は高くなる。そして経営チームにおける追随的企業家の数が多くなれば，その中にも個々の追随的企業家の違いや，その間の相互作用が発生するはずである。

❖ 企業家チーム，創業チーム，経営チーム

ベンチャーの活動を推進するのは企業家チームであり，その核となるのが設立時点で形成されている創業チームである。本研究では，ベンチャー設立前に形成され創業活動に従事するチームを創業チーム，設立後のベンチャーの運営を担うチームを経営チームとする。企業家チームはこれらに加え，外部専門家としてベンチャーの活動を支える者も含むものとする。

企業家活動を孤高の英雄の活動として捉えるのではなく，チームによる行為として捉える研究が存在する。

Timmons (1994) によれば，ベンチャーの経営チームはベンチャーの成功に多大な影響を及ぼし，経営チームなくして潜在能力の高いベンチャー企業を育成することはきわめて難しい。平田 (1999) は，起業プロセスにおいて創業チームが果たす役割を理論的，実証的に研究し，それがその後の企業成長に影響していることを示した。そこでは，成長に影響する創業チームの役割を，将来の事業ドメインの明示化・ビジョン化，創造性の発揮を促す革新的組織風土形成，として日常業務を通じたコミュニケーション形成であると結論付けている。

ベンチャーの経営チームの定義は研究者により異なっており統一されていない (Cooney, 2005) が，本研究では「創業に至る時期および創業初期に当該ベンチャーの活動にフルタイムで従事する内部者であり，その経営に携わる人々の集団」を指すものとする。これはKamm, Shuman, Seeger, & Nurick (1990) の共同創業者的存在を意識した定義や，Cooney (2005) が当該ベンチャーの相応の株式所有権の割合を条件としているのに比べると緩い定義であるが，一方でHarper (2008) のように組織境界を意識せず外部協力者も含めてチームと

するものよりは限定的である。

　ベンチャーの成長を導き，また制約要因ともなるのが組織内の人的資源としての経営チームである（Penrose, 1995）。採用した人間がベンチャーで力を発揮するにはビジョンを共有し組織に溶け込むのに相応の時間を要する。また特に日本ではベンチャーへの転職を希望する人材が乏しく採用プロセスに時間を要するため，業務拡大に応じた人的資源の手当ては容易にはできない。そのため初期の経営チーム形成は大きな意味を有する。

　しかしながら，創案期の創業者の個人活動が初期の企業家研究の対象とされ，また発展期の経営チームによるベンチャーのオペレーション・マネジメントの時期の研究もこの20年ほどで蓄積されてきているのに対し，創業段階の初期経営チームの形成の時期の研究はあまり進んでいない。

　この理由には，組織設立前のものを対象とするために研究対象として識別されにくいこと，特に失敗した事例は事後的にアクセスすることが困難であること，チームワークに関する組織行動研究の関心が既存の作業チームの行動や人材雇用権限のないチームにあり，チームを形成するということを無視してきたことなどが指摘されている（Aldrich, 1999; Forbes, Borchert, Zellmer-Bruhn, & Sapienza, 2006）。

　これに対して，ベンチャー形成プロセスを追った事例研究により実践的洞察を試みたものが少数ではあるが見られ始めている（Clarysse & Moray, 2004; Foster & Jansen, 2010）。だが，これらは大企業からスピンアウトする技術開発型ベンチャーに対する研究や共同創業者のパートナーシップに焦点を当てたものであり，独立ベンチャーや技術適用型ベンチャーにおける経営チーム形成プロセスについての実践的研究はほとんどみられない。

　特にこの分野の日本における研究は非常に乏しい。日本では起業活動が活発でないこともあり企業家研究自体が停滞気味であるが，ベンチャーの経営チームに注目した研究はさらに乏しく，わずかに平田（1999）や山下（2001），稲村（2008）の研究がある程度である。だが，それらも経営チームがその後の組織成長に果たす機能や組織成長に伴う経営チーム内における役割の変化に焦点を当てたものであり，経営チームの形成プロセスに注目したものではない。

　また芦塚（1999）は起業時の資源獲得源としてそれまでに有しているネット

ワークの重要性に着目しているが，能動的にネットワークを築いていく活動には触れられていない。労働市場の流動性が米国と異なる日本においては，創業者による他の初期参画メンバーの勧誘も米国とは異なった状況が想定される。特にエグゼクティブサーチ等の手段でベンチャーが経営チームメンバーレベルの人材を採用できる可能性は非常に低いであろう。

この分野の研究状況を勘案すると，ベンチャーの経営チームの実践的研究に取り組むことには意義があると考えられよう。

3　本書のアプローチ

❖ 調査の概要

「ベンチャーの創業時に，その組織の中では何が起こっているのか？」ということを明らかにするという問題に取り組むにあたり，本書では幾つかの実践的な定性的調査を組み合わせる。

定量的調査が主に統計資料や質問紙調査等によって得られる数量化されたデータを扱う演繹的で理論検証的なものであるのに対して，定性的調査は主に社会現象の観察や当事者へのインタビュー，文献・資料の収集・分析等によって得られる「質的データ」に依拠する帰納的で理論算出的な方法である。

そのような特性から定性的調査は，調査対象の情報の密度，問題の複雑さへの対応，調査設計の柔軟性，観察者の内部化，といった点に強みを持ち，人々の考え方を知ろうとする場合や，全く新しい研究領域，対象の性質から適正な質問票調査が困難な場合などに適している。本書で取り組むのは，あまり解明が進んでおらず，定量的データの取得も困難な問題であり，定性的方法に基づく調査が適している。

一方で定性的調査は，網羅性，一般性，客観性といった点に弱点を持つ。本研究は，複数の事例の比較，事象に対する多面的な観点からのアプローチ，導出された発見の他事例による追試，インタビューだけではない文書等の証憑データの確保，などを行うことにより，この弱点を補う。

本書では，具体的な調査として以下を実施した。

1）通信ベンチャー3社の経営チーム組成プロセスの事例研究
2）創業活動の参加観察エスノグラフィ的事例研究
3）創業活動の自己エスノグラフィ
4）創業参画者の意識と行動に関するインタビュー調査

　事例研究は，公表事実と参与観察および創業参画当事者へのインタビュー調査を主な情報源とし，取材記事，回顧録等の二次資料を補完的に用いている。インタビュー調査では，調査対象事例の創業者および創業チームメンバー等に対して1人1時間半程度の半構造化インタビューを実施し，創業への勧誘および参画の経緯，当時の自身の状況，参画決断理由等を質問した。

❖ 参加観察エスノグラフィと自己エスノグラフィ

　一般的にエスノグラフィとは，「内部者の考えを読み解く濃密な記述」(Geertz, 1973; 1983) であり，「他の方法よりも深く調査対象に入り込み，参加者として観察することによって，内部者の見解を解明するためのフィールドワークの報告書」（金井・佐藤・クンダ・ヴァン‐マーネン, 2010）とされる。

　エスノグラフィの実行者（エスノグラファー）は，まず研究者として当人が所属しない社会や組織を研究対象に選定し，次にその対象領域（フィールド）に一定期間滞在し，参与観察という方法を重視しつつフィールドノートをとり，そこから帰還し物語として記述して，研究対象の内部者の見解に迫る。

　その過程でエスノグラファーは，人間の経験の基盤となる側面であって，研究対象の内部者が学び共有している，していること（文化的行動），知っていること（文化的知識），つくり使っている物（文化的人工物），を扱うことにより，その文化について推論する (Spradley, 1980)。ここでは後述する自己エスノグラフィとの区別を明確にするために，上記の一般的なエスノグラフィを参加観察エスノグラフィと記す。

　これに対して，本書において行う筆者が過去に内在した組織に対する再帰的研究は，「観察者としての現在の自分」と「観察対象組織の内部者としての過去の自分」が存在し，現在の自分が，過去の自分を含めた観察対象組織としての当該ベンチャーの起業〜成長の過程を観察者の視点で描き分析するというアプローチとなる。

図表 1 - 2　エスノグラフィの比較

	参加観察エスノグラフィ	自己エスノグラフィ
概要	研究者が，本人が所属していない組織を対象として実施するフィールド調査	研究者が，ある事象の当事者としての自らの経験を対象として，自己について再帰的に振り返る研究
目的	研究対象とする組織と一定の期間関わり多面的に調査を行うことで，その対象の文化的側面を深く理解すること	自己自身，自己の行為，自己と他者との相互行為，さらにその文化的・社会的な背景等を深く理解すること
研究者の当時の立場	内部に存在する観察者	完全な内部者である当事者
観察事象との時間的関係	リアルタイムに，発生する事象や行動の観察や聞き取り調査を行い，フィールドノートをつける	リアルタイムのフィールドノートは存在せず，事後的に，発生した事象や行動の振り返りや裏付け調査を行う
期待される成果	当該組織および事象の理解における有益な知見の提供	非当事者には観察が難しい知識に基づいた，感情および感覚的次元における事象の理解の提供
利点	当事者が「あたりまえ」すぎて見逃してしまうようなものを明らかにしうる可能性を有する	当事者しか知りえない視点が，事象の解明と実践への応用可能性において有益な知見を提供する可能性を有する
実施における課題	・入り込んで，長期間の参与観察をすること自体が難しいという実施上の問題 ・当事者になりきれないことによる，理解の深さの限界の問題	・「あたりまえ」すぎて見逃してしまうという「自明性」の問題 ・再帰的な自己の物語であることによる主観性や恣意性の排除の問題
認識論的問題	・調査者が有する「解釈の枠組み」によっては見えないものがある ・対象事象についての理解水準により，内容を捉えるレベルが異なる ・調査者の「解釈の枠組み」およびその理解可能な水準を超えてある事象を観察・質問・解釈することは困難 ・調査者は，自分の出会った「現実」から何かを理解するのではなく，理解したい「現実」と出会うとも言い得る	・事実の定義は一義的には確定できず，人それぞれの事実認識が異なり構成されていく可能性がある ・自己の物語としての再編成であり，聞き手を想定した語りとして変更可能性を有し反証可能性を欠くという物語性が有する課題を有し，それを補う客観的な資料提示が求められる ・学術研究的立場から，事象への介入や過剰関与，共感を防ぐことへの配慮が存在しない

（金井他，2010；鈴木，2010；伊藤，2015等を参考に筆者作成）

しかしながら，現時点の参与観察でなく過去の回顧と資料の読み解きであり，自身の偏見や先入観，解釈に歪められる可能性は排除することは出来ない。こ

のため,「観察者として現在の自分」と「内部者としての当時の自分」を区別するというよりも,敢えて研究者が自らの経験を語りながら,自己の心理的側面にも立ち入りながら分析するという手法の適用が考えられる。これが自己エスノグラフィと呼ばれるものである(図表1-2)。

❈ 本研究におけるエスノグラフィ

Ellis & Bochner (2001) によれば,自己エスノグラフィとは,ジャンル的には自叙伝的な記述とそれを通した研究に属し,個人と文化を結びつける重層的な意識のあり様を開示するものである。

花家 (2012) は自己エスノグラフィを「記述者が直接的に関与した事象について,主観的にしか記述しえない個人的な経験,身体感覚,あるいは情緒を含んだ自身のその経験を,自身を取り巻く社会的・文化的環境の中に意味付けることを目的とし,その経験を自己理解の変化の物語として記述すること」と定義している。

自己エスノグラフィのタイプには,文化やサブカルチャーに焦点を合わせ,著者が自己の文化の中の自分自身の経験を対象化し,自己について再帰的に振り返り,自己〜他者の相互行為を深く理解しようとする"再帰的エスノグラフィ",自分がすでにメンバーである集団や,研究過程で完全なメンバーとして十分に承認・受容された集団について探求する"メンバー自身による研究の実践",学問主体としての自己と個人としての自己という二重のアイデンティティを持ちながら,日常生活における経験のある位相を自叙伝的物語へとまとめていく"個人的語り",著者が社会科学者というよりむしろ自叙伝の作者と見做される"文学的自己エスノグラフィ"が挙げられる (Ellis & Bochner, 2001)。

筆者が本書で明らかにしたいことは,起業〜成長期の組織におけるチームの活動形態と効果,および特定の役割を果たす人物の理解であり,自分自身の心理的側面に深く依拠する研究を志向するわけではない。したがって自己エスノグラフィのタイプとしては「個人的語り」「文学的自己エスノグラフィ」ではなく,「再帰的エスノグラフィ」「メンバー自身による研究の実践」に含まれる。

その際,自己エスノグラフィは極めて主観性が高い社会的構成物であるため,

自らの記憶だけに依拠せずに当時のメモや資料に基づいて主観の客観化を目指すとともに、自分以外の内部者の見解や第三者からの質問・意見などを踏まえて再構成することで、間主観性の担保に努めるものとする。

　自己エスノグラフィは個人的な出来事を主観的に記述する側面が強く、研究的価値が受け入れられにくいことから日本での研究事例は乏しかったが、近年日本においても「自己エスノグラフィ」を名乗るあるいは扱う論文が多く見られるようになってきている（牛田, 2004; 鈴木, 2010; 松田, 2010; 佐藤, 2011; 花家, 2012; 成田, 2012; 伊藤, 2015）。

　これは、自己エスノグラフィに関する紹介を採録した質的研究ハンドブックが2006年に出版されたことを契機に、これまでの客観的学術研究では扱われてこなかった主観的様相を捉え得る研究手法として自己エスノグラフィの可能性に対する認識が広まってきていることに加え、社会的にも本来の感情を押し殺し業務を遂行することが要求される感情労働への注目が高まっていることが要因として挙げられよう。

　現在の日本での自己エスノグラフィの適用は、感情労働や教育、保育といった分野にほぼ限定されている。だが、あらゆる活動において全ての人は何らかの心情を抱えて従事していることを勘案すると、研究手法としての自己エスノグラフィには更なる可能性がある。

　一方で、実業に専従していた者が研究者に転身することは乏しいため、その広がりには限界もある。本書での研究は、ベンチャーの創業活動における非創業者の立場からの自己エスノグラフィとして希少性を有している。

　参加観察エスノグラフィが、観察者の立場を維持し馴染みすぎず内部者になりきらないことにより文化解読力を担保しようとするのに対して、自己エスノグラフィは研究対象時点においては観察者の立場を持たない完全な内部者であるので、驚きや意味の模索によって文化を読み解くことには困難も伴う。

　また、自己エスノグラフィでは、事象発生時に観察者はおらずフィールドノートもなく、発生した事象は自分と他者の記憶に大きく頼らざるを得ないが、それは相応に美化され歪められ、捨象されているという問題もある。

　しかしながらベンチャーでは、参加観察エスノグラフィは環境的・状況的に行うことは難しい。また、自己エスノグラフィにおいても、他の内部者のイン

タビューや証拠資料，文化的行動や人工物を手掛かりとする深遠な考察により，その欠点を相応に補うことが期待される。

　これを踏まえて，本書では，起業活動を参加観察エスノグラフィ的に記述することを意識する。本研究は再帰的調査であり厳密に言えば参加観察エスノグラフィには当てはまらないが，事例研究としての事象の構造を可能な限り客観的に捉えることを狙いとするものである。

　一方，さらに踏み込んで，自己エスノグラフィとして当事者としての経験を当時の心情にも踏み込みつつ記述もする。これは，研究対象として識別されにくく，また創業者とは異なって自叙伝としても語られることの乏しい非創業者としての初期ベンチャー参画者という存在が起業活動において有する意味を明らかにすることを狙いとすることによる。

❖ 併用する調査方法

　本研究では，エスノグラフィと併せて，複数事例によるケース・スタディを用いる。

　「一般にケース・スタディが望ましいリサーチ戦略であるのは，「どのように」あるいは「なぜ」という問題が提示されている場合，研究者が事象をほとんど制御できない場合，そして現実の文脈における現在の現象に焦点がある場合である」（Yin, 1994）とされる。

　本研究においてケース・スタディを用いる理由は，その研究課題が「ど̇の̇よ̇う̇に̇ベンチャー経営チームの形成は行われ，またな̇ぜ̇それが行われたのか」という問題に取り組むものであるからである。また，本研究で複数事例を対象とするのは，複数事例の共通点と相違点に注目することによって浮き彫りにされる項目からの発見を期待することと，発見を主張する論拠の説得力を高めることを期待するためである。

　「ケース・スタディの証拠は，文書，資料記録，面接，直接観察，参与観察，および物理的実行物の6つの源泉から収集される」（Yin, 1994）とされる。

　本研究におけるデータ収集では，創業者による回顧録等の文献や雑誌記事等の公開情報に加えて，当該企業参画者へのインタビューを実施する。本研究は1999年から2001年という過去の事象を対象としており，その経緯はマスメディ

アに取り上げられ，当事者による回顧録的著作も存在するなど，多くの文書が存在する．

また，筆者は内部者としてさまざまな資料記録にアプローチすることが可能であり，さらに当時はその意識は有していないものの直接的あるいは参与的な観察を行ったとも言える．しかしながら，文書や資料記録については収集における選択のバイアスがかかる可能性があり，回顧録的著作にも著者の公表バイアスが存在する可能性がある．また観察についても，当時のフィールドノートがあるわけでなく筆者が過去の事象を振り返るものであるため，そこには情報の不完全性や不正確性，さらには選択バイアスが存在する可能性がある．

このため，筆者が当事者の面接を行い本研究課題に直接焦点を当てたインタビューを行うことにより，洞察も含めた証拠の収集を行う．面接においても，記憶の不正確さやインタビュー構成によるバイアスや質問の再帰性の問題は存在するが，複数の証拠源を組み合わせることによって，ケース・スタディの信頼性を高めている．

第2章

ベンチャーにおける経営チーム形成の事例比較

　既述の通り，起業はチームによる活動であり，ベンチャーの成否の鍵はチームにあるとされる。したがって，ベンチャーの経営チームがどのように組成されているかを明らかにすることは，本書の大命題である「何がベンチャーを急成長させるのか？」を解明する手掛かりとなる。

　ベンチャーの経営チームの研究は徐々に蓄積されつつあるものの，パネル調査に基づく傾向分析が中心であり，事例を詳細に追い，そこから示唆を得る研究は少ない。そこで本書では，比較事例研究を通じて実例に即して事象を解明することを試みる。

1　チーム形成に関するこれまでの研究

❖ 創業メンバーの獲得

　創業者がどのようにチーム形成を行うかを説明するものとして，人間関係モデルと資源探索モデルがある。前者はチームの形成を人間関係と社会的ネットワークにより動かされるプロセスと捉えて社会感情的考慮を重視し，後者はそれを経済的合理性に則った有益性を考慮することにより動かされるプロセスと捉え機能的考慮を重視する（Forbes et al., 2006; Aldrich & Kim, 2007; Ben-Hafaiedh-Dridi, 2010; Ruef, 2010）。

　人間関係モデルの基本的考え方は「創業者は自分に近い存在のメンバーを勧

誘してチームに引き入れる」というものであり，資源探索モデルの基本的考え方は「創業者はベンチャーが必要とする資源を提供することができるメンバーを探し勧誘してチームに引き入れる」というものである。

人間関係モデルの依拠する主な理論は，類似性/引き寄せ理論（Byrne, 1971）である。チーム形成において創業者は，年齢や国籍，性別といった元来の属性でも，教育や職業経験といった獲得された属性においても，自分と近い関係にある人間を選ぼうとする。

これと組み合わされるもう1つの理論は，接触の可能性の観点から人間関係モデルを説明する社会ネットワーク理論である。似ている人間との接触のほうが似ていない人間との接触より高い確率で起こり，その人間がチームメンバーに加わる確率も高いと考える。社会ネットワークはビジネスパートナーの最も一般的な源（Ensley, Carland, Carland, & Banks, 1999）であり，利便性と探索コストの面から利用可能な資源に関する安価で信頼できる情報源として優先して利用される。

一方，資源探索モデルの依拠する主な理論は，資源依存理論（Pfeffer & Salancik, 1978）である。この理論では，チーム形成は特定の資源の必要性を満たそうとするものであり，創業者はその能力とのギャップを埋める手段としてチームを形成する（Sandberg, 1992）。

資源探索モデルの有用性は，ネットワーク理論からも主張される。資源探索は近い人間関係を超えたメンバーの探索であるので，その繋がりは弱い紐帯である。弱い紐帯は強いネットワークの間をつなぐブリッジとなり情報が広く伝わるのに重要な役割を果たし，また弱い紐帯を通じて伝達される情報は価値が高いことが多く，有効である（Granovetter, 1973; Burt, 2001）。そこで，社会感情的考慮と機能的考慮を統合して，創業者のソーシャルキャピタル（Davidsson & Honig, 2003）や，チームにおける関係の質の高さからの創業チームの有効性（Blatt, 2009）など，創業者の関係的資本に注目した研究も進みつつある。

創業者は既存ネットワークを必要資源の寄せ集めに対するアクセスの第一の手段として頼り（Baker, Miner, & Eesley, 2003），必要資源への直接的なアクセスを持たない場合は間接的な紐帯へ助けを求める（Aldrich & Kim, 2007）。したがって創業チームの形成は，人間関係モデルと資源探索モデルのどちらを選択

するかという問題ではなく，人間関係によることを前提に資源探索を追加で行うかどうかの問題として捉えられる。

実際に起こっているのは人間関係モデルの説明力が高く（Forbes et al., 2006），起業する者は機能性よりも信頼性を重視して経営チームメンバーを見つける傾向があり（Xu & Ruef, 2007），創業チームは豊富な経験と多様な職業的能力を持つ構成ではなく創業者と親しい関係にあった者が集まっており（Ruef, Aldrich, & Carter, 2003），起業家は経営陣を結成するときに強い紐帯で結ばれている人を選ぶ傾向がある（福嶋, 2013）。

十分な資源探索が追加的に行われない要因の1つは，創業者がそれを行うことができないことであり，その主な理由は創業者による必要資源の認識と必要資源へのアクセス能力の差である。創業者の事業への理解が十分でない場合には，どのような資源がどの程度必要かを理解できずに限定的合理性のもとでの満足化原理（Simon, 1947）に従い，近い関係のレベルの探索で十分だと考えてしまう。

実際，異なった業界および馴染みのない業界に参入した人の情報資源に対する探索は少なく（Cooper, Folta, & Woo, 1995），創業者の就業経験が小規模で連携の少ない事業であると創業チームの規模は小さくなる（Kim & Longest, 2013）。

だが，創業者の92％は起業した業界で働いた経験を持ち（Shane, 2008），創業に向け行動を起こせば事業に対する理解は深まり必要資源の認識も進む。また，ネットバブル期に起業した者は経済的に洗練されておらず，発展を導く機能的考慮への関心よりも流行に左右された起業活動への興味に動かされている（Ruef, 2010）との指摘もあるが，この捉え方は近視眼的である。資源探索が追加的に行われない要因は，創業者の能力不足だけには求められない。

別の要因として考えられるのは，創業者が意図的にそれを行わないことであり，その理由はチーム運営の重視である。資源探索の追求は単に能力の追加になるだけでなく，集団プロセスとしてチームがどのように機能するかに影響を及ぼす（Forbes et al., 2006）。創業チームへのメンバー追加はチームの規模の拡大をもたらすが，集団規模が大きくなると組織化の問題は難しくなる（Shaw, 1976）。したがって，メンバーの追加がチーム運営の困難につながる場合には

資源探索を追求しないことも考えられる。

　だが,「創業者だけでなく,経営陣に大企業で働いた経験を有していたり,起業経験が豊富な人材が含まれているほど,ベンチャー企業にとっては有利」(福嶋, 2013) であり,成長を目指す以上はチームを拡大して資源調達をしていくことは必須であるのに,なぜ創業の成功を導く機能的考慮が抑制されるのかということは説明できず,依然十分に解明されているとは言えない。

❖ 凝集性と多様性の優劣に関する議論

　ベンチャーの経営チームがその業績に大きな影響を与えることは,企業上層部の理念,信条,判断などの組織全体に対する影響力の強さを指摘したHambrick & Mason (1984) のUpper Echelons Theoryから推察することができる。Smith, Smith, Olian, Sims Jr., O'Bannon, & Scully (1994) は,トップ・マネジメントチームの構成が直接的にも,またその運営プロセスを通じて間接的にも,組織の業績に影響していることを見出している。

　また,創業との関係においてBoeker (1989) は創業時の条件が初期戦略に埋め込まれると結論付け,Nelson (2003) も創業者がその後も(退任後も)当該企業に大きな影響を与えていることを示している。創業活動が1人の主導的起業者のみでなく,追随的企業家と融合した経営チームによる活動であるならば,創業初期の経営チームはその後のベンチャーに大きな影響を与えるであろう。

　近年のベンチャーの経営チームの研究には,人口学的観点から経営チームの構成を年齢や勤続期間,職業経験等を代理変数として検討する流れ (Ruef et al., 2003; Xu & Ruef, 2007; Ruef, 2010) と,社会心理学的観点から経営チーム内における合意,葛藤,問題解決,意思決定などを扱う流れ (Ancona, 1987; Amason, 1996; Ensley, Pearson, & Amason, 2002; West, 2007) がある。

　前者はベンチャーにおける経営チームの構成を司る原理が"同質性"であることを示すが,それは発展期の段階にある企業のスナップショット・データの集合に対する統計的アプローチに基づいており,その理由を十分に説明できていない。後者では,ベンチャーの経営チームの"同質性"が組織成果にプラスに働くのか"異質性"がプラスに働くかについて研究が行われているが,その見解は分かれている。

異質性の効果に注目する研究として，Vesper (1989) は，チームの優位点について，多様なパーソナリティ，特性，知識，スキル，能力を持つ人の組み合わせによる効果を指摘する。West & Meyer (1998) は定量的調査をもとに，特にベンチャー初期段階や競合状況変化の激しい時には，経営チームで戦略的課題に対して合意することよりも経営チーム内でアイディアの多様性を持つことが業績には有効であり，強いトップの影響は大きいことを示した。

Lechler (2001) は，チーム内のメンバー特性の異質性が鍵となることを踏まえ，チーム内の社会的相互作用が重要なことを指摘した。またWest (2007) は創業チームにおける多様性に注目し，チームレベルの認知の重要性を指摘した上で，集合的認知が個々の認知と企業の行為と成果の関係を媒介することを示している。

一方，Beckman, Burton, & O'Reilly (2007) は，経営チームの属性がベンチャー・キャピタルに対するアピールやIPOの達成にどのように影響するかを研究した。その結果，様々に異なった企業で働いた経営チームメンバーを持つことの効力による幅広い情報へのアクセス（前職企業の多様性と経験の機能的多様性）が正の効果をもたらすことと，経営チームメンバーの追加や創業者の退出はIPOの可能性を高めるがチームメンバーの退出はそれを低めることを実証した。そして，組織的人口学理論の観点は異質性をグループダイナミックスから解釈し多様性のネガティブな帰結を仮定するが，ベンチャーへの参画は本質的には自分の意思で行うものであることを考えると，人間関係やグループダイナミックスに関する問題は起きにくく，大企業よりは人間関係の親和性の問題は少ないと指摘している。

ベンチャー組織に限定しないトップ・マネジメントチームの構成とその成果に関する研究も蓄積されてきているが，その多くはチーム内における異質性に対して肯定的な見解を提示する。

例えば，トップ・マネジメントの機能的異質性が戦略変更の可能性を高めること (Wiersema & Bantel, 1992)，戦略的合意を促進すること (Knight, Pearce, Smith, Olian, Sims, Smith, & Flood, 1999)，複数の見方を活かすことで意思決定を向上させること (Miller, Burke, & Glick, 1998)，業績を向上させること (Bunderson & Sutcliffe, 2002) などが示されている。

これは，Allison (1971) の意思決定モデルをもとに，組織による意思決定品質の向上策として「戦略問題についての異なったパースペクティブを持つ集団の代表者が，構造的議論あるいは対話で対決した時，意思決定は多くの方法で改善されるだろう」と指摘し，構造的コンフリクト導入の重要性を主張したSchwenk (1988) の見方と整合的である。

Schwenkが構造的コンフリクト導入の方法として提起するのは，天邪鬼の方法[1] (Devil's Advocacy) と弁証法的探求[2] (Dialectical Inquiry) である。Schweiger, Sandberg, & Rechner (1989) は，同意を重視するよりも天邪鬼の方法や弁証法的探求を用いるほうが戦略的意思決定における葛藤を生み出し，その品質向上に有効であることを示している。

ただし，トップ・マネジメントチームの研究はどのようにそのチームが形成されるかに注目しておらず，同様の効果が企業家チームに適用できるかについては疑問も残る。

ベンチャーの経営チームにおける葛藤の効果についてAmason (1996) は，トップ・マネジメントの戦略的決定は組織のパフォーマンスを決定し，その決定の実行にはコンセンサスをとり前向きな感情的受諾が必要であるが，葛藤が決定の品質を向上させるのでそれとコンセンサスと感情的受諾をメンバー内でどう両立させられるのかという問題が生じると論じた。その上で，多様性の効果が意思決定の品質を向上させること，および戦略的意思決定の葛藤には認知的なものと感情的なものがあるが，認知的葛藤を促し感情的葛藤を抑えることで決定の品質を上げることができる，と指摘している。

このように多くの研究が異質性の効果を示唆する一方で，同質性の効果に注目する研究も存在する。

Ensley, Carland, & Carland (1998) はチームの異質性は組織の成長にネガティブに作用することを提示し，Ensley et al. (2002) は，ベンチャーにおける経営チームの凝集性（結束の強さ）は感情的葛藤には負に，認知的葛藤には

---

[1] 多数意見の正当性を確認するため，または単に議論を引き起こすために，あえて少数意見に賛成を唱える，もしくはわざと反対するもの
[2] 1つの物事を，対立した2つのものの統一としてとらえ，真理はある条件のもとにおいてだけ真理と考えて統一をはかるように疑問を呈するもの

正に影響し，ベンチャーの成長に正に影響することを実証した。

　Chowdhury（2005）は，人口学的多様性（年齢，性別），機能的バックグラウンド，チームプロセス変数（チームレベルの認知的複雑さ），企業家チームへのコミットメント，の影響を調査した。その結果，人口学的多様性は企業家チームの有効性にとって重要ではない一方で，チームプロセスはチームの有効性に有意であること，および，性別，年齢，機能的バックグラウンドの多様性はチームレベルの認知的包括性やチームコミットメントに貢献しないことを示している。

　Kim & Aldrich（2004）は，同質性が優位性をもたらす理由に社会的団結の高揚とグループ内の信頼を挙げ，一方でその多様性を欠くことが状況変化への対応力の欠如と情報源の冗長性による有効情報の欠如により不確実性の高い環境において大きな劣位性をもたらす可能性を指摘する。このように，組織内の同質性と異質性それぞれに長所短所があり，それはその組織のおかれる状況，環境によって変わると考えられる。

　また，山田（2015）は，企業家チームは，通説的な一枚岩のチーム成員間の理想的関係ではなく，一定程度のコミュニケーションはもちろん協働の意志もあるとしても，建前や本音というような企業家個人別の目的には一定の時間軸の中で差異の起伏に変化が生じることがある可能性を指摘する。そして経営チームのメンバーの同質性や異質性の違いとそれに伴う各自の行為およびその相互作用により，その組織の業績が影響を受けている。

❖ 形成プロセスと業績の関連

　ベンチャー発展期の経営チームの行動は，その時点での構成だけでなく，そのチームがどのように形成されたかという形成プロセスの影響を受けていることが示唆されている。したがって，創業時期におけるベンチャー経営チーム形成がどのように行われているかの探求は，ベンチャー経営チームによる組織運営の研究に重要である。結果としての同質性がなぜ生まれたのかはそのプロセスを追わないと解き明かせないし，表面的な構成の違いだけではなくプロセスの違いが経営チームにもたらしているものが，そのベンチャーのオペレーションの違いにつながっていると考えられるからである。

類似性/引き寄せ理論によれば，属性，価値観，指向性などが似通った者が関係を築いているので，人間関係により構成されたチームは同質的になり凝集性が強い。一方，資源探索モデルでは人間関係を超えて特定の資源の必要性を満たそうとし，機能網羅性が高く規模も大きくなる。したがって，人間関係に依拠するチームよりも異質性が高く多様性に富んだ構成となる。

ただし，前述の通り，ベンチャーの経営チームの同質性・凝集性と異質性・多様性のどちらが高い業績をもたらすかの見解は分かれている。見解が分かれる理由は，期間やタイミングに対する考慮の不足である。

同質性は社会的団結の高揚とグループ内の信頼に有用であるが，一方で多様性を欠くことが状況変化への対応力と有効情報の欠如を招き，不確実性の高い環境では劣位に働く可能性がある（Kim & Aldrich, 2004）。このため，短期的には同質性に由来する凝集性や認知的葛藤が業績に正の影響を与えるが，激しい環境変化に晒されるベンチャーでは長期的には情報の重複が少なく多様な資源動員によりさまざまな問題や変化への対応力に勝る異質性が業績に正の効果を生む可能性が高い。

また，発展の非常に初期段階では凝集性が優位であるが，発展が進むと多様性がより重要となる（Martinez & Aldrich, 2011; 山田, 2015）。これに従えば，創業チームは人間関係により形成し，創業後に資源探索を進めて経営チームの多様性を高めていくことが望ましい。

しかし実際には，競争の激しい新興の業界では創業チームの組織化が進んでいるベンチャーのほうが業績に勝る（Sine, Mitsuhashi, & Kirsch, 2006）。したがって，タイミングの問題だけでなく，業界特性との関係も踏まえチームの活動がチームの有効性を導く媒介メカニズムを解明していくことが必要と考えられる。

❖ 本章の研究課題

本節でレビューした通り，創業メンバーの獲得を説明するものとして人間関係モデルと資源探索モデルがある。実際に起こっているのは人間関係モデルの説明力が高いが，そもそもどちらのモデルを選択するかという問題ではなく，人間関係によることを前提に資源探索を追加で行うかの問題として捉えること

ができる。

　十分な資源探索が追加的に行われない要因には、創業者の能力不足だけでなく、チーム運営を重視し意図的にそれを行わないこともある。だが、成長を目指す以上はチームを拡大して資源調達をしていくことは必須であり、創業の成功を導く機能的考慮が抑制されるのかということが、十分に解明されているとは言えない。

　創業チームの特性の違いは創業チームの形成プロセスの相違によって説明できる部分が大きく、また創業チームが核となる企業家チームの構成とベンチャー成長の間にも関係があると考えられるが、創業チーム形成プロセスの相違と設立後の成長の関係について、業界特性等の条件適合的要因を含めて実証的に分析した先行研究はほとんどなく、その媒介メカニズムにも明らかでない点は多い。そこで以下の研究課題を設定する。

ベンチャーにおける創業チームの形成では人間関係モデルが優位とされるが、どうしてその差が生まれるのであろうか。その後の経営チームはどのように拡大し、結果として、どのように業績に差が生まれるのであろうか。

　これを分析する枠組みとして用いる基本的な考え方は、創業チーム形成における資源探索によるメンバー獲得は、単なる偶然ではなく創業者の意図とベンチャーをとりまく環境に基づくものであるということである。

　その上で本書は、同時期に同事業に参入したベンチャーの比較事例研究により、創業チーム形成プロセスに違いをもたらす要素を探索する。そして、創業者の特性が創業チーム形成にもたらす影響についての考察を深める。さらに、創業後の経営チームの拡大事例の比較分析を通じて、創業チーム形成プロセスがその後の組織形成にどのような影響を与えるのかを考察する。

　この調査のために、イー・アクセスと同時期に同事業で設立された通信ベンチャー2社を比較対象として取り上げ、その創業チーム形成プロセス事例および経営チーム拡大事例を研究する。

2　東京めたりっく通信の起業

❖ 創業チーム

　イー・アクセスよりも先行し，本書で取り上げる3社のうちで最も早くADSLの事業化に取り組んだのは東京めたりっく通信である。創業を主導したのは株式会社数理技研の創業者の東條巌であり，ソネット株式会社の創業者の小林博昭が共同創業者となっている。2人は両国高校の同級生であったが，卒業後親交が続いていたわけでなく，1997年前半にADSLに対する関心がきっかけで再会し，奇遇に驚きつつ旧交を温めていた。

　この年，東條と小林は，長野県の有線放送電話を利用したADSL通信実験プロジェクトに参画した。プロジェクトは成功裡に終わったが，NTTがADSLに懐疑的であり，日本でADSL事業に乗り出す企業はなかなか現れなかった。このため東條はADSL事業を手掛けるベンチャーを自らの手で立ち上げることを決心し，小林とともに創業に向け動き出した。

　東條は1944年に生まれ，東京大学工学部を卒業した。大学在学中は学生運動の闘士として活動した。同大学院を中退した後1979年に数理技研を設立して社長となった。同社は科学技術計算やシステム開発を手掛けるとともに，1994年に日本で2番目のISPである東京インターネット株式会社の設立に関与した。東京インターネットは低価格を武器にユーザーを獲得したが，競争激化やNTTによるISPサービス積極展開のあおりを受け業績が悪化，1998年末に米国発ISPのPSIネットに事業を譲渡して消滅した。

　小林は1944年に生まれ，慶應義塾大学経済学部を卒業しリコーに勤務した。そこで知己を得た米国メーカーParadyne社の日本法人日本パラダインを1981年に創業した。日本でのADSL機器販売を切望していた小林だが，Paradyne社のADSLチップを用いたモデムの日本展開が見込めないことから日本パラダインの社長を辞め，米国Westell Technologies社のADSLモデムを輸入販売するべくソネットを1993年に設立した。だが，ソネットのADSL機器の輸入販売は数年間日の目を見なかった。

郵政省（現・総務省）の動向を睨みつつ機会を窺っていた東條と小林は，1999年になり新たな会社―東京めたりっく通信―を設立し，ADSLの事業化に乗り出した。ただし，東條も小林も自分が創業した会社はそのままで，それぞれ社長を務めていた。

東京めたりっく通信の創業に際して，東條が創業チームに最初に引き入れたのは実験プロジェクトにも参画していた梅山伸二である。梅山は東條の大学の後輩で学生時代からの知り合いであり，アルバイトで数理技研に出入りしているうちに社員となった技術者であった。

一方，小林は知り合いの2名の元NTT社員を勧誘した。1人は高卒採用で現場のたたき上げの杉村五男で，工事を担当した。杉村はNTTを退職した後にリコーの子会社に勤務しており，そこで小林と知り合っていた。もう1人はNTTキャリア組の平野剛で，コンテンツビジネス開発支援を行っていたが展望のなさに失望し，退社を決意した30代半ばの人物である。平野は技術的な評価も含め企画全般を担った。

さらに東條は，知り合いの川村啓三を広報担当として勧誘した。川村は情報通信分野で調査会社のアナリストおよびコンサルタントとして活躍し，メディアへのチャネルを有していた。

創業メンバーは，会長の東條と社長の小林の共同創業者に，技術系2名，企画系1名，営業系1名の構成であった。財務や，総務・人事，渉外の機能は東條と小林が兼ねて担った。50代3名，40代2名，30代1名という構成であった。

❖ イー・アクセスとの違い

両社とも事業の発案は創業者と共同創業者により行われている。東京めたりっく通信の共同創業者が同年齢かつ高校同級生，IT系中小企業の創業社長という似通った特性を持つのに対し，イー・アクセスの共同創業者は年齢も国籍も起業経験も習熟業界も大きく異なる。

創業計画が具体化し始めると，発案以前からの継続的で接触頻度が高い関係が広がる。東京めたりっく通信では東條の会社の社員の梅山であり，イー・アクセスではガンの補佐の田中と千本のゼミ生の筆者である。東京めたりっく通信では足りない機能を補うという観点からの能動的勧誘は行われず，人間関係

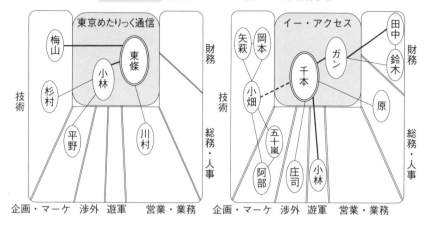

図表2−1　創業メンバーの繋がりと機能充足

※太線は強い紐帯，細線は弱い紐帯，点線は存在しなかった紐帯を表す

モデルに偏ったチーム形成が行われている。

　イー・アクセスでは，規制緩和のもとでの新規参入で重要な機能である渉外の専門家の庄司を弱い紐帯を手繰りスカウトしている。さらに全くつながりのなかった小畑を探し出し好待遇で引き入れている。これは資源探索的勧誘である。そして，イー・アクセスの創業メンバーには創業者と直接繋がりのないメンバーが小畑を介し集まっている。各業務分野でメンバーが集まり，結果として創業チームの構成は大規模なものとなった。

　千本―小畑の関係には，ブリッジの効果の大きさを見てとることができる。技術分野だけでなく企画/マーケティング機能を含む小畑のネットワークの資源が創業チームに加わり，機能的網羅性を満たしている。これに対し東京めたりっく通信の初期経営チームは，創業メンバーで渉外，人事・総務，財務の機能を十分には埋めていない（**図表2−1**）。

　東京めたりっく通信とイー・アクセスには，販売方法と採用技術に明確な違いがあった。

　ADSLサービスの提供形態には，ADSLサービスをISPへ卸売りするホールセール型と，ISPを兼ねて1社でADSLサービスとインターネット接続サービスを提供するリテール型がある。事業者にとってホールセール型は，既存の

ISPユーザーをADSLに誘導し少ない費用で容易に顧客獲得ができる長所がある。一方で，料金や商品戦略をISPに縛られる点が短所である。リテール型は独立性が高く利益率も高いが，インターネット接続部のネットワーク構築や顧客獲得，料金回収などの運営に手間がかかり，また広告宣伝費用や顧客獲得費用が嵩む。東京めたりっく通信はリテール型を，イー・アクセスはホールセール型を選択した。

また，日本で展開されたADSLの技術仕様にはAnnex.AとAnnex.Cがあった。ADSLはISDNと同じ周波数帯を利用するため，互いに通信速度低下や混信などの悪影響を及ぼす可能性があり，日本向けにISDNとの干渉回避が考慮された仕様がAnnex.C，その考慮がなされていないのが北米仕様のAnnex.Aである。

Annex.CはISDNとの干渉のない環境ではAnnex.Aより速度が劣った。一方Annex.Aはひとたび干渉が発生すると急速な速度低下を起こす可能性があった。また，Annex.Cは日本向け限定の仕様のため，同仕様のモデムは日本企業2社のみが製造を手掛けており，価格も多くの欧米メーカーが製造を手掛けるAnnex.A仕様のものより高価であった。Annex.Aには，電話局内でのクロック供給を受けなくて良いという利点もあった。東京めたりっく通信はAnnex.Aを日本で展開する一方，イー・アクセスはAnnex.Cを展開した。

❖ その後の顛末

先行した東京めたりっく通信は，家庭での定額ブロードバンドサービスを心待ちにしていた顧客に熱烈に歓迎され，順調に顧客獲得を進め積極的に事業を展開した。

1999年12月に10億円，2000年5月には50億円を第三者割当増資で調達したが，ワラントを行使し創業関係者持分は54.5%を保っていた。この資金を用いて2000年秋には都内100電話局に50万回線のサービス展開をするための場所，設備，回線の確保を進めたが，NTTによる開通業務積滞という問題に見舞われる。

NTTの電話回線に重畳するADSLの申込みは，東京めたりっく通信からNTTへ一度送られ，NTTが当該回線でADSLが利用可能であるかどうかを調査し東京めたりっく通信へ返答，利用可能とされた回線について東京めたりっく通信がADSL開通処理を行うという業務フローになっていた。ところが，こ

のNTTの回線調査に非常に時間がかかりADSLの開通が滞った。このために売上が見込みを下回り，東京めたりっく通信は2000年末には資金繰りに苦しむようになる。

　東京めたりっく通信の主なオペレーション費用には，ネットワーク構築の設備投資，情報システム投資，宣伝費等の顧客獲得費用，人件費やオフィス等の一般管理費に加えて，NTTに支払う電話局の工事代金やコロケーション費用，中継回線利用料などがあった。NTTに支払う費用は実際のADSL顧客の獲得有無にかかわらず，100電話局50万回線用の手配をした時点から発生し，資金繰りを大きく圧迫した。

　この状況にメインバンクの三和銀行が融資を止め，銀行シンジケート団からの融資が受けられなくなった東京めたりっく通信の財務状況は急激に悪化した。経営陣は資金調達に奔走したが，2001年5月末の朝日新聞に「東京めたりっく通信経営危機」が報じられたのを契機に，独自でのADSL事業参入に向け極秘裏に準備を進めていたソフトバンクが救済買収することで急速に話がまとまり，東京めたりっく通信は消滅した。

　東京めたりっく通信の破綻原因は，東京都内全域の電話局への先行設備投資が申込みに対し過大となり，ランニング・コスト負担に耐えられなくなったためとされる。だが，NTTにより順調に申込みが処理されれば設備稼働が進んだ可能性もあり，NTTの事務処理遅延が原因の1つであることは否めない。

　長らく独占企業として君臨してきたNTTに，規制緩和で自らの電話局内への機器設置の許容を強いられた競合通信会社のために事務処理を改善するインセンティブはそもそもないが，東京めたりっく通信の仕様選択はそれに拍車をかけたであろう。

　ISDN普及を至上命題としていたNTTにとり，ISDNとの干渉対策を施していないAnnex.A仕様のサービスの普及は非常に好ましくない。状況を打開しNTTを動かすには監督官庁やマスメディアによる外圧などさまざまな手が必要であるが，東京めたりっく通信には渉外分野の専門家は欠けていた。

　資金不足に陥ったもう1つの原因が顧客獲得費用である。東京めたりっく通信はリテール型の販売モデルを採用していたが，これは数理技研が東京インターネットというISPを手掛けていたことが一因であろう。ISPの先駆的存在

であったという自負がISP部分を自ら手掛けるという意思決定となり，このため東京めたりっく通信は新規顧客獲得に高額な販売費用をかけることになった。認知度向上のため約4億円を投じてTVコマーシャルを打ち，ショールームを新宿駅南口前の一等地に構えるなどしたが，これらは大きな費用負担となった。

さらに財務能力の問題がある。事業状況をきちんと説明し良好な関係が保たれていれば，顧客が急増し急成長している企業からメインバンクが資金を引き揚げることは考えにくい。また，資金繰りの苦しさが見えてきそうな時期に100局50万回線分の設備を手配したことやTVコマーシャルにお金をつぎ込む点で経営管理能力の不足も顕著である。同社は基本的な財務管理ができていなかった。

3　アッカ・ネットワークスの起業

❖ 創業チーム

アッカ・ネットワークスは，東京めたりっく通信やイー・アクセスより遅れて，2000年3月に設立された。創業者は，通産省のキャリア官僚でシリコンバレーのベンチャー・キャピタルへ出向していた湯﨑英彦である。設立間もない2000年8月の段階でNTTコミュニケーションズから約40％の資本参加を受け入れ，独立系ベンチャーではなくなった。

アッカ・ネットワークスの構想が始まったのは1999年の後半である。湯﨑は1965年に広島県で生まれ，東京大学法学部を卒業して1990年に通商産業省（現・経済産業省）に入省した。1995年にはスタンフォード大学でMBAを取得，その後シリコンバレーにあるベンチャー・キャピタルのイグナイト・グループに出向した。湯﨑は米国での経験からADSLの有望性を認識し日本で普及させたいと考えていたものの，自らがキャリア官僚の立場を捨てて起業に踏み切るかどうかは非常に悩んだという。だが，この事業にチャレンジしてみたいという想いを強くして，1999年12月に起業に踏み切ることを決断した。

湯﨑は友人やその友人に声をかけて通信事業や金融に詳しい者を集め，2000年初めに自らが起草した数枚のパワーポイントの資料をもとに鎌倉で1泊2日

の合宿を行った。この合宿で湯崎は事業化のための貴重なアドバイスを得ることができたものの，合宿に参加したメンバーは1人もアッカ・ネットワークスの創業に参画することはなかった。

これについて湯崎は「DSLに関心を持っている面々にとっても，リスクが高い会社の立ち上げに当初から参画するというのは，やはりハードルが高いことです。合宿に参加してくれた人は皆，非常に優秀な人たちで，通信会社に所属していた人は会社の枢要ポストに就いていました。金融系の人は日本の金融機関から外資系に転職したばかりでしたし，事業会社よりも金融そのものに関心が高い人たちでした。それぞれに自らの使命感と関心を持っており，アッカのDSL事業が自分の使命だとは感じられなかったようです」と述懐している（湯崎, 2009）。

そこで湯崎は自分のネットワークを活用した参画メンバー探しを継続し，スタンフォード大学MBAの先輩であり，米系通信会社ノーテルの執行役員を務めていた達城丈治を引き入れる。達城はさらに自身のノーテルの部下で技術者であった河村啓史を連れてきた。

湯崎が同時に頼ったのは自らが出向先として所属したイグナイトである。イグナイトはシリコンバレーに本拠を置いていたが，トップは日本IBMの副社長を務めていた三井信雄であった。そして三井を通じてIBMで子会社の社長を務めていた木田昌宏が参画することになった。

また，三井はNTTグループで長距離通信を担うNTTコミュニケーションズの社長の鈴木正誠，副社長の沖見勝也と懇意にしており相談を持ちかけた。NTTコミュニケーションズは1997年のNTT再編により作られたが，鈴木と沖見はNTTグループ内での棲み分けの枠を超えて自社が新しい事業を手掛けられないかと考えていた。そして2人はアッカ・ネットワークスを隠れ蓑として活用することを画策したのである。その流れで，NTTPCコミュニケーションズを辞めてシリコンバレーに滞在していた技術者である須山勇が，NTT在籍時の上司からの勧めを受けて，アッカ・ネットワークスに参画することになった（図表2-2）。

こうして組織設立時のメンバーが集まった。創業者の湯崎が財務担当を兼ね，総務・人事面を木田，企画/マーケティングを達城，技術を須山と河村が担う

図表2−2　アッカ・ネットワークスの経営チームの繋がり

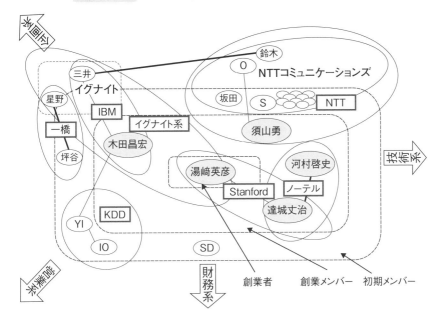

形であった。

　アッカ・ネットワークスの創業チームの組成プロセスは以上であるが，木田と達城は社長や執行役員経験者であり実務作業者ではなかった。それもあって，創業メンバーだけでは事業を遂行する人的資源は絶対的に足りなかった。ADSL事業は，NTTとの交渉や規制当局を動かす活動，ISPとの交渉などが欠かせないが，業界経験のない若輩者の元官僚という湯﨑では交渉の土台となる信用も足りなかった。

　湯﨑は人材紹介会社によるヘッド・ハンティングを試みたが不調に終わり，必要人材の供給源としてNTTコミュニケーションズを利用する動きを加速させる。そして2000年8月にNTTコミュニケーションズによる出資の話をまとめると，同社で取締役を務めていた坂田好男を社長として招聘し自らは副社長となった。また技術部門の責任者にもSを迎えるとともに，作業者の出向受け入れも十数名にのぼった。

　これと並行して，創業メンバーによる勧誘も行われた。木田はKDDで早く

からADSLに関与していたYIを引き入れ，YIは営業部門の責任者となるIOを誘い入れた。またイグナイトから社外役員として関与していた星野隆作が，一橋大学の同級生で商社勤めをしていた坪谷諭を勧誘した。坪谷は通信事業とは縁もゆかりもなかったが，湯﨑との数回の面談の後に湯﨑の姿勢に惹かれて参画を決めた。財務部門は湯﨑が当面の中心となっていたが，公募で金融機関に勤めていたSDを採用して責任者に据えた。

❖ イー・アクセスとの違い

　アッカ・ネットワークスの経営チームの拡大はNTTコミュニケーションズからの出向者が柱となっている。湯﨑には，頭の良さやベンチャー・キャピタルへの出向経験，海外MBAの取得といった魅力を感じさせる要素はあったものの，起業家として新しいメンバーを呼び込むだけの知名度も経歴も信用も足りなかった。そこで独立ベンチャーとしての立場を貫くのではなく，既存企業の力を利用した。これを可能としたのは，湯﨑が出向していたイグナイトのトップであった三井とNTTコミュニケーションズの社長の鈴木との個人的繋がりが大きかった。

　そして湯﨑は，自らの経営権に対するこだわりも強くなかった。湯﨑にとっては，事業を立ち上げて成功させることが重要であり，自らがコントロールすることは重視していなかった。

　湯﨑を知る人間には「基本的に政治的に動く人間で，本音の部分と自分の別の野心と，下にどう見せるかと，色々とあって，全面的に信頼したい人ではなかった」と評する者もいた。アッカ・ネットワークスを手掛けていた当時から湯﨑は「将来は政治家になりたい」と話しており，根っからの起業家というわけではなかった。実際に，アッカ・ネットワークスを辞めた後に広島県知事に立候補して当選し，政治家となっている。

　一方，イー・アクセスの場合は，原のDDI人脈がキーとなっていた。原によるDDIの営業チームの勧誘がその後の成長を牽引しており，原が初期の最大功労者であった。イー・アクセス創業が具体化して千本が真っ先に勧誘したのが原であり，初期段階における原の能力を高く買っていたことがうかがえる。また原は，他社の規程をどこかから入手してきたことや，そこまで親しくない人

間を強引に勧誘して転職させるなど,綺麗ではない仕事をこなせる馬力も持っていた。一方で,その支配欲や独善的性格は後輩との軋轢を生むことも多かった。

❖ その後の顛末

ADSL市場の発展とともにアッカ・ネットワークスも成長し,イー・アクセスから約1年半遅れて2005年3月にジャスダックへ上場した。だが,WiMAXの免許獲得に失敗するなどADSLに続く新規事業の立ち上げに苦労し,将来展望が描けず株価が低迷した。そこでM&Aを仕掛けたのがイー・アクセスであった。

イー・アクセスの経営陣は,事業形態が全く同じことから何度となくアッカ・ネットワークスへ提携や経営統合を働きかけていたが合意に至らなかったため,2007年末に同社の株式を取得し筆頭株主に躍り出て経営陣の退陣を要求した。紆余曲折はあったが,2008年7月に両社は資本・業務提携に至り,株式の公開買い付けを経て2009年6月にイー・アクセスに吸収合併されてアッカ・ネットワークスは消滅した。

4 財務戦略

❖ イー・アクセスの資金調達

経営チームの形成プロセスと並行して行われて相互に影響し,かつベンチャー経営にとり決定的要因となるものとして,財務戦略がある。

イー・アクセス創業者の千本とガンは創業前からゴールドマン・サックスとの出資交渉を継続して行い,同時にモルガン・スタンレーにも出資を打診していた。米国本社案件となったため,千本とガンは2000年の正月早々に米国へ飛び事業計画を説明,両社から出資への承諾を取り付けた。千本とガンは,これを「グローバル基準で評価されて海外から巨額の資金を調達した例のない会社である」と最大限にアピールして利用した。

出資とともに両社から各1名の社外取締役を受け入れ,さらに2名の社外取

締役を加え，イー・アクセスの取締役会は社外取締役が過半数を占める体制となった。メンバーの入れ替わりはあったが，社外取締役が取締役会の過半数を占める構成はずっと維持された。

ただし，千本とガンは出資者に経営状況の全てを晒していたわけではなかった。この時期のイー・アクセスはまだ多くの創業メンバーが前の会社から完全に移って来ておらず，昼間のオフィスは空席も目立った。そんな時に出資者の人間がオフィスに来ることになると，空いている机に鞄や荷物を置いて，沢山の人間が稼働しているように取り繕っていた。また，モルガン・スタンレーの日本代表であったテリー・ポルテの日本人の奥さんを事務スタッフとしてイー・アクセスで働かせて欲しいという要望を受けた際には，情報が筒抜けになることを懸念してのらりくらりと話をかわし，結局雇うことはなかった。

そうは言っても，第三者の経営監視に晒されることは，イー・アクセスに厳格な財務管理をもたらした。後に「1円の節約は1円の利益」とのスローガンに結実する会社の厳しいコスト意識は創業時から徹底していた。早くから予算実績管理をシステム化し，月次会議により進捗状況を確認する体制を整えた。EXCELの表がライン毎にチェックされ，管理が甘いと千本とガンにより糾弾された。余剰資源を許容する雰囲気は皆無であった。財務業績は月次で出資者へ報告された。

イー・アクセスは東証マザーズ上場までに，3回の第三者割当増資を行った。

第1ラウンドは2000年2月で，発行価格300万円で1,500株を発行し45億円を調達した。創業メンバーへの創業株式割当から1ヶ月で60倍の価格となったこの割当の大部分は，ゴールドマン・サックスとモルガン・スタンレーにより引き受けられた。

1：10の株式分割の後，第2ラウンドは2001年2月に実施され，発行価格30万円で約50億円が調達された。この割当は，ゴールドマン・サックスとモルガン・スタンレーに加え，オリックスや富士銀行などの日本の金融機関も引き受けていた。

第3ラウンドは2001年9月に実施され約100億円を調達したが，ITバブル崩壊やYahoo! BB参入による競争激化などの影響で事業環境が悪化し発行価格を12万円に下げることを余儀なくされた。この大部分は，カーライルと日本テ

レコムにより引き受けられた。

❖ 3社の財務戦略の違い

　図表2－3は，ADSLベンチャー3社の創業者の出資および第三者割当増資を示したものである。3社の違いで注目されるのは創業者持分に対するこだわりである。ベンチャー・ファイナンスにおいては，企業価値を向上させながら何回かのラウンドに分けて増資をして資金調達を行っていくのが常套手段である。これにより，初期に低い株価で出資する創業者が，後のラウンドで高い株価での出資に応じたベンチャー・キャピタルよりも少額の出資で高い所有権比率を確保する。増資時の株価はその時点での企業価値評価に基づいて出資者と

図表2－3　ADSLベンチャーの資金調達

東京めたりっく通信

時期	種別	株価(千円)	創業株価倍率	発行株数	調達金額(千円)	出資者	企業価値(千円)	創業関係者持分
1999年7月	創業株式	50	1	600	30,000	創業関係者	30,000	100.0%
1999年9月	第三者割当増資	50	1	800	40,000	創業関係者	70,000	100.0%
1999年12月	第三者割当増資	1,000	20	1,000	1,000,000	JAFCO他	2,400,000	58.3%
2000年5月	第三者割当増資	2,000	40	2,500	5,000,000	JAFCO他	9,800,000	28.6%
2000年6月	ワラント行使	50	1	2,800	140,000	創業関係者	15,400,000	54.5%
計				7,700	6,210,000			

イー・アクセス

時期	種別	株価(千円)	創業株価倍率	発行株数	調達金額(千円)	出資者	企業価値(千円)	創業関係者持分
1999年11月	創業株式	50	1	600	30,000	創業関係者	30,000	100.0%
2000年1月	第三者割当増資	50	1	3,900	195,000	創業関係者	225,000	100.0%
2000年2月	第三者割当増資	3,000	60	1,500	4,500,000	GS/MS他	18,000,000	75.0%
2000年10月	株式分割1:10			54,000			18,000,000	75.0%
2001年2月	第三者割当増資	300	60	16,719	5,015,700	GS他	23,015,700	58.7%
2001年9月	第三者割当増資	120	24	83,674	10,040,880	Carlyle/JT他	19,247,160	28.1%
計				160,393	19,781,580			

アッカ・ネットワークス

時期	種別	株価(千円)	創業株価倍率	発行株数	調達金額(千円)	出資者	企業価値(千円)	創業関係者持分
2000年3月	創業株式	50	1	200	10,000	創業関係者	10,000	100.0%
2000年4月	第三者割当増資	50	1	380	19,000	創業関係者	29,000	100.0%
2000年7月	第三者割当増資	350	7	200	70,000	Ignite	273,000	74.4%
2000年8月	第三者割当増資	500	10	5,200	2,600,000	Ncom/Covad/Ignite	2,990,000	9.7%
2001年3月	第三者割当増資	1,400	28	2,676	3,746,400	Ncom他	12,118,400	6.7%
2001年7月	株式分割1:4			25,968			12,118,400	6.7%
2002年3月	第三者割当増資	195	16	59,709	11,643,255	Ncom/三井物産他	18,394,935	2.5%
2002年4月	第三者割当増資	195	16	9,753	1,901,835	GE Capital他	20,296,770	2.2%
計				104,086	19,990,490			

の交渉により決定されるため，ラウンドの進展とともに事業も成長していれば高い株価での評価が得られ，創業者は持分の低下を抑えることができる。

　3社とも，このようなベンチャー・ファイナンスの手法は基本的に共通であるが，創業者持分のコントロールの仕方に違いがある。東京めたりっく通信では2006年6月時点でも54.5％の創業者持分を確保しており，これは経営破綻時まで継続している。これ自体は「企業価値を高めつつ何回かのラウンドを行って，相応の持分を確保しつつ資金調達をする」というベンチャーの理論に則ったものに見える。だが東條が「持分にこだわるあまり2000年5月の資金調達額を抑えた」（東條, 2008）と振り返るように，同じく独立志向のイー・アクセスが2001年9月の市況と事業状況の悪化のもとで株価評価額を30万円→12万円と大きく妥協して持分を大幅に減らしつつも100億円の調達を実現したことと対照的である。

　ここで注目されるのは，2000年5月の東京めたりっく通信の評価単価（200万円/株）および企業価値（154億円，ワラント考慮）と，2000年2月のイー・アクセスの評価単価（300万円/株）および企業価値（180億円）の差である。

　当時，東京めたりっく通信はイー・アクセスより約4ヶ月先行して事業を展開しており，企業価値もイー・アクセスより高く評価されて当然の状況にあった。しかしながら，イー・アクセスより3ヶ月後のラウンドにもかかわらず，その企業価値は30〜60億円程度低く評価されている。もし，イー・アクセスと同等の評価を得ることができていたら，創業関係者持分を維持しながらもさらに数十億円の資金調達ができていたであろう。

　またイー・アクセスは東京めたりっく通信がITバブルの崩壊で新規の資金調達ができず資金難に陥った時期である2001年2月に，2000年2月と同じ30万円/株（1：10の株式分割後）で約50億円を調達している。東京めたりっく通信とイー・アクセスの財務的能力にはそれだけ差があった。

　東京めたりっく通信におけるベンチャー・キャピタルとの交渉は当初は小林と東條の共同創業者が担っており，後に数理技研総務部長の新田徹がその任にあたった。彼らは，ベンチャー・キャピタル勤務者に比べれば財務の専門的知識は劣っていたと思われる。これに対してイー・アクセスのベンチャー・キャピタルとの交渉は元ゴールドマン・サックスのガンと田中が担っており，ベン

チャー・キャピタルと互角以上の財務知識を有していた。

　ベンチャー・キャピタルの主要評価基準は経営チームであり（MacMillan, Siegel, & Narasimha, 1985; Zacharakis & Meyer, 1998），また自分たちと似ている者に投資する（Franke, Gruber, Harhoff & Henkel, 2006）。東京めたりっく通信の経営チームの中にベンチャー・キャピタル出身の者を引き抜いてくることができていたら，東京めたりっく通信の資金調達を改善し経営破綻を回避できた可能性もあったであろう。

　一方，アッカ・ネットワークスは湯﨑がベンチャー・キャピタルに出向していたことから財務の専門的能力を有していた。しかしながら湯﨑は創業当初から創業者持分を確保することよりも，大手（NTTコミュニケーションズ）の傘下に入り事業推進に必要な資源の多くをそこから調達する道を選んでおり，評価単価も140万円/株とイー・アクセスの半分以下であった。

❖ 財務戦略と企業統治

　なぜ創業者持分に対するこだわりの違いが生まれるかはガバナンス意識の違いに由来する。

　千本はシリコンバレーのベンチャーの社外役員を何社も務め，取締役の過半数を社外役員が占めて経営者のクビを左右するガバナンス構造を当然のものとして受け止めており，イー・アクセスにも同様の構造を適用してきた。そのような環境では，株式所有権による支配ではなく経営能力による支配が重要となる。千本は，株式持分により会社をコントロールするのでなく，自分が会社を最もうまく経営することによって会社をコントロールすることを意識していたのであろう。

　ただし，このことは千本が自分の持分に無関心であったことを意味するものではなく，自分の持分の価値が上がることには強い関心を持っていた。千本にとっては，自分の持分の割合を高めることはさほど重要ではなく，自分の持分の価値を高めることが重要であった。

　Hellmann & Puri (2002) はベンチャー・キャピタルが様々な役割を果たすことを指摘する。だが，イー・アクセスや東京めたりっく通信ではベンチャー・キャピタルが入っていながら，資金供給以外に目立たない。創業チームの形成

プロセスをみると，東京めたりっく通信は私的統治意識が強く，ベンチャー・キャピタルの深い関与を拒絶しているようにも見える。一方イー・アクセスは，ゴールドマン・サックスの人間が内部化しており，あえて外部のベンチャー・キャピタルにお金以外を求めなかった。あるいはイー・アクセスではベンチャー・キャピタルの介入は最初から行われていて，定期的報告でコントロールされていたとも言える。追加介入が不要なレベルが最初から担保されていたのである。

❖ ベンチャー・キャピタルの役割

　創業期のベンチャーにベンチャー・キャピタルが提供しているのは，資金は勿論ではあるが，それに伴う実務的経営管理能力である。そして，その要素のほうが経営に対する影響は大きい。ベンチャー・キャピタルが成長を助けるというのは，経営管理的組織へと移行することを助けることであり，その能力を補完的に提供することである。

　これはベンチャー・キャピタルのほうが創業者よりも経営管理能力があるということを前提としている。その能力は机上のものではなく実践的なものである。ベンチャー・キャピタルの経営管理能力が必要となるのは創業チームにその能力が欠けている場合であり，その時にベンチャー・キャピタルを巻き込むのも資源探索行動の1つと言える。

　一方，経営者を変えたりマーケティングVPを採ったりというのは冷徹な経済効率的判断でもあり，当事者ではないからこそ出来る側面もある。創業者にはどうしても思い入れとか，自分のものという統治意識などが生まれる。その折り合いをうまくつけているのがイー・アクセスのケースであり，所有権ではなく経営能力で君臨していた。

　経営管理能力の不足は顕在化しにくく，経営者はオペレーションを何とか回そうと努力する。経営能力が足りない場合も人材採用という行動で補おうとする。これに対して，資金不足が顕在化するとベンチャー・キャピタルからこれを調達しようとする。だが実際は，経営管理能力が本当に足りないのであれば，それを補うために資金の話の前にベンチャー・キャピタルにアプローチするべきであろう。

イー・アクセスの場合は初期の経営チームの人材調達に対するベンチャー・キャピタルの関与は乏しい。創業直後に世界的なベンチャー・キャピタルから巨額の資金を調達すると同時に社外役員としても招き入れているが，実行メンバーに対する介入が見られていない。

　この理由として指摘できるのは，千本がベンチャー・キャピタル以上に通信業界の経営層に対する人脈を十分に有していたこと，そもそもガンがゴールドマン・サックスの出身であり，他社であればベンチャー・キャピタルに依存することを内部者として担っており実質的にはベンチャー・キャピタルの関与と同等のことが行われていたこと，創業メンバー集めにおいて資源探索も行い洗練されたチーム形成がなされメンバーの追加や変更の必要性に乏しかったことである。

　さらに，千本がベンチャー・キャピタルの関与を妨げようという意識を働かせていたことや，経営チームの中に経営能力に対する自負があったこと，創業初期の行動や気持ちを共有しないメンバーの追加に対して排他的傾向を持っていたことも指摘することができる。

　ベンチャーは資金調達手法の特性からみて公開企業志向である。外部からの資金調達を行い，成長してキャピタルゲインの形でリターンする。キャピタルゲインを得るためには（企業売却を別とすれば）上場して公開企業となる必要がある。創業者が公開企業の経営者としての立場を意識しているかどうかで，経営チームの形成プロセス（追求度，追求の仕方）が変わる。

　創業者は多かれ少なかれ「自分の会社」とのオーナー意識を持ち，そうでなければ雇われ社長と変わらない。だが，東京めたりっく通信の場合は，事業として成長（規模）を追求することが必須であるのに，経営者が中小企業のオーナー社長意識しか持っていなかった。

　このようにベンチャー・キャピタルが貢献する経営管理能力が持つ一面に，企業統治の確保がある。東京めたりっく通信が破たんしたのは，ベンチャー・キャピタルの介入を妨げたからともいえる。

　ただし，公開企業の経営者としての立場を意識していたとしても，必ずしも本心ではベンチャー・キャピタルに全ての手の内を晒したいとは思ってはいないことがイー・アクセスの事例からは見て取れる。資金調達のためにベン

チャー・キャピタルにプレゼンテーションする内容にはお化粧された部分もあり，現実はそこまで上手くいかないことを重々承知している。ベンチャー・キャピタルの期待することがその通りに出来るとは最初から思っておらず，そこに本音と建前の使い分けが生じている。

5　チーム形成の違いを生む要因

❖ 創業者

はじめに，イー・アクセスと東京めたりっく通信について考察する。両社の創業者の特性，創業チーム形成プロセス，事業特性と業績は**図表2-4**のとおりである。

事業理解度に関しては，東條と千本では通信事業の経験は多少の差がある。千本がNTTとDDIに長年勤めて通信ビジネスや業界の規制や慣行を熟知していたのに対し，東條は通信会社勤務の経験はない。ただし，ADSLの実験プロ

図表2-4　東京めたりっく通信とイー・アクセスの特性比較

		東京めたりっく通信	イー・アクセス
創業者・共同創業者		・ポートフォリオアントレプレナー ・非上場中小企業オーナー経営者 ・通信サービス（ISP）事業経験 ・通信機器販売事業経験	・シリアルアントレプレナー ・上場大企業経営者経験 ・通信インフラ事業者経験 ・通信/金融業界ネットワーク
創業チーム	形成プロセス	人間関係モデル	人間関係モデル ＋ 資源探索モデル
	規模	小〜中	大
	機能網羅性	狭い	広い
事業特性		・規制緩和による新規参入 ・人材調達が困難で，特殊性・専門性の高い業務の存在 ・巨額の初期設備投資 ・急成長，激しい競争	
業績	〜懐胎期	◎（先行）	○
	幼児期〜	×（消滅）	◎（上場）

ジェクトを通じてNTTや監督官庁との折衝は十分に経験しており，相応に業界慣習は理解していた。だが，千本が渉外の専門家である庄司を弱い紐帯を手繰って創業メンバーに引き入れたのに対して，東條はそういった活動は行っていない。

また，通信業界の情報のアンテナとアクセス力には差がある。千本は小畑を業界関係者から情報を収集することで見つけ出し，労力をかけ接触し勧誘しており，付き合いの薄い人間や付き合いの全くない人間まで探索している。また，イー・アクセスにおける創業メンバーのほとんどは大企業勤めであり，有用な創業メンバーになりうる人物は大企業の中にも埋もれていることがうかがえる。NTTとDDIを経ている千本はそのような候補者へと近づくことが容易であったが，東條のようにそれが困難であれば探索に労力をかけるよりも身近なメンバーで創業活動を進めることが優先されている。

さらに大きな違いは，東條と千本の持つ柵──過去の経験や現在も取り巻く環境──である。東條も千本も同年代の起業経験者である。だが，東條が数理技研のオーナー社長の立場のまま東京めたりっく通信の創業に携わったのに対して，千本はDDIから完全に離れており大学教授職も辞してイー・アクセスの創業に専念している。東京めたりっく通信の共同創業者の小林もソネットのオーナー社長の立場も有していたが，イー・アクセスの共同創業者のガンはゴールドマン・サックスを離れイー・アクセスに専念していた。

これは，東京めたりっく通信がリテール型販売とAnnex.Aを採用することに大きく影響したと考えられる。なぜならば，数理技研はISP事業に馴染みがあり自社でISPを担うことに積極的であり，ソネットは米国からのADSLモデムの輸入を手掛けており米国規格のモデムの調達を希望していたからである。

また，東條の数理技研が非上場の中小企業であるのに対し，千本はDDIを上場に導き公開企業の副社長を経験していた。さらに，千本は経営大学院でベンチャー経営を教えシリコンバレーのベンチャーの社外役員を務めていた。したがって，株式公開を意識した経営に対する知識には差があったであろう。

東京めたりっく通信ではベンチャー・キャピタルによる増資後も経営陣の所有権が過半数を割らないようにコントロールしていたが，イー・アクセスでは所有権比率で過半数を維持するより事業に必要な資金を確保することを最優先

にしていた。さらに，イー・アクセスはベンチャー・キャピタルの出資を受けた2000年2月から取締役の過半数を社外役員としている。すなわちイー・アクセスでは，株主総会や取締役会の議決権によってではなく経営能力により会社を統治することが意識されていた。

公開を目指すベンチャーの経営に習熟した千本とベンチャー・キャピタルの流儀に精通するガンは，透明性のある企業統治の必要性を意識していた。一方，東京めたりっく通信の東條と小林は起業経験者であり経営者ではあるが，その経験はオーナー企業経営の域を出ていない。創業者がオーナーとしての所有権のもとに企業を統治する意識が常に働いていた。

東條は，ISP事業の経験やADSLの実験を通じてNTTとの交渉の重要性は認識していたはずである。また，企業経営者として財務管理の重要性も相応に理解していたはずである。だが，それでも十分な資源探索を行わなかった。

この理由として大きいのは，組織目標に対する合理性が疑われる個人的意図を持ち込もうとし，かつその意図を実現するための統制権の維持を優先させていたことであろう。特に日本では，ベンチャー創業者が公開企業を目指しながらオーナーシップに固執して第三者を排除する傾向がある（小門, 2007）。東京めたりっく通信では自分の意思を通すための統治体制を作ることが優先され，意図的に創業メンバーの探索を追求していなかったのではないだろうか。

ベンチャー創造は，何もない所から組織を創るのではなく，創業に関わる者の持つ柵を取り込み遂行されるプロセスである。東條と小林の持つ柵の大きさが東京めたりっく通信という組織の目的と創業者個人の目的の間に乖離を生み，東京めたりっく通信を自分の意思で統治したいという意識を高める誘因となっていた。東京めたりっく通信の創業チームは，創業者がその柵を持ち込むことを可能とする統治システムを構築しようとした結果でもあった。

ベンチャーは，第三者から出資を受け入れた時点でその株主に対する責任が生じ適正な企業統治が求められるが，それを回避した統治システムを構築しようとする意図が東京めたりっく通信の創業チーム形成プロセスには見え隠れする。経験や知識の乏しさに由来する透明性のある企業統治意識の低さと，自分の意思を反映できる組織を作りたいという欲求を助長する柵が，創業チーム形成段階での資源探索行動の追加を妨げている。

❖ シリアル・アントレプレナーの意義とベンチャーの正統性

　福嶋（2013）は，米国オースチンにおいてTivoli社を踏み台としてシリアル・アントレプレナーが起業の連鎖を生み出して地域活性化の重要な担い手となっていることを描く。だが，日本ではシリアル・アントレプレナーは数少ない。この大きな要因は，国民の価値観として起業するという行為よりも大規模組織を動かすことを評価するという文化の違いが大きいと思われる。

　その中で千本は例外的である。だが，千本にも学歴を重視する点やNTTに就職したという経歴を考えると，根底には保守的な指標を評価する面もあると思われる。実際に千本は「組織の器は経営者の器」と語ったことがあり，拡大志向でかつ大きくした組織に君臨したいという意識を少なからず持っていた。

　また，ベンチャー精神や経営者マインドを謳いながら他者の創造性や自主性を実は促さないことや，イー・アクセスではトップと創業メンバーの間の溝が実際には結構深く，実践共同体としての機能が弱いことも窺える。

　イー・アクセスではトップの役割はファイナンスや対外ネットワークが中心であったが，そのような仕事を他のメンバーに分担して担わせることはしておらず，それより内部のオペレーションをしっかりとさせることを重視していた。その結果，イー・アクセスを通じた起業の連鎖というものは起こっていない。

　千本も東京めたりっく通信の東條もシリアル・アントレプレナーではあるが，立ち上げた企業を売却等により比較的短期に離れて新たなベンチャーを立ち上げる米国流のシリアル・アントレプレナーとは異なっている。

　では，福嶋（2013）が指摘するシリアル・アントレプレナーの5つの機能，(1)経験の集中的蓄積，(2)資源へのアクセスの容易さ，(3)質の高いネットワーク，(4)成功の担保，(5)後進のロールモデル，に照らして，千本がシリアル・アントレプレナーであることには，どのような意義がみられるであろうか。

　経験の蓄積という点においては，千本は起業の勘どころを掴んでいた。特に規制産業である通信業界での起業経験は，東京めたりっく通信に対する大きなアドバンテージであり，アッカ・ネットワークスの湯﨑はその代替をNTTコミュニケーションズに求めている。東京めたりっく通信が1年半で経営破たんしたことと，2001年にADSL市場の爆発をもたらしたソフトバンクが興味を持

ちながらも1999年には市場参入しなかったことを考えると，千本はADSLの可能性を潰さずに日本での道を拓くことに大きく貢献したと言える。

　一方，資源アクセスの容易さは人的資源の調達やベンチャー・キャピタルからの資金調達に有効に働き，後述する会食やゴルフを通じた積極的な外部の経営者層との付き合いも質の高いネットワークとして実質的に機能していた。

　起業の連鎖を導く意味での後進のロールモデルになっていたかは疑問が残るが，千本に惹かれてイー・アクセスに入ってきた人材を勘案するとロールモデルとしても機能していたと言える。

　だが，シリアル・アントレプレナーとして一番有効に機能していたのは，成功の担保を感じさせる正統性を与えたことであろう。初期のベンチャーでは正統性の確保が重要課題となる（Delmar & Shane, 2004）。千本はそれを十分に認識して，イー・アクセスに正統性を与えることに気を配っていた。

　虎ノ門33森ビルやアバンザ堂島というオフィスビルの選択，高級な社長車など，経費節減の観点からはもっと合理的な選択があるようにも思われたが，それがイー・アクセスに対する社会的信用の付与に寄与したことも事実である。また，ゴールドマン・サックスやモルガン・スタンレーからの投資を得たということも最大限に宣伝し，増資の記者発表ではサクラを動員して社会的関心の高い存在であることをアピールした。齋藤忠夫という影響力の強い学者の後ろ盾を得ることにも腐心していた。

　さらに，正統性を与える最大の存在が千本自身であった。DDIの創業時には千本は京セラの創業者であった稲盛和夫を共同創業者とすることにより，稲盛の社会的正統性を利用した。DDIでの成功は千本の成功実績（Track record）となり，その後のベンチャー論を専門とする慶應義塾経営大学院教授という立場も加わり，千本に起業家としての正統性をもたらしている。

　ベンチャーとして，顧客や外部をひきつける正統性だけでなく，内部を引き付けるための正統性というものがある（山田, 2006）。まず，創業者が与えるベンチャーの正統性は，創業メンバーを引き寄せる役割を果たす。イー・アクセスの創業チームは，千本に引き寄せられたメンバーが集まった。

　ただし，正統性の認識は人によって異なり，創業者にも異なったタイプがあることと類似性/引き寄せ理論から考えると，創業者がどのような人間かに

よって参画してくるメンバーのタイプも異なってくる。

　例えばイー・アクセスのように大企業出身で社会的地位のある人間の創業には，そのような人間が創業することに魅力を感じる者が集まってきており，彼らも大企業からの転職組である。だが，創業者が学生起業家のようにギラギラとした情熱はあるが経験も地位も持たない人間であれば，大企業から転職してそのようなベンチャーに参画する者はほとんどおらず，その代わりにそのギラギラ感を共有できる，起業に興味を強く持ち，決められたレール，安定した道を歩くことに魅力を感じていない者が集まるであろう。

　イー・アクセスは1999年11月に創業されているが，それは日本でビットバレーがブームとなり，熱病にうなされたようなギラギラした若者がBitStyleという交流会に群がった時期でもあった。だが，イー・アクセスの創業メンバーはそのような集まりには誰も顔を出していなかった。

　学生時代に起業したり卒業後就職せずに起業したりするベンチャーの多くは，枠にはまらず破天荒で乱暴ではあるが，エネルギーに満ち溢れ，革新的で創造的である。そしてどこか胡散臭い。例えば，岡本（2000）には，関西学院大学の学生であった真田哲弥が在学中の1983年に立ち上げたリョーマという運転免許合宿の会社が友人を巻き込みながら拡大していく姿が描かれている。それは精緻な事業計画書を書きあげて創業と同時に45億円の資金調達をしたイー・アクセスの立ち上げとは全く異なっている。

　学生起業家や就業経験の乏しい若手起業家であっても，山下（2001）に描かれているインフォキャストの谷井等や，東証の最年少上場社長の記録を持つリブセンスの村上太一のように，コンテストへの入賞などを通じてある程度周到に計画して起業した創業者のベンチャーに魅力を感じて集まってくるのは，また少し違ったタイプの者であろう。

　学生運動の闘士であった東京めたりっく通信の東條のほうがイー・アクセスの千本より武闘派であり，また東京めたりっく通信はイー・アクセスより先行して市場を開拓していることから，泥臭いものの革新者としてのイメージは高かった。顧客だけでなく初期参画メンバーにもイー・アクセスより東京めたりっく通信に魅力を感じて参画した者はいるであろう。

　アッカ・ネットワークスの場合は，湯﨑にはある程度の社会的地位はあった

ものの起業家としての正統性を与えるだけの経歴はなかったために自らの力では十分な創業メンバーを獲得することができず，その正統性の補完をNTTコミュニケーションズという社会的正統性を有する企業が行っている。

従来のベンチャーの正統性獲得行動の議論は社会的正統性に注目してきたが，社会的立場が異なれば正統性の認識も異なってくるので，誰に対して正統化するかという視点を持つことが必要である。

起業活動が盛んとは言えない日本においては，実態はともかくとして典型的なベンチャーのイメージは学生起業や一般的なキャリアのレールを外れた者による起業であろう。そのようなベンチャーの創業者には，偏差値の比較的良い大学に入ったものの，そこから就職しないで起業しているような者が多い。

その場合に，創業者が同質的なメンバーと経営チームを組むとすれば，新卒でサラリーマンとなり長期雇用慣行に乗り人生を送る日本社会の一般的なキャリアを送る人はベンチャーには行かないこととなる。日本ではベンチャーに飛び込むという行動は制度（慣習，一般）的ではないので，それを踏み出すこと＝リスクテイクをできないのである。結局，日本ではベンチャーを手掛ける人々と伝統的キャリアを送るグループが分離している。

創業メンバーを引き寄せるのは，彼らに対する正統性である。ベンチャーは顧客やベンチャー・キャピタル等の外部に対して社会的正統性を確保することを行おうとしているが，そこで活動することの正統性を示すことで，創業メンバーが集まってくる。正統性を示すのは創業者であり，正統性の示し方によってどのような創業メンバーが集まってくるかも変わってくる。

❖ 創業チーム形成プロセスの業績への有効性における条件適合要因

東京めたりっく通信には自社の環境と経営施策の不整合があった。その経営施策は創業者の柵や適切な事業評価の欠如の結果であり，それを導いたのは人間関係に頼って構成された創業チームを核とする初期の経営チームである。不整合の解決を困難にしていたのは，渉外や財務能力を有する人的資源の不足であった。

企業家チームの優位性は，多様な人々が集まることによる補完性から生まれると指摘される（Vesper, 1989）が，その形成は線型で単純に段階的に進展す

るのではなく幾つかの複線が絡み合って不均質に発展する（Katz & Gartner, 1988）。

　企業は成長するにつれて必要な人的資源を充足し，そのために資源探索を行う。したがって，創業者の資源探索による人材獲得は，創業期に実行し創業チームメンバーに加えるか，発展期以降に実行し経営チームメンバーに加えるか，のタイミングの問題とも捉えられる。

　イー・アクセスは創業期に資源探索により機能網羅性を高めているが，初期段階では凝集性を重視するほうが優位であり（Martinez & Aldrich, 2011），一概に早期に資源探索を行うことが良いとは言えない。実際，多くのベンチャーは人間関係を重視して創業チームが形成され，その中から成長するものもある。

　では，なぜ本事例ではイー・アクセスが結果的に業績に優ったのであろうか。その鍵は資源探索でどのような人材が調達されていたかにある。

　イー・アクセスにおいて資源探索で最初に調達された庄司は，監督官庁やNTTとの交渉担当の専門家であった。この職務は通信会社内でも限られた人間が従事する特殊性の高いものである。また，その後に勧誘された小畑も，単なる技術者ではなく，通信規格の標準化活動という非常に専門性の高い業務に習熟していた。

　ADSL事業は，規制緩和下の設備投資産業かつ新技術の導入である。そこでは，規制対象の他事業者や監督官庁との関係が事業遂行上非常に重要であるが，その交渉担当は調達困難な人材であった。また，ADSLという技術は発展途上であり，その規格標準化を行う団体での活動が事業環境を大きく左右したが，この活動を遂行する人材も非常に調達が難しかった。

　求められる人的資源が発展期に容易に調達できれば創業期に人間関係を超えて資源探索を実施せずとも問題は少ないが，それが困難であれば創業期に探索し創業チームに加えることが望ましい。

　競争の激しい新興の業界では創業チームで組織化が進展しているほうが有効（Sine et al., 2006）であることから，事業成長速度も関係する。成長速度が速い場合は創業チームの段階で機能網羅性を高めておくことが望ましいが，緩やかであれば成長に応じ適宜経営チームを強化していくことも可能である。成長は自社の戦略で制御できる部分もあるが，競争環境から強いられる面も大きい。

急成長を志向するほど,懐胎期において資源探索を追求することが求められる。

同時に,初期の事業規模も人材獲得のタイミングに影響する。ベンチャーで適切な人材が適切なタイミングで調達できることは少ない。経営チームに参画する人材の採用には相応の時間を要するため,初期の事業規模が大きい場合には資源探索を追求して創業チームの機能網羅性を高めておくことが望ましい。特に資金調達規模が大きい場合には,財務機能の充足が重要となる。

イー・アクセスでは,千本が共同創業者を得る段階で仕事上においては直接的な関係のないガンをパートナーとしたことが,財務面で有効に機能していた。

創業チームの同質性・異質性と業績の関係においては,そもそもの日本における同質性・異質性について検討する必要がある。多くの実証研究で論じられている主体の異質性や同質性とは,あくまで企業家活動の振る舞いをするキャリア前史における経験や先行知識の有無である(山田, 2015)とされる。一方で,日本においては,人種,性別等の基本属性の同質性が比較的高く,本事例でもイー・アクセスの共同創業者のガンが外国人であることを除けば,全員がある程度の実務経験を有する男性である。

その上で,ここで見出される調査対象の異質性と同質性を分ける大きなポイントは,前職の(あるいは新卒時に就職したホームポジションとしての)業界である。イー・アクセスにおいては,人間関係に依存して小さな創業チームとなっていた東京めたりっく通信や,人材をNTTコミュニケーションズに大きく依存していたアッカ・ネットワークスと比較すると,創業メンバーの出身業界に多様性が大きい。それは時に構造的コンフリクトを生むが,結果的に業績に対して正に作用していたと見られる。

本事例は,監督官庁やNTTとの交渉力や標準化団体での活動力という希少能力を求める事業特性があり,設備投資産業という初期の事業規模の大きさがあり,競争による成長の速さがあった。創業チームが人間関係に偏る東京めたりっく通信はイー・アクセスに4ヶ月先行し創業初期に優位であった。だが,発展期に入るとイー・アクセスでは資源探索による創業チームが核となり成長を牽引し,経営チームの能力に劣った東京めたりっく通信はそれを回復することができず早期の経営破綻を招いた。

6 小　　括

　本章は，ベンチャーの創業チームがどのようにして作られ，それが業績とどのように関係するのかという問題を，東京めたりっく通信とイー・アクセス，アッカ・ネットワークスとイー・アクセスを比較事例として考察した。

　この分析を通して明らかにしていることは，第一に，創業チーム形成を人間関係によるか資源探索を追求するかは創業者に強く依存しているが，一体感が強いはずの創業者と組織の目的の間に初期から乖離が生じ意図的に資源探索を避けている可能性があることである。

　また，企業統治意識の違いは創業チーム形成プロセスに大きな違いを生んでいる。東京めたりっく通信は，事業機会を認識し参入を果たしたが発展を実現する経営チーム資源の組織化には失敗した。これは，必要資源へのアクセス能力の問題のみならず，統治の観点から異質な資源の受け入れを拒む意識をもたらす柵を抱えており，透明性ある企業統治の必要性への意識に乏しかったためであった。企業統治意識の差は財務戦略の差となるが，ベンチャー・キャピタルは経営能力の向上に大きく貢献するため，結局は経営能力の差となる。

　また，初期のベンチャーでは正統性の確保が重要課題となるが，起業家自身の正統性がベンチャーに正統性を与え，チーム形成プロセスを変えている。創業者に十分な正統性が認められない場合には，社会的正統性を持つと見做されるような外部団体などにその補完を頼っている。

　そして，創業チーム形成プロセスと業績の関係は，成長速度に加え，事業の人的資源調達上の特性や規模に左右される。調達困難度の高い特殊な人材が要求される事業や，初期の事業規模が大きく早期の機能充足が求められる場合には，創業チーム形成において資源探索行動をとることが優位である。

　一方，急成長を意識せず小規模な事業を立ち上げる場合や，明確な成長プロセスや必要資源を描いた精緻な事業計画よりも素早く立ち上げて市場の受容状況に応じて柔軟に事業計画を変化させることを重視するリーン・スタートアップのような場合には，創業チーム形成を人間関係に頼って行い，創業後に追加的な必要資源の探索を行うことが有効である。

第3章
創業参画者の意識と組織文化

　ベンチャー勤めが社会的正統性を持つ米国のような国とは異なり，ベンチャーに対する社会的評価が低く大企業志向の強い日本においては，人材確保はベンチャーにとって大きな課題である。創業者が企業家精神に動機づけられ企業を立ち上げるとしても，後に続く人間は何に動機づけられてベンチャー勤務というキャリアを選択するのであろうか。

　最初に考えられるのは，後に続く人間も企業家精神を持っており，新たに事業を立ち上げることの意義を創業者同様に感じてベンチャーに参画しているということである。この場合は創業者と情熱を共有し，精神的に一体化していることになり，創業者がいかに後続者にビジョンを示すことができるかが重要になるだろう。

　これとは異なり，後に続く人間は企業家精神よりもっと別の価値観，欲求に動機づけられている可能性もある。例えば，勤めていた企業あるいはその中での個人的キャリアが頭打ちとなり，次善の策を新天地に求めるようなケースもあるかも知れない。金銭的可能性，魅力に動機づけられている人もいるかもしれない。ネットバブルでの一攫千金がメディアで報じられ，ストックオプションといった言葉に踊らされて大きなリターンを夢見てベンチャー勤めをする人もいるかも知れない。

　創業参画者は，主導的起業家のリーダーシップのもとに起業活動に従事する存在である。また，ベンチャーは急成長を目指す存在であるので，多くの後続メンバーを迎えて，彼らにリーダーシップを示す立場にもなる。本章では，こ

れらの行動原理の解明を試みる。

1　ベンチャー参画者の意識に関するこれまでの研究

❖ 企業家精神（アントレプレナーシップ）

　アントレプレナーシップの概念は，企業家を「新結合の遂行をみずからの機能とし，その遂行に当って能動的要素となるような経済主体」と定義し「革新的変化」に注目したSchumpeter（1934）の定義にはじまり，Kirzner（1973）による未利用の機会の認知への注目による「斬新的進化」も包含するものとして拡張されてきた。

　Drucker（1985）は企業家精神を複数の観点から定義した。1つは「企業家精神とは気質でなく行動である」というものであり，企業家精神"Entrepreneurship"が単に精神的な心がけ"Entrepreneurial Spirit"ではなく行動であることを明確にした。また企業家精神が，変化の中に機会を発見するものであることを示した。さらに「企業家はイノベーションを行う。イノベーションは企業家に特有の道具である」として，企業家がイノベーションを武器として用いることに注目した。

　Timmons（1994）は，企業家の活動を「企業家精神とは，実際に何もないところから価値を創造する過程である。言い換えれば，起業機会を創り出すかを適切にとらえ，資源の有無のいかんにかかわらずこれを追求するプロセスである。また，価値と利益を定義・創造し，個人，グループ，組織および社会に分配する。企業家精神において，短期間に一攫千金を狙うようなアプローチはきわめてまれである。むしろ，それは長期的な価値の創造と継続的なキャッシュフローの形成である」と定義した。

　またBygrave（1994）は「企業家とは，起業のチャンスを捉え，そのチャンスを実現しうる組織を作り出す人である。起業へのプロセスとは，チャンスを見出し，チャンスを実現するために組織を作り出すことにかかわるありとあらゆる機能，活動すべてを含むものである」と定義した。

　Shane & Venkataraman（2000）は企業家精神の概念を改めて体系化するこ

とを試みて「企業家精神は，それ以前には存在しなかった，新しい製品とサービス，組織化手法，市場，プロセス，原材料を組織的にされた努力を通じて導入する機会の発見，評価，探索を含む活動である」と定義した。

さらにShane (2004) では実践的調査における操作化を容易にするため，人に雇われるのではないこと (Self-employment) と新規事業創造 (Founding of a new business) を定義に加えている。この視点は，Schumpeterの定義よりも"起業─事業を興すこと"に近づいた定義であり，シリコンバレー興隆にみられるベンチャーブームの影響を受けていると思われる。

日本でも，上田惇生はDrucker (1985) "*Innovation and Entrepreneurship*"の翻訳本を第3版まで出しているが，その標題は「イノベーションと企業家精神（第1版）」→「イノベーションと起業家精神（第2版）」→「イノベーションと企業家精神（第3版）」と変遷している。理由を上田は「時代に合わせて適切なものを選択した結果」としている[1]。第2版が発行された1997年は，米国ではシリコンバレーのベンチャー企業の勃興により産業が復興し，日本でも第3次ベンチャーブームが訪れ「起業」に注目が集まった時期であった。

アントレプレナーシップの概念の定義においては，「事業機会」「イノベーション」「行動」を強調するものが多い。起業に求められるのは，創造力，新しいものを生み出す力であり，スタートアップ期の創業者を司る精神はアントレプレナーシップである。

❖ 企業家精神とリーダーシップ

一方，創業以降の創業者と経営チームの行動はリーダーシップの観点から解釈される。起業後の成長のために創業者に求められるのは，他者を巻き込む力，共感させる力，ビジョンといったものであり，経営チームに求められるのは，創業者に導かれながら事業を遂行する実行力と，後続メンバーを導く力である。

リーダーシップ研究は，1940年代までの特性理論，1940年代～1950年代の行動理論，1960年代～1970年代の条件適合理論と発展してきた。

1　筆者とのメールでのやり取り（2011年7月）

行動理論に依拠する研究はいずれもリーダーシップ行動を2つの軸で捉えている。それには,「構造づくり」と「配慮」—オハイオ研究—(Fleishman, Harris, & Burtt, 1955),「生産志向」と「従業員志向」—ミシガン研究—(Bower & Seashore, 1966),「業績への関心」と「人間への関心」—マネジリアル・グリッド—(Blake & Mouton, 1964),「目標達成」と「集団維持」—PM理論—(三隅, 1978)等が挙げられるが,いずれも類似しており「課題遂行を重視すること」と「人間環境を重視すること」の2つのカテゴリーから捉えられている。
　ただしこれらの研究では,2つのカテゴリーのいずれも高いことが好結果をもたらす傾向は示されても,常に好結果を生むことは実証されなかった。そこで状況要因が注目されるようになり,条件適合理論が生まれた。
　条件適合理論に至る研究は,小集団を対象に「～したら～してあげる,～しなかったら～するぞ」といった価値の交換で他者を動かす交換型リーダーシップの枠組みにある。一方,1980年代以降,大規模組織の変革や急成長のための非連続組織変革を焦点に,ビジョンを示して能力を引き出した上で学習を促して他者のあり方を変革して動かすという,変革型リーダーシップ論が現れた。
　交換型リーダーシップと変革型リーダーシップの対比を初めて提示したのは,政治学者のBurns (1978) である。交換型リーダーシップの典型として票と引き換えに選挙区に恩恵を持ってくる利益誘導型政治が挙げられるのに対し,変革型リーダーシップはケネディの演説に心を打たれて民衆が動くような条件によらない価値観や態度の変化をもたらすものである。
　Kotter (1990) は変革型リーダーシップを,時代の変化とともに従来型の複雑さに対応する「管理能力」のみならず変化に対応する「変革能力」との両立が不可欠となっていることから,管理能力と共存しつつもこれを抑制・補完し変革を実現するというリーダーシップのモデルとして提示した。
　変革的リーダーシップは,フォロワーの自己に強い影響を与え,フォロワーが自己利益への追求ではなく組織やグループに対して献身的になるとされる。また,組織が危機的状況に陥ったときなどにフォロワーが驚くほどの努力と実力を発揮し,通常では考えられないような成果を生み出すとされる。
　欲求階層説 (Maslow, 1954) に従えば,交換型リーダーシップは第4階層までの経済的欲求や社会的欲求という欠乏動機に働きかけるものであるのに対し

て，変革型リーダーシップは第5階層の自己実現欲求という存在動機に働きかけるものである。

しかしながら，下位欲求が充足されると上位欲求が現れるとのMaslowの主張に沿えば，下位欲求の満たされない者に対して自己実現欲求に働きかけても効果は薄い。フォロワーの欲求充足状況により交換型と変革型のリーダーシップの有効性は変わるであろう。

また，自己実現欲求とはパーソナリティの問題である（金井, 1997）との指摘もあり，変革型の働きかけの有効性はフォロワーがどのような価値観を持つかによっても異なる。

さらに，交換型リーダーシップは配分可能な報酬の保持を前提とするので，組織規模とリーダーシップ・タイプにも関係があるであろう。リーダーの持つ資源には限度があるため限られた範囲にしか交換型リーダーシップは通用せず，大きな組織を動かすには変革型リーダーシップが必要となると考えられる。このように，交換型リーダーシップと変革型リーダーシップの有効性も条件適合的である。

Bass（1990）は，交換型リーダーシップと変革型リーダーシップは並存しうるが，その違いとして，変革型リーダーが，カリスマ，鼓舞，知的刺激，部下への個別配慮，といった特徴を持つのに対して，交換型リーダーには，随伴型報酬，能動的な例外による管理，受動的な例外による管理，自由放任（責任・決定回避）の特徴を見出している。

ここでのカリスマとは，ビジョンや使命の意味の提供を行い，部下のインスピレーションや元気付けを行い，忠誠心や尊敬の念を抱かせるものとされ，カリスマが影響を及ぼすのはフォロワーがその人物に自己を投影して同一視するからであるとされている（Bass, 1988）。

カリスマ性はベンチャー創業者の特徴として挙げられており，「カリスマ的リーダーは起業活動と結びついており，1970年代，1980年代に目立った起業家たちの多くはカリスマ的人物」（Conger & Kanungo, 1988）であるとされる。

金井（1989）は，カリスマ的リーダーシップに適合する状況とは，危機，緊急時，変革時などのストレスフルな状況であると指摘しているが，起業活動にカリスマ的リーダーがみられるということは，起業活動の持つストレスフルな

特徴がカリスマ的リーダーを求めるものと考えられる。

　Weber (1956) は3つの支配類型として「カリスマ的支配」「伝統的支配」「合法的支配」を示したが，ベンチャーの創業はそれまで存在しない組織を創りだすという活動であり，支配に正統性をもたらす伝統も，組織において定められた規則も存在しない。また，ベンチャーというのは，組織を新しく創造する活動であり，その業務はそれまで存在しない，すなわち非定型業務である。この業務特性故に，そこで登場するリーダーは程度の差はあれカリスマ的な要素を有することになる。したがって，創業期のベンチャーの支配はカリスマ性にもとづくものとなり，創業者には相応のカリスマ性が要求される。

　アントレプレナーシップとリーダーシップを対比させた研究としては，Vecchio (2003)，Cogliser & Brigham (2004) がある。

　Vecchioは，アントレプレナーシップ研究がリーダーシップや対人的影響といった研究領域から独立して扱われていることに疑問を呈し，パーソナリティ，人種，システム的適合，認知といった観点からアントレプレナーシップを見直した。その上でリーダーシップ領域において探求されてきたフォロワーシップや社会関係，教育といった項目をアントレプレナーシップと結び付けて，起業活動におけるプロセスとミクロ・マクロの要素を統合したモデルを提示した。

　一方，Cogliser & Brighamは，初期の資質アプローチから現在に至るリーダーシップ理論の歴史のもとにリーダーシップ研究が成熟領域であるとの指摘 (Hunt & Dodge, 2000) を踏まえた上で，アントレプレナーシップ研究が同様の経路を辿りながらもリーダーシップ研究における初期に相当する段階で研究が混沌としていると指摘する。そして，リーダーシップとアントレプレナーシップの概念的な類似点を指摘しつつ，リーダーシップ研究が過去に陥った課題をアントレプレナーシップ研究が避けられるかを論じている。

❖ 企業家精神とマネジメント

　マネジメントの活動として，Drucker (1974) は企業家的活動と管理的活動を指摘する。企業家的活動とは新たなものを創造していく活動であり，管理的活動とは既知のものを管理する活動である。清水 (2000) は，経営能力と関連するトップリーダーの特性として「企業家的態度」と「管理者的態度」を指摘

し，環境に応じて軸足のウェイトを移して統合するものがトップリーダーの能力であるとし，「企業家的態度」を重視し「管理者的態度」をマネジャー的態度として遠ざける議論に警鐘を鳴らす。

このようにアントレプレナーシップとマネジメントは対照的なものとして見られる傾向があるが，両者は二者択一的なものとして捉えられるわけではない。企業家的活動が重視される初期の起業活動から，その進展に応じて相対的に管理者的活動の重要性が増してくるものであり，管理者的活動の重要性が増したからといって企業家的活動が損なわれるというものではない。

とは言っても，その活動は独立して行われるものではないので，1人の人間が管理者的活動に軸足を移すと企業家的活動が弱まることは予想され得るし，同一人物がその活動内容を遷移させていくことも容易ではない。

❖ 企業家精神とリーダーシップ，マネジメント

リーダーシップとマネジメントの違いの議論は，Zaleznik（1977）に遡る。Zaleznikは，マネジャーとリーダーの違いを，目標に対する態度や仕事への考え方，フォロワーとの関係，自己の感覚などの観点から比較した上で，リーダーが創造的企業家的人物であるのに対してマネジャーが問題解決的人物であり，両者は根本的に異なった存在であると捉えている。

これに対してKets de Vries（1995）は，すぐれた幹部においてはリーダーとマネジャーが混在しており，リーダーシップにはリーダー寄りの「カリスマ的役割」とマネジャー寄りの「実施促進者的役割」があると指摘した。

またKotter（1990）は，マネジメントとリーダーシップはその機能が異なるもので，取り組む課題や課題解決の方法に違いがあり，マネジャーは既存のシステムを環境に対応して動かすために計画と予算を策定した上で遂行を統制するのに対して，リーダーは環境変化に対応して組織変革を実現するためにビジョンを示して動機付けをして人を動かすとした。

アントレプレナーシップとマネジメントにおける，「企業家的活動が創造的であり管理者的活動が統制的である」という側面は，リーダーシップの2つの軸である「課題遂行」と「人間環境」に通じる面もある。すなわち，リーダーシップにおける課題遂行的側面はアントレプレナーシップが，人間環境的側面

はマネジメントが重視されるという見方や，ベンチャーの発展段階においては創案から創業初期段階はアントレプレナーシップが，創業後の成長・発展段階はマネジメントが重要性を増して，この全般を推進するものがリーダーシップであるという見方もできよう。

　ここで確かなことは，これらを同一人物がある程度兼ねることができるかどうかについては見解が分かれるものの，リーダーシップとマネジメントには明らかな違いがあるということである。即ちリーダーシップ能力に優れる者が，優れたマネジャーになるとは限らない。またリーダーシップには変革的要素が伴うので，大規模組織の上位層にはリーダーシップが求められるが，ミドル・マネジメントにどの程度それが求められるかは疑問が残る。やはりマネジャーは管理であり，リーダーは変革なのである。

　ベンチャーの創業者はリーダー的であり，アントレプレナーシップも変革型リーダーシップと重なって捉えられる。だが金井（1998）が「変革を起こす『すごいリーダー』に付きまとう，細部の抜けや詰めの甘さをフォローしバランス感覚をもって枠組みを作成するひとがいなければ，組織の安定したオペレーションはありえない。」と指摘する通り，ベンチャーにおいてもマネジメント的機能が求められるはずである。

　特に組織の発展，規模の拡大，組織として取り組む課題の変化とともに。それは重要となる。ここから，アントレプレナーシップにおけるリーダー的からマネジメント的への変化の必要性と，リーダー的であることの維持の必要性が示唆として得られる。

❖ 企業家の制度的側面

　企業家的傾向の強さに絡むものとして，制度的企業家の議論がある。組織理論において，制度とは，制度・慣習・習慣・ルールと呼ばれる人々の秩序やパターンとされ，常識とも言えるものである（磯谷, 2004; 平野, 2006）。

　制度派組織論においては，制度変化が起こる理由には，制度の技術的効率性が変化する場合，制度が内生的矛盾を孕む場合，制度を変化させる特殊なエージェンシーを持った存在として制度的企業家が存在する場合が指摘される（松嶋・浦野, 2007）。

ここで，制度に埋め込まれた企業家が何故制度を変えることが出来るかに対する解の1つが企業家の位置取りに対する「中心―周辺」の概念の導入であり，制度の周辺に存在するからこそ制度変革を起こしうると考える（高橋, 2008）。

　ただしこの時に，制度に従うかどうかの態度は一様ではないということを考える必要がある。制度派組織論の知見は，組織は制度に縛られるというものだが，制度をどのようにとらえるかということが組織や経営者によって異なる点を過小評価している。それに全く疑問を抱かず従う人が多い。だが，人によっては，常識を疑い異なった行動をとる人間もいる。制度に絡んだ位置取りは，個人の基本的は志向によるものであろう。

　日本人は，他人と同じことに価値を見出し，米国は人と異なることに価値を見出すといわれる。キャリアに関して言えば，日本の常識は，大学で勉強し，就職活動をして新卒で企業に就職し，長期雇用慣行のもと企業内でキャリアを積んでいくというものである。だが，企業家の中には，学生時代に起業する者や，就職しないで卒業後にすぐに起業する者もいる。彼らは日本社会では例外的存在であり，彼らが例外的存在と見なされるのが日本の問題とも言われる。

　創業期のベンチャーは組織の存立も不安定であることから，その存続のためには市場からも投資家からも潜在的メンバーからも信頼を獲得していく必要がある。このために，ベンチャーの最大の課題は技術・制度的な正統性の獲得であり（Aldrich & Fiol, 1994），特に創業初期段階における正統化活動は重要である（Delmar & Shane, 2004）。

　Lawrence（1999）が起業家活動における顧客や業界関係者に強い影響力を持つ制度当局との関係構築の必要性を指摘するように，ベンチャーに正統性を与える手段としては規制当局や学界権威者のお墨付きが代表的である（Van de Ven & Garud, 1989; 松嶋・高橋, 2007）。

　また，外部の権威者でなく企業家自身が正統性を示すことにより，ベンチャーに正統性を与えている場合もある。山田（2006）は，正統化活動が外的不確実性に対処する方法としてだけでなく，内的不確実性を制御して事業活動を強く推進するためにも必要不可欠であると指摘しており，正統性を持つことは外部からの信頼の獲得だけでなく内部からの信頼を得ることにとっても重要である。

ベンチャーはさまざまな手段や源泉を用いて，自らの活動に正統性を与えて信頼を獲得しようとする。創業企業家が自らの正統性を主張しうる最も大きなものは，過去の成功であろう。これはシリアル・アントレプレナーには大きな武器となる。

トラック・レコードも何かしらアピールできる経歴も社会的地位をもたずにはじめて創業する起業家は，それに代わる正統性をパートナーや外部団体から獲得するか，先ずはリーン・スタートアップのような形の起業を手掛けて小さな成功実績を積み重ねて正統性を獲得して，そこから大きく踏み出すことが必要となる。

❖ 企業家のアイデンティティ

起業に参画するメンバーは，どのような意識のもとで創業活動に関与しているのであろうか。これを検討する手掛かりとなる理論として，人の動機や集団成員の動きの解明に示唆を与えるアイデンティティ理論がある。

アイデンティティに関わる理論には，大きな流れとして，象徴的相互作用論の流れを汲み，Stryker（1968），McCall & Simmons（1978），Burke（1991）らの研究を通じて発展してきた構造的アイデンティティ理論（単にアイデンティティ理論と呼ばれる場合も多い）と，Tajfel & Turner（1979）により提示され，Abrams & Hogg（2006）らの研究を通じて発展してきた社会的アイデンティティ理論，およびその延長としての自己カテゴリー化理論がある。

構造的アイデンティティ理論は，個人の持つアイデンティティが役割意識や役割への期待と関連し，その人の行動や態度の決定要因となっているとする。自己は様々な役割を持つ複数の多元的アイデンティティから構成されており，各アイデンティティの階層的順位が個人の行動を決定する（Stryker, 1968）。

ただし，階層的順位は，ある時点で表面化している（顕現性）ものと，個人が本来重要と考えている（精神的中心性）ものには差異があるとされ（Stryker & Serpe, 1994），また，アイデンティティをより可変的なものと捉え，階層的順位の決定は理想的自己と状況的自己に関係するという考え（McCall & Simmons, 1978）もある。構造的アイデンティティ理論は，個人が担う様々な役割からなる自己に焦点を当てている。

一方，社会的アイデンティティ理論は，役割行動というよりも集団過程や集団間の関係を強調している。この理論では，人は集団の成員になることにより自分の存在の定義を得られると考える。個人は全く独立して存在するものではなく，各々が有している複数の社会的役割や地位に規定されて存在するとする（Tajfel & Turner, 1979）。

　社会的アイデンティティ理論では，自己概念を，他者と異なる独自の個人としての個人的アイデンティティと，所属する集団や社会的カテゴリーの一員であることに基づく社会的アイデンティティとに区別して捉えている。

　社会的アイデンティティ理論は，元々は集団間葛藤がどのように起きるのかを説明するものとして提唱されており，集団同士を社会的に比較する過程が，集団間差別や自らの所属集団へのひいきを生み，それが集団間葛藤や偏見に至ると説明している。このように，集団間の行動を個人による認知的・動機的概念によってとらえたことを特徴としている。

　構造的アイデンティティ理論と社会的アイデンティティ理論は別のものとして発展してきたが，用語や概念には共通するものも多く，また同じ用語でありながら意味付けが異なると思われるものもある。このため両者の比較や統合を検討して，その相違に注目した研究（Hogg, Terry, & White, 1995）や，類似性に注目した研究（Stets & Burke, 2000）がある。

　Murnieks & Mosakowski（2007）によれば，構造的アイデンティティ理論は対抗的役割との直接的相互作用を含む役割行動を強調するのに対して，社会的アイデンティティ理論は内集団と外集団の違いと分離を強調する。社会的アイデンティティ理論は外集団メンバーとのやりとりは重視しないが，構造的アイデンティティ理論ではこれらの外集団は自己概念におけるアイデンティティの宣言にとって重要とされる。

　さらに，役割は何らかの社会の地位や立場に伴う行動の期待であるのに対して，アイデンティティは役割を人の自己概念に内部化することによる認知的スキーマであり，これらの期待を人の自己概念の感覚内に内部化したものであると区別を明確にしている。

　社会的アイデンティティ理論から発展した自己カテゴリー化理論（Turner, Hogg, Oakes, Reicher, & Wetherell, 1987）は，個人がいかに集団の一員として行

動するのかを説明する。

　人は自己を社会カテゴリーや集団の一員としてカテゴリー化する。自らを特定集団に所属すると考え，その所属集団と自己を同一視する。人が自ら所属するものとして認知できる集団・カテゴリーは多数あり，包括性において階層構造を持っている。

　カテゴリー内の類似性とカテゴリー間の相違性を最大にする中レベルの集団・カテゴリーは，基本的カテゴリーとして顕在化し，集団成員の行動を規定しやすいとされる。また，個人は所属する集団・カテゴリーとの関わりの中で望ましい行動や態度を内省することにより，自分の所属する集団のメンバーとの類似性や他の集団メンバーとの異質性を強調して認知する。これにより，自己を他者と異なる独自の個人ではなく，自らの所属する集団のメンバーと入れ替え可能とみなす脱個人化が起こるとされる。

　脱個人化は，集団プロトタイプ性の点で行われる。集団プロトタイプ性とは，その集団らしさを意味し，最もその集団らしさの特徴を持った人間がその集団のプロトタイプと言える。脱個人化している状態では，他者の評価は，個人的魅力や基準ではなく，所属集団らしさを備えているか，即ち集団プロトタイプ性が高いかという社会的基準で決定される（坂田・高口，2008）。

　自己カテゴリー化と関連し，ある人間が特定のカテゴリーの中で完全にその集団に同化するのではなく，組織の中で自分らしさを発揮することを説明するものとして，最適弁別性理論（Brewer, 1991）がある。

　この理論では，人は社会的集団と状況のもとで，その集団に所属しつつ違いを保つ最適なバランスを保とうとすると考える。即ち，他人と同じようでありたいけれども，自分の存在意義を最も感じられるように少し変わったことをしようとするものであると考える。自己カテゴリー化理論が，所属する集団への自己同一視に注目するのに対して，所属する集団との部分的一致を感じながらも差異を感じていることを重視する。

　自己カテゴリー化は，組織アイデンティティとも密接に関連している。

　組織アイデンティティは，組織メンバーが自分たちの組織に対して知覚している，中心的，持続的，独自的な属性と定義される（Albert & Whetten, 1985）。ある社会的カテゴリー（組織）に対する自分や他者の帰属意識が，組織の境界

図表3−1 組織と個人の同一化モデル

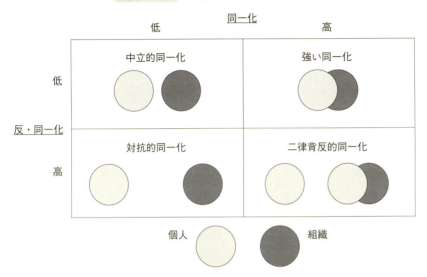

　設定を強化するとともに自己と組織との同一化をもたらすため，組織らしさとは自己カテゴリー化の結果とも考えられる。

　Kreiner & Ashforth（2004）は組織と個人の同一化のモデルを提示した。そこでは組織と個人のアイデンティティの関係を，同一化と反同一化の各々の高低から4つのタイプに分類している（**図表3−1**）。それによれば，個人が組織へ強く没入した同一化だけでなく，組織と距離を保ちつつも組織との関係のもとに自己アイデンティティが形成されることもありえて，それが組織の問題の検出やイノベーションを引き出す可能性も指摘（Ashforth & Mael, 1998）されている。

　企業家行動をアイデンティティの観点から分析する研究も蓄積されつつある。Murnieks & Mosakowski（2007）によれば，企業家的役割とアイデンティティは企業家の行動を規定する自己概念の重要な要素である。人を企業家として行動することを動機づける企業家的アイデンティティが顕現化した人が企業家になる。

　Cardon, Wincent, Singh, & Drnovsek（2009）は，単一の企業家的アイデンティティというものが企業家の自己概念の核となっているのではなく，①創案，

②創業，③発展，という3つの企業家の役割アイデンティティが存在していると提起した。創案とは，新しいアイディアや発明を生み出す活動である。創業とは組織創成であり，人的資源や金融資源を含む資源調達活動がこれにあたる。発展とは，誕生した企業を成長させていくことであり，事業を開始し売上を達成し規模を拡大していく活動である。

　企業家がこの3つの役割アイデンティティのどれに主要な意味を見出すかは自己の果たしている役割に依っており，その役割にコミットするようになることで，その役割アイデンティティが企業家を動機づけるとしている。また，コミットする役割は時間とともに変化するとされている。

　ただし，これまでの研究における3つの役割アイデンティティの意識のされ方には偏りがある。近年のShane & Venkataraman (2000) の定義は，創案と創業という役割に焦点を当てており，事業創出＝起業を企業家活動の主要要素と見做している。Shane (2008) も，創業企業家が典型的な企業家と社会的に認識されていることを示唆する。このように，企業家というカテゴリーにおいては，創案・創業という役割が発展という役割よりも強く意識されている。

　個人の企業家ではなく，企業家チームをアイデンティティの観点から検討したDrnovsek, Cardon, & Murnieks (2009) は，企業家チームにおける上記の3つの役割の意識のされ方の違いを典型的な3つのタイプに分けて考察した。それは，バランス型（3つの役割の各々を意識するメンバーが最低1人は存在し，全てのメンバーはそれぞれ少なくともどれか1つの役割を意識している），集中型（チームの全てのメンバーが，3つの役割のどれか1つのみを意識している），混合型（どれかの役割を意識しているメンバーがいるが，いずれの役割も意識していないメンバーも存在する），である。各々の型によって，チームの凝集性，認知的葛藤，感情的葛藤が異なり，それは組織成果と関係することが想定されている。

　この他に，企業家のアイデンティティを巡っては，企業家精神が通常要求する「独自であること」と人間が心理的に「所属を求めること」のトレードオフの最適弁別性の観点の検討（Shepherd & Haynie, 2009），ある人物が被雇用者から創業者へと変わる際に社会的アイデンティティが認知的プロセスを形成する（Obschonka, Goethner, Silbereisen, & Cantner, 2012），創業者の役割アイデンティ

ティを中心性と複雑性の2次元から捉え，その変遷から個人が仕事を辞めて創業という活動に向かい，さらにその創業活動を持続するかを解明する（Hoang & Gimeno, 2010）等の研究が存在する。

だが，これらの研究では，時間とともにメンバーがコミットする役割が変化することは意識しているが，ベンチャーの発展とともに各時点で焦点が当たって重要となる役割が変化していくことと，個人の役割アイデンティティが変化していくことのダイナミズムには焦点は当たっていない。

❖ 創業者のリーダーシップ

ベンチャー創業者のリーダーシップの特徴に挙げられるものにカリスマ性があり（Conger & Kanungo, 1988），カリスマ的リーダーシップに包含される極端なものにはナルシシスティック・リーダーシップとオーセンティック・リーダーシップがある（松原・Masum, 2007）。

ナルシシスティックはナルシシズムに由来する。ナルシシズムとは，壮大，傲慢，自己陶酔，特権意識，脆弱な自尊心，敵対心といったものを含む性格特性であり，多くの強力な指導者にみられる属性である。

Rosenthal & Pittinsky（2006）によれば，ナルシシスティック・リーダーは，自らが率いる成員や組織への共感的関心よりも自らの権力や賞賛への欲求に動機づけられているが，一方で効果的なリーダーシップに不可欠なカリスマ性と壮大な構想も有している。尊大さ，劣等感，認知と優越感に対する飽くなき欲求，敏感で怒りやすい，共感の欠如，道徳観の欠如，合理性と柔軟性のなさ，偏執症といった短所があるが，特定の（歴史的）状況下で適当なフォロワーと適合した時にはある種のナルシシスティック・リーダーの存在は建設的であるだけでなく必然であったとされる。

Kets de Vries & Miller（1985）は，「リーダーシップの有効性および生涯は，リーダーのナルシシスティックな特性によって説明できる」とする。ナルシシスティックなリーダーの特性として，Raskin & Terry（1988）は，権威，顕示主義，優越，虚栄心，搾取，権利意識，うぬぼれ，の7因子を提示している。

Maccoby（2000）は，ナルシシスティック・リーダーを建設的と非建設的に区分し，その長所として，ビジョン，雄弁，カリスマ，短所として，批判に過

敏，部下の意見に耳を傾けない，共感性の欠如，メンターへの嫌悪，強い競争心，を挙げている。

Kets de Vries (1995) も同様に2分して捉えており，「前向きで機能するナルシシストは，内省能力を備え，前向きな活力を発散し，共感能力も持ち合わせている。機能不全的な反動的ナルシシストは，誇大な自負心を示し，習慣的に他人を自分の目的達成のために利用し，自分は特別であり，特権意識をもっていて自分は特別に厚遇されるべきで，慢性的に不満で，共感を欠いており他の人々がどう感じているかを自分のこととして経験できず，ほかの人々を妬み自分の進む道が邪魔されたときの怒りは恐ろしいものとなり得る」と指摘している。

Kets de Vriesはまた，ナルシシスティック・リーダーの否定的側面から起業家精神の特徴を指摘する。それによれば，「起業家の多くは支配ということに対して，他人の言いなりになることを恐れるが，ふつうの人以上にいろいろ仕切りたがり」，「他人への不信が特徴的性格であり，強い不信感と支配欲が合わさると組織は深刻な事態に陥る」という。また「もう1つの特徴に，賞賛への強い欲望があり，不健康な部類の自己愛があって，事実を自分の欲求に合わせて考えるというきわめて原初的な防衛過程に訴えることもある」とされる。

起業家は「うまく行かないことについて，他人を非難する傾向」があり「自分以外のところに非難を向けるために，その問題となっている出来事に対する自分の責任を，何もかも合理化してしまうことがある。自分を欺く能力には目を見張るものがある」という存在でもある。

ナルシシズムと近い概念として近年研究が進展しているものにハブリス (Hubris：傲慢さ，思い上がり，自信過剰) がある。経営者が，他人の言うことを聞かず冷静な判断が出来なくなる傲慢症候群 (Hubris Syndrome) という現象がみられ (Owen, 2008; Petit & Bollaert, 2012)，一種の人格障害として捉えられている。この症状が，経営判断を誤らせて高いプレミアムで企業買収を行ったり (Hayward & Hambrick, 1997)，戦略を誤ったりする (Hiller & Hambrick, 2005)。

ナルシシズムは人物特性と捉えられるのに対して，ハブリスは経営者が地位に就くことにより自信過剰になってしまうと捉えている。McCall (1998) は，

人は成功によって傲慢になるもので，成功によって天狗になり，自分は絶対であり，他の人の助けを必要としないという誤った信念が生まれると指摘する。

一方，本人が変わらなくても環境が変わることによって傲慢と見做される場合もある。決断力があり，高い水準を追求すると評されたリーダーが，後から傲慢で，独裁的で，横暴だと見做されることはよくあるとの指摘もある。また，シリアル・アントレプレナーについても過去の実績が自信過剰をもたらすことが指摘されている（Hayward, Shepherd, & Griffin, 2006; Hayward, Forster, Sarasvathy, & Fredrickson, 2010）。

カリスマ的リーダーシップの中で，ナルシシスティック・リーダーシップと対極をなすとされるのがオーセンティック・リーダーシップである。オーセンティックとは「本物の」「真正の」「信頼できる」「頼りになる」「信念に基づく」との意味であり，「自らの目的をしっかり理解している」「しっかりした価値観に基づいて行動する」「真心をこめてリードする」「しっかりした人間関係を築く」「しっかり自己を律する」という5つの資質を示す（George, 2003）。

オーセンティック・リーダーシップは変革的リーダーシップやカリスマ的リーダーシップらの概念の「根源的概念」（Cooper, Scandura, & Schriesheim, 2005）であり，ポジティブ組織行動を生むとされる（Gardner & Schermerhorn, 2004）。

オーセンティック・リーダーシップの特徴として，オーセンティックなリーダーは，社会的に正しい信念のもとに道徳的な仕事を行うという，倫理的側面がある。実際，成功した起業家や経営者が語る経営哲学には，崇高な人格者を想起させるものが多い。経営哲学として語ることができるということは，望ましいリーダーの姿とはどういうものであるかを自覚し，オーセンティック・リーダーの必要性を理解しているということである。

ところが成功したリーダーの多くはナルシシスティックな側面を持ち，実際の振る舞いはオーセンティックなものと異なっている場合が多い。例えば，最も有名な起業家であろうスティーブ・ジョブズは偏執症的に口汚く人を罵り，自分勝手に物事を歪めて捉え，人間としては付き合いたくないタイプであったと言われる（Issacson, 2011）。孫正義も，そのビジョンを語る姿は多くの人に感銘を与える一方で誇大妄想と言われることもあり，無料を餌にしながら巧み

に収益獲得を企む手口や会議等で怒鳴り散らす姿，手段を選ばずに競争に勝とうとする姿勢など，紳士的とは言い難い面も持ち併せている。本研究で取り上げる千本倖生も，毀誉褒貶が激しく，尊大な面もみられると指摘される人物であった。

　このように創業者は必ずしも人格者ではなく，ベンチャーのような環境では無理を承知で困難な目標を掲げて達成させるには却って人格者とみられないような行動が求められるかもしれない。そう考えると，オーセンティック・リーダーシップとは望ましい形のリーダーシップがあるという理想論にすぎず，現実は異なりリーダーはもっと我儘で利己的である。

　創業者個人がオーセンティック・リーダーと捉えられるかどうかではなく，経営チームとして共有して担うものとして（共有型）オーセンティック・リーダーシップに注目する研究もある（Walumbwa, Avolio, Gardner, Wernsing, & Peterson, 2008; Walumbwa, Luthans, Avey, & Oke, 2011）。Hmieleski, Cole, & Baron（2012）は，ベンチャー経営チームにおける共有型オーセンティック・リーダーシップが経営チームのポジティブな感情の調子を通じて間接的にベンチャーの業績向上に寄与していることを示している。

　カリスマは先天的な特性ではなく「部下にカリスマと認知されることで，リーダーはカリスマとなりうる」「きわめて高水準の自己信頼と部下からの信頼があることで，リーダーは部下を目標に導くことが可能」（House, 1976）であり，カリスマ型リーダーシップはフォロワーの存在によって規定される。

　だが，一方で日常の距離感はカリスマの幻想を打ち砕き（Conger & Kanungo, 1988），カリスマ的リーダーシップの成立にはリーダーとフォロワーの間の心理的距離を必要とする（Kats & Kahn, 1978）。すなわち，カリスマとされる人物と日常的に接する人間は，その人物の実像にカリスマ性と相容れない特質を見出す。誰にとってもカリスマである真のカリスマというのは存在せず，カリスマとはある程度化粧された偶像である。しかしながら，カリスマと日常的な距離感を持つフォロワーは，その偶像にカリスマ性を見出している。

　Conger & Kanungo（1988）は，部下からカリスマと認知されるのは，戦略ビジョンの提示，自らリスクを取り，部下の規範となる行動をとる，現状の正しい評価，という行動をとることだと主張する。これによりカリスマはフォロ

ワーにとって幻想的な存在となるが，現実にはカリスマとされる人物は決して全知全能の存在でも聖人君子でもない。むしろ，前述のカリスマ経営者の代表であるスティーブ・ジョブズのように，人格的に問題があり傍には居たくないような存在であることも多い。

　Bass（1988）は，「たとえ人間性や才能に欠点があっても（あるいは，あるからこそ）カリスマになる」と指摘する。したがって，カリスマのポジティブは影響を伝えつつ，ネガティブな側面が覆い隠されることが，カリスマたる存在と部下から認知されるには必要であろう。このため，カリスマ型リーダーにとっては，その影響を媒介・伝達する存在としてのミドル・マネジメントの役割は大きい。

　Conger（1988）は「上級のリーダーは構成員から離れているため魅力あるイメージだけを抱かせることができるが，日常的な親密さは幻想をうち砕く」と指摘する。したがって，リーダーとフォロワーとの距離によってリーダーが発揮するカリスマ性が異なることが予想されるとともに，距離を保つ存在としてのミドルが果たす特有の役割があることが想定される。

❖ 本章の研究課題

　本節でのレビューから，初期のベンチャーでは主導的起業家である創業者のアントレプレナーシップとカリスマ的なリーダーシップが存在し，そこに追随する創業メンバーのアントレプレナーシップとカリスマ的リーダーのフォロワーとしてのミドル・マネジメント的役割が存在することが想定される。

　だが，これまでのリーダーシップ研究の多くは，リーダーシップをリーダーとフォロワーの二者関係で捉えている。金井（1991）を始めミドル・マネジメントのリーダーシップに注目した研究は存在するが，ミドルからの上位層と下位集団への働きかけへの注目はあっても，トップのリーダーシップをミドルがどのように解釈（受け止めて変換）し，下位へ伝えるかという三者間関係の視点は乏しい。

　また，創業者も創業メンバーも企業家的アイデンティティを顕現化させているが，創業者は創案・創業という企業家の役割アイデンティティに主要な意味を見出し，創業メンバーは発展の役割に主要な意味を見出し，それが各々の行

動につながっていることが想定される。しかしながら，これまでの研究は，急成長とともに変化するベンチャーの局面の変化との関係を十分にとらえられていない。

さらに，ベンチャーの組織らしさあるいは組織の文化とも捉えられる組織アイデンティティの形成には創業者や創業メンバーが大きく関与していると推察されるが，創業チームのケミストリーからベンチャー組織にどのような文化が醸成されているのか，そしてその文化がどのように成員の行動を規定しているのかについても明らかではない。

そこで以下の研究課題を設定する。

> ベンチャーでは，どのような組織文化がどのように醸成され，創業者と創業メンバーはどのように役割を分担しているのであろうか。結果として，どのような構造でベンチャーは支配されているのであろうか。

これを分析する枠組みとして用いる基本的な考え方は，創業者も創業メンバーも各々が何らかの意図を持って振る舞っているということと，急成長するベンチャーでは局面とともに役割や意識，さらには組織文化も変化するというダイナミズムがあるということである。

そこで本書では，イー・アクセスの創業時のエスノグラフィと創業メンバーのインタビュー調査を行う。そこから，創業者と創業メンバーの意識を浮き彫りにするとともに，形成される文化がどのようにメンバーの行動を規定し，急成長するベンチャーがどのように統制されているのかを明らかにする。

2　イー・アクセスの創業チーム

❖ 創業者の立ち位置

イー・アクセスの共同創業者の千本とガンには22歳の年齢差があるが，その能力を認めあっていた。お互いの能力を認め，年齢差からくる礼節は保った上でパートナーとして対等に接していた。

ただし時間の経過と共にその関係は徐々に変容していた。創業当初は，千本が経営能力に長けており，ガンは若いが資金集めに非常に能力があるという存在だったが，次第にガンがさまざまな形で経営面においても存在感を高めていった。

 共同創業者である千本とガンの存在は，他の創業メンバーとは明らかに異なっており，千本とガンも敢えて違いを際立たせて意識させるような行動をとっていた。オフィスでは2人だけが専用の部屋を持ち，他の全てのメンバーは仕切りのないオフィスに机を並べていた。それは，最終的にソフトバンクに吸収されるまで変わることはなかった。

 また千本は，ある幹部社員がレイアウト・チェンジを機に自分の机の周りのパーティションを高くして隔離感の高いスペースを相談なく作った際には強く怒って，即座にパーティションを撤去させた。このように，自らは他の社員とある程度の距離を作りつつ，経営チームのメンバーには後続社員と距離を作ることなく密接に関わることを強いていた。

❖ 創業者の振る舞い

 では業務遂行面では，千本は社内ではどのように振る舞い，どのように思われていたのであろうか。

 千本はイー・アクセスでは最初から細かい業務にはほとんど携わっていない。元々NTTの技術者であったが，メールチェック等はこまめに行うものの現場レベルの実務的な会議にはほとんど出席していなかった。

 ただし肝心な部分はしっかりと押さえることに気をかけており，稟議は全て自分が最終決裁するとともに，節目の重要な会議には出席していた。そして，自分がいない所で物事が決められていくことに対しては非常に敏感で厳しかった。

 千本は社外の人とよく会っており，昼や夜にも大体会食を設けていたが，それはビジネスで普段つながりがある人とのものというよりも，秘書が昔から何らかの付き合いのある人に「一度お食事でもどうですか」と打診して入れていった。週末は同様にゴルフを入れていた。

 講演やパネリストも積極的に引き受けてはいたが，講演会の内容や想定聴衆，

他のパネラーなどとの釣り合いによるステータス性を重視しており、自分を安売りすることはなかった。

また、時間があればロータリークラブにも顔を出していた。対外的には忙しく見えていたが、全く無理がきかない程にスケジュールを詰め込んでいたわけではなく、健康にも配慮してジムに通う時間や休憩時間も確保していた。

ほぼ毎日会食があったためオフィスを早く出ており週末に出社することもほとんどなかったが、深夜や休日に社員がオフィスで働いていることを好んでいた。個人に携帯電話がそこまで普及していなかった創業初期は、夜分や土日にオフィスに電話してきて、誰がその時間に働いているかを確認しており、社員のコミットメントを把握すること気を配っていた。

千本は細かい指示は出さなかったが、重要な時に大きな方向性を決めることには非常に優れていた。後の話になるが、イー・アクセスがADSLの次の事業として光ファイバーを検討していた時に、次はモバイルという方針を明確に打ち出したのは千本であった。

モバイルを行うにしてもデータ通信向けのTDD（Time Division Duplex：時分割多重方式）と音声通信に用いられているFDD（Frequency Division Duplex：周波数分割多重方式）の規格があり、周波数割当可能性の高いTDDに注目が集まっていたが、ソフトバンクがFDDの周波数割当を総務省に主張し始めると、いち早くFDD方式での周波数取得に手を挙げるようにという指示を行ったのも千本だった。

また、料金決定についても「社長の専権事項である」としてこだわりを持っていた。さらに、組織や人事の決定を最終的に承認するのは自分であるとして、そこにも強いこだわりを持っていた。

「組織形態」に対するこだわりや関心は持っていなかったが、自分の権限を確保して譲らないことには執着していた。組織図づくりなどは気にしておらず、幹部層以外では誰をどの役職にするかまで介入することはほとんどなかったが、人事発令を自分の部屋に招いて手渡すことは大切にしていた。また。稟議の最終決裁権限は長い間5万円以上は社長のままであり、権限委譲は進まなかった。

このように、普段から常に口うるさく方針を唱えているわけではないが、重要時には千本が方針を示して方向を決め、またそのために権限を掌握していた。

❖ 創業者のリーダーシップ・スタイル

　当時ではなく2012年になってではあるが，創業メンバーにBlake & Mouton (1964)のマネジリアル・グリッドの質問票を用いて，千本とガンのリーダーシップ・スタイルの調査を行った。これは，葛藤処理（意見の対立への対応），イニシアティブ（率先するような行動），探求心（完全性を期す），意思表示（意思の表し方），意思決定（他人の意見の配慮），クリティーク（他人に対する論評）の6つの構成要素からリーダーシップを捉えた上で，業績に対する関心と人間に対する関心の2軸をもとに，1・1型（無関心—触らぬ神に祟りなし），1・9型（仲良しクラブ—楽しくやろう），9・1型（権威服従—強い者が勝ち），5・5型（中道—これだけやれば十分だ），9＋9型（温情主義—俺は偉いのだ），日和見主義型（自分の得になるか），9・9型（チーム運営—1人はチームのため，チームは1人のため）の7つの型にリーダーシップ・スタイルを分類するものである。

　X・Yの数字のXは業績に対する関心の強さ，Yは人間に対する関心の強さを表す。9＋9型は1・9型と9・1型を同時あるいは素早く連続して使い，アメとムチを使い分けるものであり，日和見主義型は自分の利益のためにあらゆる型を使い分けるものである。結果は，千本は9＋9型，ガンは9・1型が色濃く表れており，創業メンバーにとっての千本は変革型というよりアメとムチを使い分ける交換型リーダーと認識されていたことが窺える。

❖ 敢えて無茶を言う

　千本が言うことには，現場の立場からは「それはちょっと無茶な」と思われることも多々あり，周囲は言うことを聞くフリをして実は従っていないという部分もあった。結局のところ千本に意見を言えるのはガンだけとなっており，ガンに諮って物事が進められることも多くなっていった。

　ただし，その時は無茶だとか理不尽だとか思っても，そこまで言われたからこそ不可能と思われたことが出来てしまい，後から考えるとそう言われたことが良かったのだと思えることも幾つもあった。千本は，出来そうもないことをやれと言うのであるが，でもそのお陰で出来てしまったがそれをやろうとしな

ければ絶対に実現しなかったことは，沢山あった。

❖ 創業メンバーの反抗

　ただ一度だけ，創業メンバーが徒党を組み千本にモノ申したことがあった。

　まだ本格的なサービス開始に至らず会社の先行きも不透明だった2000年半ばのことであった。2月に調達した45億円を元手に事業化に邁進してはいたが，バーンレートを考えると早々に追加の資金調達をする必要があった。このために千本とガンが機関投資家や事業会社を回っていた。

　すると，ある米国の通信関連企業が興味を示してきた。この企業は米国でのITバブルに乗り業績は好調で株価も高騰しており，積極的に事業を拡大していた。そこで，第三者割当増資の一部を引き受けてイー・アクセスへ投資するのではなく，創業者持分の買い取りも含めて大部分の株式を保有して経営権を掌握するイー・アクセスの買収を提案してきた。ただし，経営陣はそのまま残ってオペレーションを遂行することを条件としていた。

　千本はこの提案に乗り気で，提示された買収条件や買収後の報酬条件などを好意的に捉えていた。千本は創業者として1株5万円で1億円をイー・アクセスに出資していたが，2000年2月にゴールドマン・サックスとモルガン・スタンレーへの第三者割当の時にはイー・アクセスは1株300万円で評価されており，既に60倍の評価となっていた。買収に向けて提案された評価額は2月時点からそこまで跳ね上がっていたわけではないが，千本にしてみれば，IPOがまだ遠い段階で投資的にはそれなりの条件でイグジットすることができ，イグジット後も経営に携わることができ，高額な役員報酬も提示されていることから，前向きに検討する価値がある話であった。ガンは積極的に賛成していたわけではなかったが，かといって事業の先行きも不透明で強く反対もしておらず，慎重に考えていた。

　この状況に危機感を抱いたのが，サービス開始に向けて日々の作業に奮闘していた創業メンバーである。創業メンバーは千本とガンのように高額な出資をしていたわけではなく，買収提案に応じた場合の収益率は高いものの収益額がベンチャーへの参画という決断に見合うものかは疑問であった。せっかく創業メンバーとして自律的に活動しているのに，新たな経営者が現れて自分たちの

事業活動が制約されることも煩わしく感じた。

　千本とガンを除いて集まった創業メンバーは自分達の意思を確認すると，翌日千本とガンに時間をとってもらった。そして，この買収話を断るように口々に訴えた。創業メンバーが強く団結して千本に対峙したのは，後にも先にもこの時だけであった。創業者ではなくトップの配下で活動する立場であっても，彼らにとっては自己決定感を担保することはそれほどに重要なことであり，それが損なわれることには強く抵抗したのであった。

　千本はその場では即答を避けたが強く反論することもしなかった。しばらくして買収話は立ち消えになった。その後，米国でITバブルが崩壊して，2001年にこの買収を提案してきた企業の株価は暴落した。

❖ 創業メンバーの意識

　イー・アクセスの創業は相応に外部からの注目を集めたものでもあり，また千本倖生という創業者がDDIの共同創業者として，また日本ベンチャー学会の副会長を務めるなど起業活動の世界では著名な人物であったから，組織外部からのイー・アクセスの創業に対する見方というものが存在していた。

　その典型的なものは，カリスマ起業家である千本が強力なリーダーシップのもとに起業活動の全てを取り仕切って推進しているというものである。日経ベンチャー誌（日経BP, 2000）にみられるような千本のメディアへの露出や自己のブランディング手法がこの見方を助長していたが，その取材内容や掲載の仕方にも細かい注文をつけていた。このように外部からの見え方を統制していたが，そのようなイメージ作りがイー・アクセスの広報宣伝に貢献していたことも事実である。

　一方で創業メンバーは，「外部からは『千本さんの会社』と見られるけど，実際はそうではなくて俺たちが回している会社」という意識を持っていた。自分達が起業家であるかどうかを気にしたこともなかったが，「自分達が創っている会社」とは思っていた。

　創業者意識を抱く要因の1つに創業株の割り当てがあった。創業株の割り当てを受けた者は，たとえ上場していなくても第三者割当増資の際の評価株価により，自らの出資額が現時点で幾らと評価されているかを感じることができた。

そのため，創業株を有していることは，上場してはじめて具体化するストックオプションとは異なる意識を生んでいた。また，ITバブルが膨らんでいた創業初期の時期には自らの出資額でもかなりのキャピタルゲインを夢見ることができた。それは，企業内における出世競争の結果生じる給与格差より遥かに大きいものに思われた

千本は創業メンバーから高く評価されていたが，創業メンバーは決して妄信的な信者でなかった。カリスマ的創業者に対してベンチャーの後続の成員が人間的尊敬と畏怖の念を持って信奉するのに対して，創業メンバーの千本に対する想いは崇拝とまでは言えなかった。

その要因の1つには，日常的な振る舞いなどにおいて，ある意味では人間的ともいえる無私ではない一面を見る機会に触れていたということがある。例えば，会社の資源を用いての外部の経営者とのネットワーク構築等の千本の社交的活動は，実際に会社のビジネスに間接的に貢献していたことは事実であるが，直接的な貢献が見えにくいものも多かった。だが，千本はそういった活動が全て「会社のため」であるという理由づけ能力や自己正当化能力に非常に長けていた。

確かにそのような活動を通じた関係づくりは千本しか出来ないことでもあった。そのようなネットワークを活かし，大きな商談のためにキーマンとのアポイントを取りつけることもあった。そして，少しでもそれに繋がる活動は全て会社の資源を用いていた。これは金額云々の問題ではなく，ビジネスとプライベートの区別に対する価値観の問題に思われた。

千本には，自分は別にして他人に厳しく接する傾向がみられた。例えば，時間に対しても，自分が人を待たすのは平気であったが，他人の遅刻には厳しかった。むしろ，来客があると，たとえ自分が空いていたとしても，最初に社長補佐などを応接室に入らせて自分は遅れて入った。補佐は「千本は非常に多忙でして……」と場をつないでいた。それは，千本の印象操作に貢献したが，側近にはそのような行動を批判的にとらえる人間もいた。だが，社内ではその声が千本に届くことはなかった。

千本は強烈に凄い所があるが，全知全能ではなく至らない部分があるからこそ他人の存在価値が出るとも言えた。そのような人間性を身近で感じる立場に

居た者はいずれも冷静に千本を見ており、トップは「(人間として)偉いのではない」という意識をどこかで持っているように思われる。だからこそ、創業者に理不尽に叱責されようとも、その言葉を受け止めることが出来る。人の気持ちを考えずに無茶が言えることや批判を受けかねない行動をとるというのは、他人から崇め立てられないためには必要なことと言えるかもしれない。

一方で、千本には自分とは違ったタイプの人間を受け入れて活かそうとする懐の深さもあり、常人とは異なっており、能力が優れていると思わせる面も数多かった。

❖ 創業メンバーの動機

千本とガン以外の創業参画者のインタビューを、その参画動機や創業時の意識に注目して分析すると、以下のような項目が特徴として浮かび上がった。ただし、インタビューはイー・アクセスが上場を果たし従業員千人以上の規模となった後に実施されたものであるので、創業当時を振り返ってのものではあるが、回答が創業参画の結果に影響を受けたものである可能性があることに留意する必要はある。

1) 曖昧ではあるが共通する自己効力感

インタビューを受けた者のほとんどは、「イー・アクセスがたとえ失敗したとしても、何らかの形で生きていけると考えていた」と述べており、仕事や生活に対する自信を持っている。創業企業家の自己効力感が高いことは明らかになっている (Krueger, Reilly, & Carsrud, 2000; Arenius & Minniti, 2005; McGee, Peterson, Mueller, & Sequeira, 2009) が、創業企業家ではない初期参画者もこの点は共通している。創業参画は、外部からはリスクを取っているようにみえる行動であるが、経済的にはリスクを取っているという意識は低い。

2) 創業参画が持つ自律性と被雇用性のバランス

創業者の最大の起業理由が「人に雇われたくないこと」である (Shane, 2008) のに対して、インタビューを受けた者は創業企業家ではないので被雇

用者である。だが，自らが創業者でなく創業者に仕える立場であったとしても，それは大企業の一社員の立場とは全く異なっており，大きな自己裁量範囲に自律性を感じている。そして創業参画者は，創業に参画することがもたらす組織の中での自分の占める大きさを強く意識していた。

3）組織との一体感と距離

インタビューを受けた者はいずれも大企業からベンチャーへと変わってきたことにより組織の中で自分が相対的に占める割合の大きさを意識しており，その組織に誕生から関与していることと相俟って，組織との一体感を高めていた。一方で，イー・アクセスの発展過程においてイー・アクセスという組織の持つ組織らしさに自分がどの程度関与したと考えるかについては，創業者ではない創業メンバーはいずれも自らがイー・アクセスらしさの形成に非常に強く関与したとは思っておらず，イー・アクセスと自分自身の間に一定の距離感を持っているように見える。この点は，創業者とは異なっている。

4）ロールモデルの不在

インタビューを受けた者には，具体的な特定のロールモデルを描いている人がいなかった。千本のような企業家を自らのロールモデルとして憧れているわけでもなく，著名な右腕人材の名前も挙がることはなかった。即ち，創業企業家以外の創業参画者として手本となるような存在はあまり見当たらない。

5）バラバラなキャリアアンカー

インタビュー対象者に，Schein（1990）の質問項目を用いてキャリアアンカーを測ったが，後にJTOWERを自ら創業した田中だけが「Entrepreneur」を最大のキャリアアンカーとしていた。他のメンバーのキャリアアンカーは「Entrepreneur」以外で，まちまちであった。

6）前職企業における将来に対する漠然とした不安

インタビューを受けた者は，自己効力感は高いと思われるが，創業参画前

に勤めている企業に将来的に継続的に勤務することによる未来像が描けていない状況が，全員ではないが何人かにみられた。それは，KDDがDDIに吸収合併されることなど，所属企業の先行きへの不安の場合もあるが，所属企業における自分自身のキャリアプラトー感の場合もあった。

7）創業企業家との関係への期待的行動

筆者が千本に創業参画希望を訴えたり田中がガンに起業を促したりと，創業者との人間関係により起業に参画した者は何らかの形で創業参画機会を期待し，偶然を引き寄せる行動をとっていた。一方，資源探索により参画した者は，探索され起業活動に活用され得る何かしらの能力を持っていたが，起業活動そのものへの興味は薄かった。

❖ 経済的報酬に対する意識

創業メンバーのインタビューからは，創業活動への参画時には創業者の情熱が乗り移り，心が燃え上がっている様子がうかがえる。ただし，ベンチャーの持つ社会的意義といったものを意気に感じているのではなく，ただ単に新しいことをするのに燃え上がっているようにも見える。経済的動機は多少あるが，それはさほど大きな動機づけ要因でもないようにも思われる。

ベンチャーには，成功した暁にはキャピタルゲインによる巨万の富という一攫千金的なイメージもつきまとう。だが，「企業家チームメンバーは非金銭的動機により動かされている」（Ruef, 2010）という指摘もある。

イー・アクセスの事例では，個々の創業メンバーにより程度の差はあるものの，経済的報酬に対する期待は当然存在している。また，初期メンバーにおいては，とりわけ原がストックオプションの魅力を説いて勧誘した者は，経済的報酬に対する意識が高かった。

しかしながら，彼らが意識している報酬は創業株やストックオプションに基づくIPOによるキャピタルゲインという大きな報酬であり，相対的に単年度の給与や社内での昇格による昇給に対しての意識は薄い。また，最初から創業者の下で働くという選択をしている創業メンバーには，出世してトップになろうという支配欲求は乏しい。その結果，初期メンバーの間では社内的な競争意識

が生じず，部門利益を優先するセクショナリズムも生まれにくくなっている。

考えてみれば，創業メンバーは，人間関係モデルであれ資源探索モデルであれ，創業者から評価されて勧誘される。したがって，その能力はそれまでの環境においても相応に評価されているはずであり，経済的欲求もある程度充足されているであろう。

極端に言えば，創業者には自分でなろうと思えば誰でもなれるが，創業メンバーには他人から評価されるだけの優秀さがないとなれない。したがって，創業チームの能力は高く，これが初期の生産性の高さを導く一因と考えられる。

3　組織文化

❖ 基本的なスタイル

イー・アクセス立ち上げ直後の2000年初夏に行った新卒の採用活動における会社説明でガンが用い，その後のキャッチコピーとなったのが「Make it happen!」という言葉である。

これはガンがゴールドマン・サックス時代に聞いた言葉で，世の中には，(1) Make it happen!―自ら物事を成す人間，(2) Watch what happens.―何が起こっているか見ているだけの人間，(3) Ask what happens.―何が起こっているのと尋ねる人間，(4) Don't know what happens.―何が起こっているかさえ知らずにいる人間，の4種類の人間が存在するが，「イー・アクセスではMake it happen!する人間だけを求めます」と会社説明会で訴えたのであった。

やがてこの言葉はイー・アクセスを象徴する言葉となり，会社のパンフレットや名刺の社名ロゴにも入れられた。2001年には，既にイー・アクセスは事を起こしているとして，進行形の"Making it happen!"が用いられるようになった。

皆で手を動かして物事を成すことは，イー・アクセスの基本姿勢となっていった。納会等の節目には会社の会議室で簡単な宴会が行われたが，皆で買い出しをしてきて，机を移動して会場の設営を行った。それは新卒内定者の懇親会も同様だった。

新人を対象とした宴会で締めの挨拶を任されると筆者がいつも使ったのは「この場所の後片付けを1人だけで行ったら随分と時間がかかるだろう。でも，ここに居る皆が少しずつその仕事を担ったら，あっという間にそれは終わる。1人でできることは限られていても，皆で力を合わせれば大きなことができる。会社に入っても，チームワークを大切にして頑張っていこう」という話だった。そして「お疲れ様でした」の言葉とともに，全員で手分けをして会場の後片付けが行われるのが常だった。

　イー・アクセスの基本姿勢となっていた皆で協力して手を動かす姿勢は，日常業務にも現れていた。その一例に，顧客からの問い合わせに対する応対があった。

　ADSLサービスは，事業者が地域のNTT電話局内に自社設備を設置することにより利用可能となるが，その工事は獲得が見込まれる顧客数や顧客宅とNTT電話局の距離の分散などを考慮して優先順位がつけられて，順次実施されていた。ADSLサービスへの認知の高まりとともにイー・アクセスに対する問い合わせも急増していたが，使い放題の高速インターネット接続サービスを待ち望む人が多かったため，問い合わせの多くは「自分の住む地域でいつADSLが使えるようになるのか？」というものだった。

　顧客からの問い合わせのメールはinfo@eaccess.netというアドレスに送られてくるが，当初はそのメールは社員の誰もが見ることが可能であり，返答することも可能であった。そして社員の誰かが自主的にそのメールに返答し，返答したこととその内容も社員全員で共有されていた。

　顧客対応をする社員も十分におらず問い合わせメールへの返答も遅れがちだったため，創業メンバーを中心に幹部社員も率先してそのメールへの返答を行っていた。顧客対応の責任者が誰であるとか，その返答が遅れているから責任者に何とか対応をとらせようといった感覚は存在しなかった。会社として問い合わせメールへの返答が遅れていれば，「誰であろうと，どのような所属であろうと，できる人がやる」という気持ちが共有されていた。

　この作業はさすがに千本が行うことはなかったが，筆者をはじめ経営幹部も積極的に問い合わせメールへの返答を行っていたし，代表電話にかかってくる問い合わせの電話に出て直接顧客に応対することも行っていた。

❖ **モデム発送業務**

　2001年のイー・アクセスの毎日の恒例行事となっていたのが，顧客宅で利用されるADSLモデム（CPE：Customer Place Equipment）の発送作業であった．
　ADSLサービスは電話回線に重畳してデータ通信を行うが，顧客がサービスを使用するためには電話回線の両端にADSLによるデータ通信と電話機による音声通信を分離する装置（スプリッター）を入れた上で，データを電話回線で送るための変換装置（ADSLモデム）を通す必要がある．
　電話回線の片端はNTT電話局であり，ADSLサービスの利用申し込みがあると，NTTは当該回線を電話局内でスプリッターを通して分岐して集合ADSLモデムにつなげる作業を行った．これはNTTによる開通工事と呼ばれた．
　電話回線のもう片端は個人宅である．こちらに対しては，NTTの開通工事に合わせてイー・アクセスよりCPEとスプリッターを宅配便で送り，顧客が手順書に従い自分で電話回線の分岐とCPEへの接続を行っていた．
　当時はCPEの調達や発送を内製化していたが，NTTによる開通作業関連の事務手続きが混乱しつつ何とか日々行われている状況であり，顧客ごとに手順書の設定情報が異なるために，CPE発送はその確認を行いながら毎日手作業で行われていた．夕方になるとオフィスの一ヶ所にその日に発送するCPEの箱が積み上げられ，送付先や設定情報の確認が行われた．この作業は人海戦術で行われていたが，決められた時間になると主担当の業務など全く関係なく手の空いた社員が様々な部署から集まって分担して発送作業を行っていた．
　だが，CPEメーカーからの納入量やタイミングが逼迫していたため，顧客へのCPEの発送が遅れることもあった．当時の顧客は常時接続の高速インターネット・サービスを待ち侘びる層であり，NTTによる開通工事までにADSLモデムが到着しないと大きなクレームとなることもあった．
　そのような場合は予め顧客にお詫びと状況説明の電話を手分けしてかけるのであるが，人手が足りない時には千本自身が電話をかけることもあった．業界では名の知れた千本であったが，一般個人にしてみれば千本が誰かもわからず，社長自らが電話をかけてきていることなども知る由もなかった．傍から見れば拙い説明であったが，千本自らが電話をかける姿は他の社員を鼓舞するものと

なっていた。

❖ 空気の変化

　しかしながら，当初の自由な雰囲気を残しながらも，イー・アクセスには徐々に融通のきかない官僚的姿勢や規律を重視する面が見られるようになってきていた。

　初めての新卒社員50人を迎えた2001年には，創業直後の新年会で千本が高らかにノー・ネクタイを宣言したことを知っているのはごく一部となっていた。そこに，シャツの裾をズボンの外に垂らしていた新卒社員の服装に対して千本が「だらしがない」と激怒して帰宅して着替えて来させるという事件も発生し，千本の服装に対する姿勢が変化していることを初期からのメンバーは理解させられた。

　社員の服装はチノパンやジーンズにダンガリーシャツというシリコンバレー・スタイルのラフなものでなく，スーツにネクタイが普通になり，内勤者もジャケットを羽織ったスマート・カジュアルとなっていた。千本は，創業時にはベンチャーらしくあることを優先してシリコンバレー・スタイルと言ったものの，基本的には保守的な堅い服装を好み，秩序を重視していた。

❖ 醸成された文化

　イー・アクセスの社風がどのようなものだったかを一言で語るのは難しい。何かが，強く共通意識として持たれていたわけではなかった。それだけ，普段の活動は特別な気負いがなく自然体で遂行されており，日常が文化として根付いていたとも言える。

　その中で，初期の特徴的な行動として指摘できるのは，自律的に他者・他部門を助けるという組織市民行動的な行為である。事例として記述した問い合わせメールへの対応やCPEの発送を始めとして社員の行動は協力的であり，また組織的な作業に対して誰でも協力者を受け入れるという風土が存在していた。

　また，イー・アクセスは新規に加入する人材に対して開放的であった。ベンチャーでは，組織エスノグラフィで描かれるような「初めて新しい場に入っていく場面で，まだ内部者になりきれていない段階の，その場ではどことなくま

だストレンジャー」(金井他, 2010)という状況はほとんどなく，新規加入のメンバーは初日こそお客様かも知れないが，すぐにバリバリと動き出している。

組織に加入してから日が浅いストレンジャー的な人の割合が高いというのはベンチャーでは当然であるが，だからこそストレンジャーも溶け込みやすいのであろう。そして，新規加入人材の許容は，立ち上がりの速さにつながっている。

その裏付けとなる文化的知識として窺えるのは，参画しても拒まれないということ，排他的なグループが存在しないということ，ベンチャー精神というものが常識を覆すものであること，これまでとは違った存在であること，などの意識の共有である。

千本は，ことある毎に「自分達は違う」と言ってイー・アクセスが既成組織とは異なった存在であるとともに，ビットバレー・ブームに乗った浮わついたベンチャーとも異なるという正統派ベンチャー意識を擦り込み，社会的正統性を内部にも浸透させるとともに，ベンチャー精神と経営者意識を煽っていた。そして「ベンチャーらしさ」は皆が意識するとともに，「そこいらのベンチャーとの違い」も意識していた。

また創業メンバーの参画動機に見られる自己効力感や自律性は，内発的動機付け要因（Deci, 1975）に合致している。

だが，その行動を自然ととらせるような文化的人工物があったわけではない。随所に散りばめられた"Make it happen!"のスローガンや全社員に対するストックオプション配布の方針，創業者以外の経営チームメンバーと後続メンバーとの間の階層的格差のなさが敢えて言えばそれを感じさせている。

インターオフィスの机や椅子は全社員共通だったし，デスクの配置も横並びであった。社長室の設置や辞令の交付，承認権限の確保にみられるように，創業者は違うということと，それ以外はフラットであることが，自然と徹底されている。そして，特別な人工物が"ない"ことこそが，初期のベンチャーの活動を活性化していた。一方で，無形の知識の共有が，人工物が"ない"状況でも組織の統合を促している。

また，普通の会社であれば当たり前のようにあるが，初期のイー・アクセスになかったものとして職掌と人事考課がある。職務分掌規程を設けるように

なったのは遥かに後になってからであり，立ち上げ時には職掌などなくとも何も問題にならなかった。職掌がないからこそ，どんな仕事でも首を突っ込むことが気兼ねなくできたし，全員がそれを許容していた。人事考課がないので，評価基準を意識して行動が歪められることや，相対評価を意識して他者との協働が損なわれるようなことはなかった。

ただし，創業から2年経ち，社員が200名を超えたころには，人事考課とその結果としての報酬改定がないことによる不満が社員に高まり，社員の職階の厳格化や目標管理制度の導入といった対応を余儀なくされていた。

その一方で，誰でも受け入れているように見えるが，経営チームには排他的な面も窺える。初期メンバーには「ブームとしてのビットバレー的な軽いベンチャーとも，官僚的大企業とも自分達は違う」という意識は共通している。高い自己効力感を持ち，外部資金は必要とするが，外部の頭脳は必要としないという気持ちを抱いていた。

そのことから，外部コンサルタントの必要性を認めず，経営チームに対してもヘッド・ハンティング等で迎え入れることに対しては否定的であった。後続メンバーの受け入れに対してはオープンであるのに，経営チームメンバーの受け入れは消極的であり，自分の立場が脅かされる可能性は排除している。

❖ 文化の解読

ベンチャーという新しい組織の創造では，既成組織に対する新規参画者を組織に染まらせて特定の姿勢を強いる，あるいは洗脳するようなマネジメントは見当たらない。創業メンバーは，特定の組織らしさというものが存在しない所に組織らしさの形成に主体的に関与する人間としての意識を持つことにより，自然と能動的な行動を行うようになっている。初期に参画する後続メンバーも，誰が特定の姿勢を強要するというわけではないが，自分自身がその組織の相応の大きさのパーツであり，その組織らしさの重要な構成要素であるので，ベンチャーの社員らしくガムシャラに働くのである。

立ち上げ期の組織規模の小ささと職掌の曖昧さは各々の活動をお互いに認識しやすいことから，そこにはぶら下がりを許容しない暗黙の相互監視が存在している。また，創業者による休日深夜といった労働状況のモニタリングも行わ

れている。一方で，初期メンバー相互においては，意識的なモニタリングを行うことなく信頼に基づいて相互無干渉でもある。

　組織規模が拡大していってもMake it happen!のスローガンのもとにベンチャー精神を鼓舞することは変わっていない。だが，組織段階が進むとともに，ノーネクタイ推奨からスーツ推奨へと変わったドレスコード，明示的に規定されるようになった職掌など，創業者が関与して文化が変えられていったものもあった。創業者が主導して，自律的行動を促しつつも，異なった意識を持つ成員の増加を踏まえて文化に関わる仕組みを変化させていることが窺える。

4　ベンチャーにおける経営チームの構図

❖ 支配の構造

　ベンチャーにおけるカリスマによる支配構造の理解には，カリスマ―側近―民衆という3層構造を意識する必要がある（図表3-2）。側近はカリスマとの日常的な距離感を持ち，その凄さも欠点も感じる立場にある。そして，カリスマのポジティブな側面を時には飾りたてて民衆に伝え，ネガティブな側面を覆い隠す。

　ベンチャーではこの側近となるのが通常は追随的企業家としての創業メン

図表3-2　ベンチャー支配の3層構造

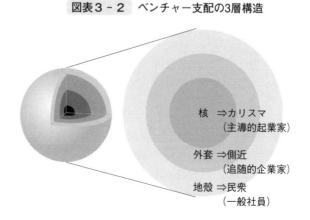

核　⇒カリスマ
　　　（主導的起業家）

外套　⇒側近
　　　　（追随的企業家）

地殻　⇒民衆
　　　　（一般社員）

バーであり，創業者（主導的起業家）―経営チームメンバー（追随的企業家）―後続メンバー（一般社員）という三層構造で捉えられる。

　ここで，後続メンバー（一般社員）とは，ベンチャーが立ち上がった後に加入してくる，経営チームメンバーではないその他の社員を意味する。核としての主導的起業家の持つ起業にかけるエネルギーは，「外套」としての追随的企業家を通じて地殻である一般社員に伝わる。その過程で主導的起業家の持つネガティブな側面は追随的企業家によって覆われ，あるいは飾られて，一般社員に伝わる。

　追随的企業家は主導的起業家と一般社員の距離感を保ち，核のような硬さではなく，地球内部におけるマントルのようなドロドロとした柔軟性をある程度持ちながら，一般社員が見たいと思う主導的起業家の姿を一般社員に対して描きだす役割を果たしていると考えられる。

　カリスマ的創業者は三層構造を意識しており，その構造を構築しようとしている。そして三層構造の構築は，トップのカリスマ性の維持，経営陣と一般社員の一体感の醸成，経営陣に対する自律性の促進に有効に機能している。主導的な創業者と追随的な経営チームメンバーの役割分担がうまく行われており，経営チームメンバーはその役割を自然と受け入れていることがイー・アクセスの事例から見て取れる。

❖ 創業メンバーのアイデンティティ

　創業期には，各々がするべき仕事とか職掌というものが決まっていない。その時のメンバーの行動は「職掌がないからやらない」ではなく「職掌がないから誰でもやる」というものとなっている。その意識が共有されていることが，組織の動きを活性化し，高生産性の達成を導いている。その意識は，自らが「企業家である」という自覚（アイデンティティ）がもたらすものである。

　創業および非常に初期の段階では，創業企業家以外の初期参画メンバーも企業家としてのアイデンティティを強く感じている。社会的アイデンティティ理論によれば，人は自己を社会集団の成員性により定義する。

　創業参画者が創業当初に属していると意識する社会集団は「企業家」であるだろう。なぜならば，組織としての企業は存在していない，もしくは形式的に

存在したとしても実体がない状況だからである。一方，職業集団として企業家というものは社会的に認知されているが，創業に参画する者で創業者ではない者の集団というものは認知されていないのである。

　創業者でなくても企業家としてのアイデンティティを強く感じるのは，創業活動に参画する時点で自らを企業家にカテゴリー化しているからである。その理由としては，勧誘する創業者が勧誘対象者に対して企業家として意識づけながら勧誘することや，限定された創業チームメンバーの１人であるという事実が当人に企業家意識を持たせること，が考えられる。

　さらに，創業参画時点においては，企業家以外に自らを当てはめるカテゴリーが浮かびにくいということも考えられる。企業家というのは一般的に認識される概念であるが，創業に参画する創業者以外の人物という存在を形容する概念は一般的ではない。したがって，自らが何者であるかを社会的なカテゴリーから定義しようとする時には，企業家へカテゴリー化を行うことになる。即ち，企業家に自己をカテゴリー化し，その中でも創業という役割アイデンティティを内部化し，それに応じた行動をとるのである。

　かくして，創業参画段階においては，創業企業家も，そうでない参画者も，一体となって創業活動にのめり込み，参画者全員が異様な熱気を持って活動することになる。そして，創業活動として資源獲得意識が現れ追加メンバーの獲得を自ら行う。企業家のアイデンティティが企業家としての情熱を呼び，参画者が企業家的になる。創業企業家のアイデンティティが乗り移るのである。

　だがベンチャーの成長とともに，その状況は変化する。ベンチャーという組織を考えた場合，最も集団プロトタイプ性が高いのは創業者である。既存組織では集団プロトタイプ性の高いメンバーがリーダーとして出現するとされるが，新たに創造された組織では自明視されるリーダーとしての創業者が組織らしさを体現する存在であるため，そのリーダーの持つ特性が集団プロトタイプ性として認知されていくであろう。

　そして，創業者以外の初期参画メンバーは，プロトタイプとの差異を感じやすい立場に置かれる。その状況において創業者以外の初期参画メンバーなりの折り合いをつけるのが，創業者の「外套」としての役割である。

　ベンチャーの創業者は多少なりともカリスマ的要素を孕む。そして，カリス

マは必ずしも聖人君子ではなく，そのために創業者の真の姿と，後から入ってくる人がこうあって欲しいと偶像化する創業者の姿には乖離が生じる。自らは集団プロトタイプとの差異を感じつつ，創業者を集団プロトタイプ性の体現者と飾りたてることによって，自分が部分的にアイデンティティ形成に参画する組織を維持することに貢献し，それによって発展者という自らの役割アイデンティティを果たす。

　カリスマを崇め奉るのは，それが自らのアイデンティティを維持させる行動となるからである。かくして，成長するベンチャーには，プロトタイプとしての創業者，外套としての創業メンバーや初期メンバー，創業者をプロトタイプとして支持する後続者が生まれる。

　実際の創業者と創業メンバーの関係は，必ずしも先行研究におけるカリスマ的リーダーとフォロワーの関係と適合しない。イー・アクセスの事例で興味深いのは，創業メンバーの中に創業者に対する崇拝があまり感じられないことである。創業者をある面では評価しているものの，心から尊敬しているのではなく是々非々で対応しているように思われる。

　創業メンバーからみて創業者は，忠誠や尊敬の対象ではあるが，それは決して妄信的なものではない。Conger（1988）はカリスマ型リーダーがフォロワーに与える影響を全て肯定的にとらえているが，創業メンバーによる創業者の見方には「評価はするけど嫌い」「凄いとは思うが，ああはなりたくない」「能力は認めるけど人格的には評価しない」といった否定的感情も内包する。したがって，創業メンバーは創業者にはカリスマ性を帰属させていないということになる。それは，創業メンバーが創業者のナルシシスティックな負の部分を見抜いているからであろう。

　しかしながら，後続メンバーに負の部分を見せずに従わせることに手を貸している。創業メンバーは創業者のカリスマ性を活かし，創業者の情熱を伝えつつも負の部分を覆い隠して後続メンバーに提示する。その段階で創業メンバーは提示する創業者の姿に自分なりの解釈とあるべき姿を吹き込んでおり，そこに自分の存在意義を見出している。

　創業メンバーは，当然担うと考えられる役割（創業者に巻き込まれ，同じ色に染まり，組織にコミットして業務に打ち込むこと）から逸脱する部分を持つ。

一方でこれがあることによって，異質性の効果としての創造性や認知的葛藤による意思決定の改善も生まれてくるとも指摘できる。

　創業メンバー各個人がベンチャー組織との同一化をどのように感じていたかという観点について考えてみると，創業メンバーはプロトタイプとの差異を感じやすい立場だからこそ，中立的同一化が起きやすいだろう。一方，プロトタイプとの距離がある後続メンバーのほうが，飾りたてられたプロトタイプのカリスマ性を感じて，強い同一化が起きるのではないだろうか。「外套」としての初期メンバーはプロトタイプとの乖離を感じるからこそ組織との距離を保った中立的同一化が進み，だからこそ問題検出やイノベーションに貢献すると考えられよう。

　ただし，誰でも創業参画者になれるわけではない。創業参画者に共通しているのは自己効力感の高さである。Krueger et al.（2000）は，自己効力感の知覚と新事業創造達成の実現性の知覚が，起業するかどうかのキャリア選択に大きな影響を与えると論じた。Arenius & Minniti（2005）やMcGee et al.（2009）は，自己効力感が特に重要であるとしている。

　自己効力感とは，ある状況下で，ある結果を達成するために必要とされる行動を自分が成功裏に実行できるという確信である（Bandura, 1977）。創業活動に参画するかどうかのキャリア選択にも自己効力感の知覚は大きな影響を与えるが，本研究事例では新事業創造達成の実現性よりも創業者の事業創造牽引力の知覚が創業活動に参画するかどうかのキャリア選択に大きな影響を与えている。つまり，事業そのものよりも，創業者の人物に惹かれて事業参画という選択をしている。このことは，自ら起業するのではなく雇用されることを厭わないという創業参画者の特徴と整合的である。

　また，創業者自身も，ベンチャーの成長とともにそのアイデンティティを変化させていることも窺える。起業家としてのアイデンティティは失われないものの，組織のステージの変化とともに，分化における統合（Lawrence & Lorsch, 1967a）に通じるビジョナリーとしての役割が重要になってくる。

5　小　　括

　本章は，ベンチャーではどのような文化がどのように醸成され，どのような構造で統制されていくのかという問題を，イー・アクセスのエスノグラフィと参画者のインタビュー調査から考察した。

　この分析を通して明らかにしていることは，はじめに創業者は創業メンバーとは全く異なった存在であり，果たす役割も異なっているということである。創業メンバーもアントレプレナーシップの意識はあるが，それは創業者と同一化しているものではない。

　また，創業参画者は組織文化の形成に部分的に関与することで組織内において自然と能動的行動を行っており，一方で創業者が組織文化形成を導くとともに，急成長による環境変化や成員構成の変化に応じて組織文化を変えていることを示された。

　ベンチャーの構成は，創業者（主導的起業家）─経営チームメンバー（追随的企業家）─後続メンバー（一般社員）という三層構造で捉えられ，その構造の構築が，トップのカリスマ性の維持，経営陣と一般社員の一体感の醸成，経営陣の自律性の促進を導いている。

　初期段階では，創業者以外の経営チームメンバーも企業家としてのアイデンティティを強く感じており，それによる創業者と組織との一体感が高生産性を導いている。成長とともに彼らは創業者との差異を感じるが，創業者の「外套」としての役割を獲得して立場の折り合いをつけている。

　主導的起業家のキャリア選択理由の「ほとんどは，単に他人の下で働くことが嫌なだけ」（Shane, 2008）であり，創業者は仕事の自律性を求めている。一方，追随的企業家が他人（主導的起業家）の下で働くことになるのにベンチャーに参画するのは，仕事の自律性よりもキャリアの自律性を求めているからであろう。ベンチャーは，キャリアの自律性を実現するための環境であり，その実現の助けとなる存在として主導的起業家は追随的企業家から支持されている。

第4章
ベンチャー発展に伴う組織構造の変化

　どのような組織でも，それが自然発生的であれ明確に割り当てるものであれ，基本的な役割分担が存在する。その役割分担は次第に構造が規定され，その構造にもとづき組織のコミュニケーション・システムが定まり，組織が統制されていく。したがって，成長に伴うベンチャー組織の変遷とその影響要因を理解することは，ベンチャー組織の統制に有益であろう。

　ベンチャーがその新規性が故に抱える課題を，Stinchcombe（1965）は"新規性の不利益"（Liability of Newness）と呼んだ。新しい組織の活動においては非効率な要素があることを，新しい役割の修得困難，成員間の意思疎通不足や標準ルーチンの欠如，外部に対する信頼性の不足，市場における信用の蓄積の欠如，の4点から指摘した。

　だが，一方で創業期のベンチャーは，新規性の不利益を跳ねのけて目覚ましい生産性を上げることがある。山下（2001）は，これを"新規性の活力"（Vitality of Newness）として説明した。

　山下は，組織が生成されるプロセスでは「オペレーションを通じて，組織全体にもっとも貢献している者が大きな影響力を持つことができるという暗黙のルールが存在」し，成員間の意思疎通不足や標準ルーチンの欠如があるが故に，その中で自らが描く方向性に向けた影響力を得ることができるように「組織の内部においてポジティブな競争状態が存在」しており，この競争状態がオペレーションを活発にさせる働きを持つことを指摘した。そして，新規性の不利益を克服し却って効果を生み出す"新規性の活力"が存在すると主張した。

山田（2015）も，創業期の変動の中で，企業家は職務の遂行に必要なパワーやルーチンを獲得しようとする政治的行動を展開すると指摘する。ただし一方で，創業初期には事業に密接する職務範囲とともに，それを凌駕する「特異な職務」（Aldrich, 1999）が存在し，その中には組織内のメンバーによって公に求められていることを超えて展開する組織市民行動も包含されているとも指摘する。

　本章では，ベンチャーがどのような発展段階を辿り，その過程でどのように組織構造が形成され変化していくのかに焦点を当てる。そして，その影響要因を考察し，ベンチャーの高生産性と組織構造の関係を明らかにする。

1　ベンチャーの組織構造に関するこれまでの研究

❖ Greinerの企業成長理論

　ベンチャーに焦点を当てて，同様にその成長は幾つかの段階を経るという考え方のもと，多くの研究者によりベンチャー発展のステージモデルが提起されている。

　Greiner（1972）の企業成長理論においては，組織が進化と革命とのプロセスを通して発展するものとして成長が論じられている（図表 4 - 1）。Greinerは企業の発展を 5 つの局面に分類し，組織の成長は革命期と進化期が交互に訪れ，革命期へのマネジメントの解決策によって次の進化期に進むことができるか否かが影響されると論じ，各々の局面内での進化（成長）の促進要因と革命（危機）の訪れる側面を示している。

❖ ベンチャーの発展段階

　Timmons（1994）は，ベンチャーの発展段階をスタートアップ期，急成長期，成熟期，安定期の 4 つの段階から構成されるとする。このうちスタートアップ期は創業から 3 ～ 4 年，場合によっては 7 年程度の時期であり，この時期を乗り越えられるベンチャーは40％以下であるとされる。

　Timmonsは急成長期のベンチャーの特徴として「時間と変化の複雑化」「非

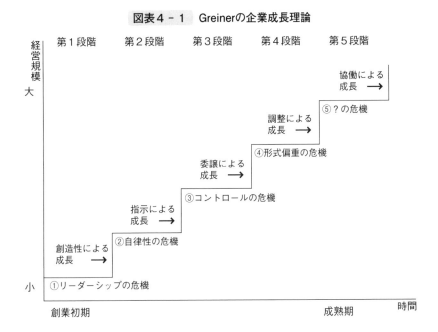

図表4-1 Greinerの企業成長理論

直線的,非連続的事象」「経営管理の経験不足」「反直観的かつ非伝統的な意思決定プロセス」「流動的起業組織構造と内部手続き」「起業家的企業文化」を指摘し,その潜在的危機に「創業者の創造性の侵食」「曖昧な職務,職責」「起業目標に対する混乱」「自主性と統制対権限委譲の願望」を挙げている。この時期を乗り越えて急成長期を迎えるためには,企業家が部下に権限委譲を行い,従業員との緊密な協力関係の構築が必要とされている。

一方,Reynolds (2000) はベンチャーを人間になぞらえて,①受胎／構想,②妊娠期／立案,③幼児期,④青年期の4段階を定義している。その内容はTimmonsのスタートアップ期を3段階に細分化する一方で,ベンチャーが立ち上がった以降は青年期としてまとめたものとなっている。

ベンチャーでは通常は1人の個人がプリンシパル・リーダーとして出現し (Ensley, Carland, & Carland, 2000),起業を主導する。受胎期はこの個人が新事業の創造を考え,そのための活動を開始する。懐胎期はベンチャーの設立に向けた活動が本格化し,その活動には創業チーム形成が含まれる。懐胎期は組織

としてのベンチャーの設立をもって終了する。幼児期はベンチャーが企業として立ち上がり，青年期に確立する。幼児期・青年期の運営を担うのは経営チームであり，創業チームが基礎となるがメンバーの加入や退出も生じる。

金井（2002b）の定義はTimmonsに近いが，立ち上がり以降を成長期と安定期の2段階にまとめた3段階モデルとなっている。一方，ベンチャーの経営チームの初期の変化に注目したClarysse & Moray（2004）は，Reynoldsのモデルを踏襲した上で，各期をアイディア期，プリスタートアップ期，スタートアップ期，ポストスタートアップ期と呼んでいる。松田（2014）では，シード期，スタートアップ期，急成長期，安定成長期，の4段階のモデルが示されている。

いずれのベンチャー企業のライフサイクル・モデルにおいても，企業が離陸して急成長する時期が存在する。各々の定義の違いは，その研究関心の中心をどこに置くかに依っている。すなわち，ベンチャーを生み出すことに注目すれば設立までの段階を細分化して検討し，成長・発展に注目すれば設立後の段階を細分化して検討している。

例えば，金井（2002b）は成長期の戦略的課題に焦点を当て，競合他社が市場に参入し市場が拡大するこの時期にいかに競争優位性を確立するか，そして拡大した企業規模を適切に運営する組織体制をいかに確立するかに注目している。そして，成功の鍵として，①厳しい競争状態への直面と戦略的連携の有効な活用，②企業規模拡大の必要に伴う必要資源と既存資源との間の大きな資源ギャップへの直面に応じた成長スピードと成長戦略，③資源展開戦略としての，コア能力の意識的な蓄積とアウトソーシングの有効な活用とのバランス，④競争戦略の中心としての差別化によるブランド構築，を挙げている。

本書では，これらの発展段階に関する研究を統合した上で本研究の関心を追求するために，Cardon et al.（2009）による企業家の役割アイデンティティの定義を援用し，ベンチャーの発展段階を，（A）創案期，（B）創業期，（C）発展期，の3段階で捉える（図表4－2）。

企業家チームの観点でみると，創案期は創業者の個人活動の時期，創業期は創業チーム形成の時期，発展期は経営チームによる組織運営の時期である。組織規模という観点でみると，創案期はまだ組織が生まれていない段階であり，いわば「0」（ゼロ）の時期である。創業期は組織を生み出す時期であり，「0

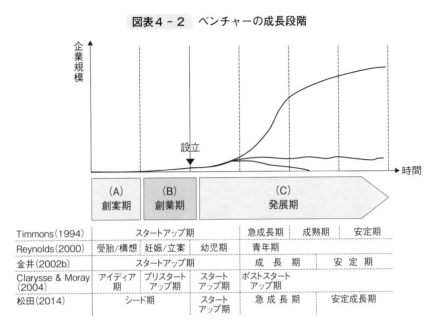

図表4-2 ベンチャーの成長段階

⇒1」(ゼロから1を生む)の活動である。そして発展期は組織が急成長する時期であり「1⇒10」(1から10を生む)の活動である。

ベンチャーの急成長志向性という特徴から中小企業との違いを考えると、ベンチャーが「1⇒10」を意識した活動を行うのに対して、中小企業の意識は「1⇒2」である。一方、大企業との違いは成長率の違いであり、ベンチャーが「1⇒10」を意識した活動を行うのに対して大企業が目指すのは「100⇒120」と捉えることができる。

いずれも重要な活動であり、中小企業には急成長を意識しすぎないからこそ取り組むことのできる事業が存在するかもしれないし、大企業のほうが成長の絶対量では勝るかもしれない。本書では、ベンチャーの急成長性という特徴が組織変化や組織運営にどのような意味をもたらすのかに注目する。

❖ 組織構造の形成

創業チームやベンチャーの経営チーム形成における新たなメンバーの獲得に関する研究の他に、ベンチャー内部での組織構造の形成に関する研究もある。

特にベンチャーを意識したものではないが、どのような組織構造とするかの設計に関してGalbraith（1973）の組織設計モデルがある。Galbraithは組織を情報処理システムであると捉え、組織設計を不確実性の大きさと情報処理の問題からモデル化した。

不確実性とは、ある課題を遂行するのに必要な情報量が、その組織もしくは組織の下位単位がすでに保有している情報量を上回る度合であり、不確実性が大きいほど組織は一定の業績をあげるためにより多くの情報を処理しなければならないとされる。

そのために組織は、事前に計画しておく能力を増大させるか、事前に計画できないという状態に適応的に対処する柔軟性を増加させるか、組織が生存し続けられる範囲内で目標とされる業績水準を緩和するか、をどのように重視するかの要因に応じて組織構造を変えると考えた。

だが、ベンチャーの組織は誰かがしっかりと設計しているものではないことが多い。山下（2001）は、成員の組織に対する貢献を反映した形ではじめにインフォーマルに組織が形成され、それが公式なものとなっていくことを事例研究により提示している。

即ち、ベンチャーの組織はトップダウンで設計されていくのではなく、顕現化された組織貢献や行動を通じて獲得された役割を追認する形で公式化されている。ベンチャーがおかれる資源的制約（多くの場合、人的資源として組織設計者も機能充足者も欠いている）や変化の激しさといった環境的特徴を勘案すると、ベンチャーに組織設計モデルを適用することができるのは非常に限定されたケースであり、それよりも構造を意図したものでないメンバーの構成や環境による機能的要請により組織構造が決まってくると思われる。

階層的に設計された組織と対照的な組織形態にネットワーク組織がある。ネットワーク組織とは、「複数の個人、集団、組織が、特定の共通目的を果たすために、社会ネットワークを媒介にしながら、組織の内部もしくは外部にある境界を越えて水平的かつ柔軟に結合しており、分権的・自律的に意思決定できる組織形態」（若林, 2009）とされる。

若林はその特徴として、①社会ネットワークを媒介にした低階層（フラット）で緩やかな水平的結合をしていること、②従来の部門や組織の壁を越えて、

特定の目的を共有しつつ，共通の規範，分権的なガバナンスを共有し，自律的な協働を行うこと，③ネットワークを通じて組織の内部や外部の人材，経営資源，情報を動員して利用できること，④市場や外部の環境を基準にした意思決定，⑤自己組織的に柔軟な変化をすること，の5つを挙げ，その上でネットワーク組織はイノベーションが行いやすいことを指摘している。

ネットワーク組織の概念は組織内にも組織間にも組織フィールド間にも適用されうるが，組織内部のネットワークに限定した場合には，その特徴は，フラットで，水平的で，自律的主体は柔軟に結合を変える動態化の傾向を持っている。

では創業チームは，その後を組織のあり方をどの程度規定するのであろうか。これを論じるものとして経路依存性（Path Dependency）がある。

Beckman & Burton（2008）によれば，創業チームのメンバーの過去の機能的経験（どのような業務経験を有するか）と，初期の組織の機能構成が，その後の経営陣や機能構成がどうなっているかに大きく影響する。創業チームメンバーの機能的経験範囲が狭いと，欠けている専門性を経営チームが獲得していくには困難が伴い，限定された範囲の機能ポジションで組織が動き出した場合には完全な機能構造は作り上げ難いとされる。

また，ベンチャーにおいて留意すべきは，機能構造と機能的経験は互換的なものではなく，ある人の経験（に基づいて何ができるか）と，実際にその人が座るポジションのミスマッチがある可能性が高いということである。

ベンチャーの経営チームに対しては，聡明な技術系の人物が会社を創業し，専門経営能力の高い人材がその人物に取って代わり経営を遂行する専門化という過程が起こる（Hellmann & Puri, 2002）という見方があり，専門経営者により創業者を置換することを推奨する考えも多い（Wasserman, 2003）。

だが，ベンチャーの経営チームの同質性（Ruef et al., 2003），埋め込み―前任者の影響が残ること（Beckman & Burton, 2008），慣性（Hannan, Burton, & Baron, 1996）から，実際に専門経営者により経営が取って代わられて組織が発展するということは困難かつあまりないということが示唆される（Beckman & Burton, 2008）。

組織形成に大きな役割を果たしているものとしてベンチャー・キャピタルが

ある。ベンチャー・キャピタルはベンチャーに対してリスクマネーを提供する組織であるが，実際にはベンチャー・キャピタルが提供しているのは単なるお金ではなく，経営支援や人材紹介など多岐にわたる。

　急成長を志向するベンチャーは，初期の赤字を受け入れた上でリスクを取り積極的な投資，開発を行う。この赤字を持ちこたえるため，成長シナリオを描いた事業計画を作成しベンチャー・キャピタル等からリスクマネーを調達する。第三者から資金調達をすると，投資家に対する説明責任が生じ，経営責任を果たす公的な統治体制が求められる。

　また，ベンチャー・キャピタルは単なる資金供給を行うのみでなく，人的資源政策，ストックオプション導入，マーケティング責任者の採用など，ベンチャー企業の専門化に大きな影響を及ぼし，さらに外部CEOの招聘などの役割も担う (Hellmann & Puri, 2002)。

　ハーバードのMBAでマッキンゼーのコンサルタントを務めていた南場智子が創業し，プロ野球球団を保有し時価総額が数千億円となるほど成功したベンチャー企業であるDeNAにおいては，ベンチャー・キャピタルである日本テクノロジーベンチャーパートナーズの村口和孝が経営能力そのものを提供していた（南場, 2013）。

❖ 本章の研究課題

　ベンチャーの発展をモデル化した研究は複数存在し，段階に応じた運営変化の必要性も指摘されている。

　だが，全てのベンチャーで急成長に先んじて組織構造がしっかりと固められているわけではなく，成長とともに経営陣の入れ替えが起こっているわけではない。また立場を確立するために成員間の内部競争とは無縁に見えるベンチャーも多い。

　このことから以下の研究課題を設定する。

> **ベンチャーでは，組織構造や体制の整備は，どのように進んでいくのであろうか。また，組織整備が進んでいない段階では，どのように運営秩序が保たれているのだろうか。**

この研究課題を分析する枠組みとして用いるのは，ベンチャーでは機能面から組織構造を設計してメンバーを割り当てるというものとは異なった流れで組織構造が決定されていき，それが成員の行動に影響を及ぼしているということである。

この調査のために本書は，イー・アクセスの組織構造がどのように変化していったかを事例研究として時系列に記述し，初期の経営チームの構成がどのように変化していくのか，高生産性をもたらす活動と成員の意識や組織構造にはどのような関係があるのか，を分析する。

2　イー・アクセスの組織の変遷

❖ 設立直後

図表4-3は，会社設立直後の事業計画書に記されている体制である。取締役を想定したCXOとして，千本，ガン，小畑に加えて，CFOとしてF氏が記されている。F氏は通信事業の経営陣の経験もあり，財務に特に実績ある人物であった。だが，最終的にはイー・アクセスへの参画を見送った。

図表4-3　1999年12月の体制図

システム担当には深田の名もあるが，創業時には参画していない。深田の職位はSVP（Senior Vice President）とされ，他メンバーより格上で評価されていた。職位はこれまでの経歴から記載されていたが，しっかりと議論されていたわけではなかった。マーケティングに名前があるMとHも，最終的には参画を見送った。いずれも，小畑が声をかけたKDDの人物であった。

この時点で，筆者はB2Cマーケティングに，田中は企画に置かれている。筆者の前職はシステムエンジニアであり，田中はアナリストであるが，この時点で前職の経験はあまり期待されていなかったことが窺える。

❖ 創業初期

活動が本格化したのは2000年に入ってであるが，当初は皆が自律的にバラバラに動いていた。連携をとるためのミーティングを定例化しようという話になり，第1回の定例ミーティングが1月半ばの土曜日に開かれた。その時点での作業項目と状況を2ページのミーティング用資料として取りまとめたのは筆者だった。定例会議の司会役も筆者が務めていた。それは誰が決めたというわけでもなかったが，自然とそうなっていた。

第1回の会議資料には，NTT交渉，ベンダー交渉，大阪交渉，設備・建設／環境設定，マーケティング，アライアンス戦略，プロモーション，市場調査，業務企画，人材採用，の作業項目が記されているが，担当者は記されていない。

翌週土曜日の第2回定例ミーティングでは，次の通り担当者が記載されている。NTT交渉／郵政対応（庄司），ベンダー選定（庄司，矢萩，岡本），技術（矢萩，岡本），アライアンス（田中，鈴木，庄司，小林，矢萩，岡本），ファイナンシング（田中，鈴木），マーケティング（阿部，五十嵐，小林），プロモーション（小林），調査（全員），業務企画・総務（原），リクルーティング（原），情報システム企画（原，小林）。

このようにして，創業メンバーの中で役割の分担が徐々に行われるようになっていった。当初から千本，ガン，小畑の名前は出てこず，創業者と創業メンバーの間には一線が画されていることが読み取れる。また，千本とガンは資金調達に大きな時間を割いており，実務には出てこなかった。

2000年1月に記された体制図は**図表4-4**のようになっている。この時点で

第4章 ベンチャー発展に伴う組織構造の変化　131

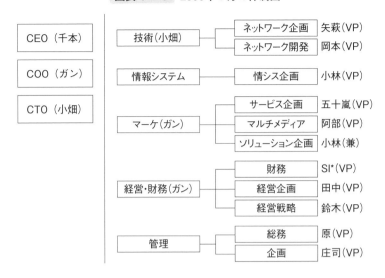

図表4-4　2000年1月の体制図

は取締役以外の創業メンバーは横並びを基本とするようになり，組織構成も創業メンバーに合わせた形態となっていた。図のとおり，立ち上げ当初に置かれたのは，管理，経営財務，情報システム，マーケティング，技術の5部門であるが，明示的な部門長はいなかった。

　管理部門には総務部と企画部があり，DDI出身の2名が部長となった。経営財務部門は，経営企画と経営戦略に分かれ，ゴールドマン・サックスとフィデリティ出身の2名が担当した。財務のSIは，創業メンバーに対する創業株割当直後に入社していた。情報システム部門には，情報システム企画が置かれコンピュータ会社出身の筆者が担当した。マーケティング部門にはサービス企画とマルチメディア企画が置かれ，KDD出身者2名が担当した。ソリューション企画という部門も設け，筆者が兼任で担当した。技術部門はネットワーク企画とネットワーク開発が置かれ，CTOの小畑のもと日本テレコム出身者とNTTデータ出身者が担当した。

　組織は創業チームのメンバーに依存する形で部が作られており，部間連携が柔軟に行われていたという意味ではネットワーク型であったと言えないこともないが，社内で組織構造のあり方が社内で議論されたことはなかった。

創業メンバー間には明確な上下関係はなかった。原が年齢的には飛び抜けていたので，それなりにリスペクトされていた。田中は一人だけ20代で若かったが，外見が老け顔であることも手伝い，事業計画書の作成などで著しく高い能力を示しており，同レベルに扱われていた。

2000年2月末の時点では，同社の職位は，①Officer，②Vice President，③Manager，④Staff，⑤Assistantの5段階とされた。創業者および創業メンバーは，千本・ガン・小畑がOfficer，原・庄司・小林・田中・鈴木・五十嵐・阿部・矢萩・岡本はVPとされている。

創業メンバーは，誰から命令されることもなく，自律的・自発的に必要な仕事を見つけてこなしていた。会社としては共同創業者の千本とガン，そして取締役の小畑の下に創業メンバーがつく形ではあるが，彼らが直接的な指揮命令を行い業務が進められているわけではなかった。次から次へと仕事は生まれ，異様ともいえる熱気の中で休日深夜も関係なく全員が動いていた。この時のことを「内面から自然と言われようのない熱気が湧き溢れてきた」と語る者もいた。

❖ 営業部隊の組成

事業が動きだすと，新たな機能を充足する必要が発生する。創業メンバーで欠けていて，最も必要とされたのは営業部隊であった。そこで，総務部長の原がDDI時代の縁を頼りに営業のトップとしてKCを勧誘し，KCは部下を引き連れて集団で転職してきた。それを母体に営業部隊が形成されていった（**図表4-5**）。

他の部門は中途採用で徐々に社員を増加させていた。中途採用者は前職の経験による専門スキルを期待されての採用と配属であり，ジョブ・ローテーションは存在しなかった。勤務時間は長かったが，ベンチャーであるからといって特別な職務内容や職務分担をしていたわけではなかった。仕事は動的でルーチンワークでないものが求められることも多く，部門間の壁は低く何か問題が発生すると協力して解決する姿勢はあったが，組織自体はDDIやKDDを模倣して設計されており，特別な工夫がなされていたわけではなかった。

第4章　ベンチャー発展に伴う組織構造の変化　133

図表4－5　2000年7月の体制図

❖ 部門の増加

　機能と社員が増えると部が増えていった。営業部隊以外でも，新たに縁故採用された者が部長職に就いていた。だが，創業メンバーはいずれも部長格で階層化はなかなか行われなかった。組織は管理，技術，営業，バックオフィス，情報システムといったグループに分かれていたが，明示的なグループの統括責任者はずっと置かれていない。2001年1月の資料では，情報システムを中心に，技術，営業，業務，管理の4つのグループが連携し，各グループに4つの部が存在する組織構造が表現されている（**図表4－6**）。各部には部長が置かれていたが，4つの部を束ねるグループは概念的なものであり，担当役員は決められていたものの，明示的にグループの実質的統括者が置かれていたわけではなかった。

　このような組織構造であったが，部署間の職掌や業務調整が特に問題となることはなかった。というよりも，職掌や部署の壁に対する意識は非常に低かっ

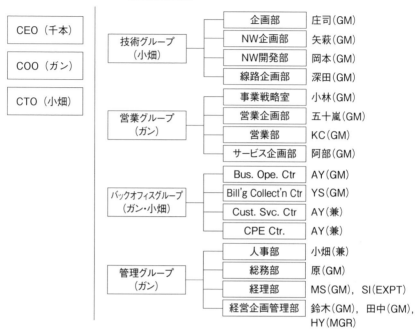

図表4－6　2001年1月の体制図

た。それは，顧客からの問い合わせへの対応やADSLモデムの発送における部門を超えた自発的協力といった形で1人ひとりの動きとなって表れていた。

❖本部の導入

それから更に1年を経た2002年1月時点でもそれは大きくは変わらず，文鎮型に20以上の部が並ぶような構成となっていた。創業メンバーと，以降に登用された者がGMという職位で部長を務めていた。前年に記載されていた，技術，営業，バックオフィス，管理のグループはあまり意識されていない（図表4－7）。

規模の大きい営業部と業務部の中には，グループやセンターといった形で階層が設けられていった。業務部のセンターの分け方や呼称や，部長の前職であるDDIのものがそのまま踏襲されていた。

第4章　ベンチャー発展に伴う組織構造の変化　135

図表4-7　2002年1月の体制図

❖ 上層部の階層化

　経営上層部の階層化が起こったのは，2002年2月の人事管理上の危機がきっかけであった。

　当時の業務部長は，顧客サポート部門の出身で業務に精通していたが，管理職経験は乏しく，早い段階で転職してきたため部長を務めていたが人心掌握力には課題を有していた。初期のADSLサービスは品質的に成熟したサービスではなかったため，顧客からのクレームや顧客宅を訪問しての回線品質調査も多く，現場には疲弊感も漂っていた。

　だが，業務部長は部下への配慮を欠いて厳しく叱責することも多かったため，不満を感じた社員が集団で退職するとともに，会社の労務管理の問題を労働基準監督署に訴えるという事件が起こった。業務部長のマネジメント能力に疑問が生じたため，営業部と業務部を合体して営業業務本部とし，それまでの営業部長を本部長とし，業務部長は副本部長として処遇した。はじめて本部という組織が生まれたのである。この判断は，人事部長であった筆者が千本に諮る形

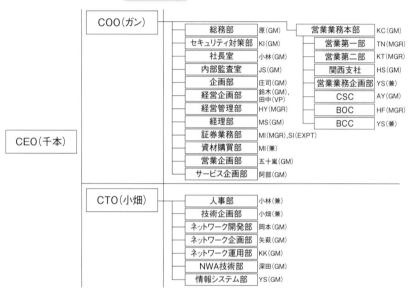

図表4-8　2002年2月の体制図

で進められた（**図表4-8**）。

これを契機に組織変更が検討され始め、最終的に2002年4月になって創業メンバーの間に階層化が行われた。この時、2月に設置された営業業務本部に加えて、技術本部、経営企画本部、組織管理本部の3本部が新設され、創業メンバーの中から2人が、経営企画本部長（庄司）と組織管理本部長（筆者）に就任した。営業本部長（KC）と技術本部長（深田）は創業メンバーでなく以降に縁故入社した者であった。その他の創業メンバーは、いずれかの本部で部長となった。

この組織変更と本部長の選任の決定は千本が行った。各本部の人員は前職のこだわりなく配置されていたが、部長以上については、営業はDDI系、技術はKDD系という色分けが明確で、経営企画・組織管理はDDI、KDD、金融機関、その他の混成となっていた（**図表4-9**）。

❖ その後の変遷

この4本部体制は、ベンチャーとして1つのイグジットである2003年10月の

第4章 ベンチャー発展に伴う組織構造の変化　137

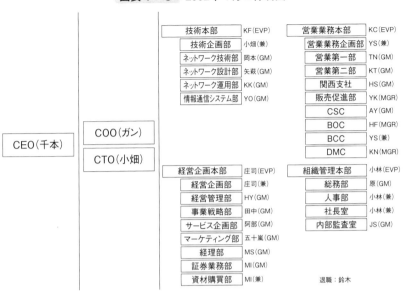

図表4-9 2002年4月の体制図

東証マザーズ上場を経て2004年1月まで維持された。ただし，2003年4月に庄司と筆者を入れ替えて，経営企画本部長を筆者，組織管理本部長を庄司とする人事が行われ，これは千本が主導した。この際，庄司の専門分野である渉外（監督官庁および他事業者相互接続）機能だけは，企画部として切り離して経営企画本部から組織管理本部配下へと移された。

　規模拡大により，2004年1月には営業業務本部を営業本部と業務本部に分割，財務本部や新規事業開発本部を設ける形で，社長直下は4本部制からややフラット型に変更された。さらに2004年5月にはAOLジャパンを買収して吸収するにあたりAOL事業本部を新設，本部長には経営企画本部長だった筆者を充て，後任の経営企画本部長には創業メンバーの阿部が本部内で昇格して就いた。このようにして，イー・アクセスの組織は一般的な階層的構造へと変化していった。

3 ネットワーク組織による初期の高生産性

❖ 組織形成はどのように行われているのか

　イー・アクセスの事例をみると，創業当初は組織設計を担う人間もおらず，組織設計という考えもない。会社を立ち上げる際には総務を担う人間は必要であるが，人事組織専門担当者が初期メンバーに入っていることはほとんどなく，これは東京めたりっく通信もアッカ・ネットワークスも同様である。これには，起業活動においては技術開発や営業といった各局面で実業に直結する業務が重視され，コスト部門の専担者を持つ意義は感じられないことが影響しているであろう。

　意図的に組織設計がされない結果として，ベンチャーの初期段階では1人ひとりの創業幹部が組織のようなものとなり，ある程度の時期までは人に依存した文鎮型組織が作られている。どのような人がどのように集まるかによって組織が作られるという人依存型組織形態である。人が存在することで，その人々に対応した組織構造となっていく。すなわち，ベンチャーの組織は人に従う。

　ベンチャーの組織に早い段階で階層構造─上下関係─が持ち込まれるのは，前職の上司部下が一群で入社してきた場合である。イー・アクセスの場合，DDIのKC一派と，KDDで阿部の部下だったTS，DS，MOがそれに相当する。ベンチャーへの転職にあたり，前職の上下関係は基本的に逆転していない。

　一方，経営チーム（幹部社員）内では階層構造はすぐには生まれない。イー・アクセスの場合は，幹部社員が部長あるいは室長となっているが，複数の部を統括する組織は創業から2年以上設けられていない。

　20以上の部が文鎮型に並んでいたイー・アクセスにおいて幹部社員に階層が作られたのは，2002年2月に営業部と業務部を束ねる営業業務本部の新設によってである。これは業務部長の管理能力不足に対応する組織変更であり，Greiner（1972）の第3段階のコントロールの危機に相当している。

　業務部長を格下げするのではなく，本部という上位組織を設けた上で業務部長自身も当該本部の副本部長（非ライン）として処遇するという配慮の上で，

本部長は営業部長を昇格して充てている。同時にそれまで課に相当する存在だった営業部のグループや業務部のセンターを本部に直接付けて部相当とし，全体的に1つ格上げされた形としている。

ひとたび本部が導入されると，それは全社的に波及する。そして創業メンバーの間にも初めて組織的な上下関係が設けられた。この判断を出来るのは創業者であるが，イー・アクセスの本部長構成を見ると出身会社や創業メンバーか否かという点でのバランスに配慮がなされており，人事組織面での統制意識が高まっていることが窺える。格下げをせずに階層を設けるためには上位に階層を伸ばすことが必要であるが，小規模の企業においてそれはポジションのインフレにも繋がっている。

❖ ネットワーク組織としての初期ベンチャーと高生産性

初期のベンチャーでは上位層においては階層化が行われていないが，これが組織の壁を取り除き，メンバーの行動を制約しないように作用している。イー・アクセスにおいては，毎日あらゆる部門から手が空いている社員が業務部門のモデム発送作業を手伝い，問題が生じれば社長自らが一般顧客へ電話をかけることも厭わない雰囲気が保たれていた。問い合わせメールへの返答も，セキュリティや会社としての対外公表内容の一貫性といった点では課題がないわけではなかったが，そのような問題を跳ね除けて実行してしまう行動力が生まれている。これが高生産性と結びついている。

前章では，創業メンバーの個々の能力の高さとその理由を指摘したが，それと相俟ってベンチャーの高生産性をもたらしているのは，ここで見られるような上位層における組織階層のなさと職掌や職務権限の曖昧さである。指揮命令系統や職掌がはっきりした組織体制とは全く異なる運営がなされており，部門意識がなければセクショナリズムは生じず，それがないからこそダイナミックな資源の融通が可能となる。言うなれば「無秩序，横並びの活力」というものである。

これは，「社会ネットワークを媒介にした緩やかな水平的結合，従来の部門や組織の壁を越えて，特定の目的を共有しつつ，共通の規範，分権的なガバナンスを共有し，自律的な協働を行う，ネットワークを通じて組織の内部や外部

図表 4-10　階層を従えたネットワーク組織

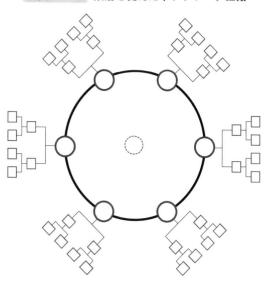

の人材，経営資源，情報を動員して利用できる」といった特徴を持つネットワーク組織（若林, 2009）の形態と見做すこともできる。

　図表 4-10 のように，上位層がネットワーク組織であると同時に，ネットワークの各ノードはその下に階層を抱えている。したがって，これまでのマクロ組織論が大命題としてきた管理階層と管理の幅のバランスという課題に対して，全体的にピラミッド型かフラット型か，階層型かネットワーク型かという二者択一の組織構造の議論ではいけないということになる。

　ベンチャーにおいては成長過程でコントロールの危機が顕在化してくる段階までは，階層の上の部分はフラットに（文鎮型に）あるいはネットワークに，下の部分はピラミッドに（管理の幅を絞る）という形が，セクショナリズムを防ぎ高生産性をもたらしている。

　階層の最上位が文鎮型―即ちトップが君臨する―か，ネットワーク型―即ちトップが存在しない―か，という点に関しては，創業出発点において，また表面的にはずっと創業者をトップとして文鎮型である。しかしながら，創業初期から実質的には創業者は中心から霞んでおり，必要時には明確に浮き出るもの

の通常のオペレーションは完全にネットワーク型で行われ，経営チームのメンバー間の繋がりが重要になっている。イー・アクセスの場合，トップである千本の実務への関与のあり方や，通常の行動に対する幹部の受け止め方が，ネットワーク型に機能させることを助長している。

このような組織構造のもとで，意識としてセクショナリズムを持たない文化が育まれた。それは，指揮命令系統や職掌がはっきりした組織体制とは全く異なる運営であるが，ベンチャーの成長志向性のもとでの環境変化の激しさという特性と適合している。

4 小　　括

創業初期には明確な組織設計はなく，集まった人間に対応し組織が作られる。ただし，幹部層はかなり長期にわたりフラットな文鎮型であり，機能を括ってグループとして見做しているものの，統合して誰かがまとめているわけではない。そのグループ内の部署が自律的に動きながら自然と連携している。各部署の中では階層はあるが，それを司る根本が階層になっていないところが鍵である。幹部層に階層構造が生まれる契機はGreinerが指摘するように危機である。

ベンチャーの高生産性をもたらしているのは上位層における組織階層のなさと職掌や職務権限の曖昧さであり，上位層はフラットで緩やかに結合するネットワーク組織の形態となり，組織の経営資源を動員して利用している。さらに，上位層がネットワーク組織であると同時に，ネットワークの各ノードはその下に階層を抱えており，組織運営として統制がとれている。階層の上の部分はフラットに，下の部分はピラミッドに管理の幅を絞るという形が，セクショナリズムを防いで高生産性をもたらしている。

上位層がフラット化するデメリットは，一般的には調整をトップがする必要があり，負荷がかかることである。だがベンチャーにおいては，現場での自律的な調整が働くとともに，職務領域の侵犯といった意識が働かず，それよりも積極的に他部門を助け，また他部門からの助けを受け入れている。

そのように，組織を秩序づけているのは，創業メンバーが企業家のアイデンティティを有している，すなわち自らが企業家であるという意識を抱いている

からである．創業期には，各々がするべき仕事とか職掌というものが明確ではないが，その時のメンバーの行動は「職掌がないからやらない」ではなく「職掌がないから誰でもやる」というものとなっている．その意識が共有されていることが，組織の動きを活性化し，高生産性につながっている．

　また，創業メンバーや幹部社員にとっては，ベンチャーの成功時のキャピタルゲインとしての経済的報酬と失敗時の差分が，組織内部で自らの立場を向上させることによる経済的差分より遥かに大きいことも，セクショナリズムのない組織の活性化に影響している．

第5章

ベンチャー成長における滑業家の存在

　ベンチャーとして設立されたほとんどの企業は大きく成長することなく停滞し消滅していくことから,そこに成長を実現できるかどうかを左右する要因が存在するはずである。

　Lawrence & Lorsch (1967a) は組織をシステムとしてとらえ,「システムが大きくなると,それはいくつかの部分に分化し,同時に,システムが全体として生き続けるために個々の部分機能を統合する必要がある」と指摘した。急成長するベンチャーにおいても,拡大するが故にそれを統合することが求められるであろう。

　また,ベンチャーが成長期に直面する大きな課題の1つに,企業規模拡大に伴い必要とされる資源と既存資源とのギャップがある（金井, 2002b）。急成長を実現すると,市場でのポジショニングや競合・連携関係といった外部環境が大きく変化するとともに,内部環境も変わり,新たな機能の充足が必要となる。

　急成長を達成するベンチャーでは,分化していく組織がどのように統合され,さらに新たに必要となる機能が充足されているのであろうか。本章では,これを明らかにすることを試みる。

1 ベンチャーの不足資源充足に関するこれまでの研究

❖ Adizesの組織ライフサイクル

Adizes（1979, 1985）は組織ライフサイクルを人間の一生に擬えて10段階で定義した上で，Producer, Administrator, Entrepreneur, Integrator（PAEI）の４つのマネジメント・スタイルを提起した（**図表５-１**）。

Producerはエネルギーに溢れた行動的な人物，Administratorは物静かな注意深い人物，Entrepreneurは夢想家，Integratorは組織でチームを作り上げる人物である。その上で，各々の段階において求められるマネジメント機能をPAEIの強弱と組み合わせにより示した。これによれば，創案期にはEntrepreneur（企業家）が重要であり，創業期から発展期にはProducer（実務家）が主要な役割を果たしEntrepreneur的役割も求められる場面が存在する。さらに発展が進むとAdministrator（管理者）が必要となってくるとも

図表５-１　Adizesの組織ライフサイクル

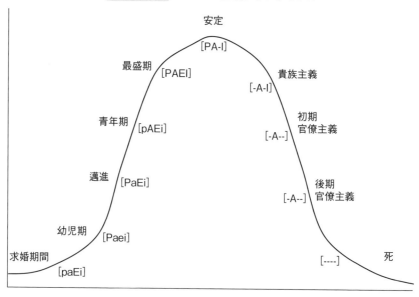

に，Integrator（統合者）も重要となる。

　ここで問題となるのは，1人の人間は複数の機能を兼ねられるのかということ，および別の機能を担うように変わることができるのかということである。

　組織のライフサイクルによって求められる機能が変わるということは，同一人物がその組織に関与し続けるとすれば担う機能を変化させる必要があるが，担える機能が変われないのであればメンバーの入退出という形で別の人物に変わっていく必要がある。

　組織のライフサイクルに応じて，求められる人材のタイプ，役割，行動は異なる。それは，起業初期のスタートアップ期と成長期においても異なると思われる。しかしながら，起業家教育のほとんどはスタートアップ期と成長期の創業者の役割を一緒くたに扱っており，結果として成長期への変化を適切にできない創業者を作り出している。

❖ 分化と統合

　前述の通り，Lawrence & Lorsch（1967a）は組織をシステムとしてとらえた場合に，その機能の2つの重要な側面に注目した。1つは「システムが大きくなると，それはいくつかの部分に分化し，同時に，システムが全体として生き続けるために個々の部分機能を統合する必要がある」という側面であり，もう1つは「あらゆるシステムが外界の動きに適応していく，という重要な機能を持つ」という側面である。

　その研究は，企業組織の組織特性や構造の分析をもとにしたものであったが，その指摘は，前者は「分化に応じた統合」という考え方として，後者はコンティンジェンシー理論として，様々な観点において適用されている。

　さらにLawrence & Lorsch（1967b）は，分化における統合を果たす組織における新しい管理者の役割として「統合者」を提起した。その役割は，「伝統的機能の間に生じる非ルーチン的かつプログラム化されていない問題をさばくこと」とされている。すなわち，統合者は組織の中で特定部門を管理するという固定的な職務を担った上で，自らの管理範囲を他部門と調整しつつ組織全体に融合させるという役割を果たしている。これはLikert（1961）の連結ピンの役割と通じている。

Lawrence & Lorschは，統合者の仕事は彼が働かねばならないその組織の個々の部門の性質によって決まると指摘するが，Fisher (1970) は統合者の仕事はそれぞれユニークなものであり，その職務を特定の職務として明確に設定することに困難があることを認識した上で，社内外の様々な相手次第で求められる役割は異なり，相手によって行動様式を変えることが必要であることを示した。

またFisherは，すぐれた統合者と相関のある特定のパーソナリティ特性として，技術的知識の豊富さ，他部門にわたる見方をすること，進んで葛藤に直面しようとし適度の達成動機と権力欲をもつ人々との強い結びつきを欲し，主導権とリーダーシップをとりたがることを指摘している。さらに，統合者は職務の多面的な要求を満たし職務の要求を模した経験訓練により能力開発がされるとともに，環境を認識しようとする強い欲求を持つことが最も重要であると指摘する。

成長や発展がある限り分化が生じ組織としてそれを統合する必要があることは，組織の種類を問わない。しかしながら，Ensley et al. (2002) などベンチャーの経営チームの凝集性を論じた研究はあるが，ベンチャー企業を分化と統合の観点から研究した事例は乏しい。初期のベンチャーは分化より凝集という側面から捉えられている。だが，実は初期のベンチャーにも分化というものが強く発生しており，何らかの形でそれを統合する役割が果たされていることが推察される。

❖ 組織スラック

金井（2002b）は，ベンチャーが成長期に直面する大きな課題として，企業規模拡大に伴って必要とされる資源と既存資源とのギャップを指摘するが，企業成長における資源として特に重要なものは人的資源，とりわけ経営者のチームである（Penrose, 1995）。

しかしながら経営チームを構成する人的資源を組織の外部から迅速に調達することは，適切な人材の労働市場での流通が限られていること，人材の探索と採用のプロセスに時間を要すること，経営チームにはチームワークを発展させる協働経験が必要なこと，等の理由により，困難であり時間を要する。特に，

近年は技術進化が早まり，ドッグイヤーと呼ばれるように企業の成長速度も速くなっているが，協働経験などは依然として相応の時間を要するため，成長と人的資源調達の速度のギャップは大きくなっている。

また，成長期の特徴には取り組むべき課題の予測不可能性がある。企業が成長するとともに新たな業務も新たな問題も次々と発生する。そのような状況では，職掌を明確に定義して各々がその役割を果たすことで業務が定常的に回るとはならず，誰かが欠けている業務を埋めて手当てをしながら問題が大きくならないように対処することになる。

不確実性に晒されている場合はチームで行うほうが恩恵は大きく（Harper, 2008），外部からの人的資源調達には時間がかかるためベンチャー経営チームには成長期に直面する様々な問題にうまく対応し，業務に支障をきたさないようにする存在があると考えられる。

ここで想起されるのが，組織スラックである。組織スラックとは，Cyert & March（1963）によれば，「組織体が利用できる資源と連合体を維持するために必要とするペイメントの間に存在する不均衡」であり，組織が最適化でなく満足化を目標とすることによって生ずるとされる。噛み砕いて考えれば，組織に存在する緩み（余裕資源）であり，直面する事業で効果を上げるのに必要以上の余分な経営資源（資金や人材など）を抱えている状態のことを指す。

ただし，組織スラックは必ずしも"無駄"や"非効率なもの"ではない。吉原（1967）は組織スラックが，企業が環境の変動性を吸収し環境変化に適応して存続する機能と，企業の資源の希少性の問題を緩和して革新行動を促す機能を有していることを指摘する。大月（2005）は，環境変化への対応として，組織の革新や戦略の変更を実施するために，組織は組織スラックを有していることが必要であると論じている。

つまり，組織スラックには，「新たな要求に対応できる余裕」を持ち変化時の資源枯渇による機会損失を防止するという側面と，「新しいことを考える余裕」を持ち創造性を確保するという側面がある。

ベンチャーは経営資源に余裕がないため，組織スラックを許容しがたい状況にある。Mishina, Pollock, & Porac（2004）は，起業時においてスラックが"無駄"と見做されがちであると指摘している。

しかしながら，ベンチャーは革新行動が求められる存在であり，また激しい環境変化に晒される存在である。組織スラックが存在しなければ，創造性を発揮し続けることが困難になり，また競合などの外部環境の変化や成長による内部環境の変化，危機の発生などに対応して企業を存続させることが困難となるであろう。

それではベンチャーはどの程度の組織スラックを持つべきであろうか。Paeleman, Vanacker, & Devigne (2011) は財務スラックと人的スラックとベンチャーの業績の効果は逆U字型であること，即ち（当然とは思えるが）適度な量の組織スラックが望ましいことを実証している。

Penrose (1995) はその企業成長の理論において，経営者が個人でなしうることの数には限界が存在するため，ある意味で1つのユニットとして機能する経営チームが企業の拡張に重要であること，経営チームのチームワークは協働を通して発展し経営チームはその協働経験によりそのグループの業務運営にとって独特の価値を持つサービスを提供できること，企業の成長率は個々の企業にとって固有で異質性のある企業家サービスおよび経営者サービスが拡張に利用できるかによること，を指摘した。

経営チームのメンバーとして有効に機能するには，共に働くという時間を通じて形作られる価値観の共有が必要であるため，外部から採用した人材がすぐにその状態に至ることはできない。したがって，ベンチャーの発展段階において最も欠乏する資源は業務拡大に応じた役割を果たす人的資源であると考えられ，内部に相応の人的スラックを保有する必要がある。

一方，適度な組織スラックの存在が創造性と環境変化対応にとり必要であるが，ベンチャーでは資源的制約からスラックを無駄ととらえる傾向が強い。この折り合いがどのようにつけられているのかについて明らかにした研究は見当たらない。

❖ 人的資源柔軟性

環境変化に対応するために求められる人的スラックには，外的環境・内部環境を大局的に把握した上での判断・対応が求められるので，定常業務の中での非定型的な判断・処理能力を決める「知的熟練」とは異なる能力が必要とする。

そのような能力は，人的資源柔軟性（Milliman, Vol Glinow, & Nathan, 1991）と呼ばれる。そしてベンチャーのパフォーマンスは，人的資源柔軟性のもとに経営チームが能動的に役割を調整することにより向上する（Zolin, Kuckertz, & Lautonen, 2011）。

木村（2007）は，組織スラックの中でも経営資源を活用する人的スラックが重要であることを強調し，変化への対応を成し遂げた組織がどのような行動によって変化に対応したのか，そうした行動をとるためにどのような能力が必要とされたのか，それらの能力がいかなる経験や教育によって形成されてきたのかの分析が必要である，と指摘する。

このようにベンチャーでは適切な人的スラックを持つことが実は重要と考えられるが，経営資源に余裕がない中でどうやって人的スラックを持つのか，人的資源柔軟性はどのように確保されているのかについての研究は乏しい。

❖ 本章の研究課題

ベンチャーの成長とともに必要とされる機能に統合者の役割がある。Lawrence & Lorschは，特定部門を管理しつつ他部門との調整により組織全体を融合させて分化における統合を果たすものとして統合者の役割を提示し，Fisherは部門横断的プロジェクトの責任管理者として統合者の行動を調整対象に応じて異なったものと捉えた。Adizesも急成長により最盛期に達した時期に組織でチームを作り上げる人物である統合者が必要であることを示した。これらの見方は，成長とともにマネジメントに組織全体の調和をとる調整者としての役割が求められることを示唆する。

一方で，成長は機能の欠落をもたらし，その充足を要求する。急成長を実現すると，市場でのポジショニングや競合・連携関係といった外部環境は大きく変化し，企業内の環境も変わる。成長とともに新たな機能の充足が必要となり，人員増強が求められ組織構造も変わる必要がある。

これはAdizes，Lawrence & Lorsch，Fisherの統合者とは異なった存在である。企業の成長は経営チームの能力により制限されるため，環境変化に対応し組織変革を実現するためには組織スラックを有していることが必要である。特に人的資源のスラック—人的スラック—は環境変化対応に大きな役割を果たす。

また，ベンチャーのパフォーマンスは，人的資源柔軟性のもとに経営チームが能動的に役割を調整することにより向上する。したがって，急成長を実現したベンチャーでは，経営チームに人的資源柔軟性を有する人材が人的スラックとして存在し，成長時の環境変化への対応力を担っていることが推察される。
　だが，余剰資源としてのスラックには経営効率化のために削減圧力がかかり，特に経営資源の余裕に乏しい初期ベンチャーではその圧力が強いと思われる。果たして，成長を実現したベンチャーでは人的スラックがどう確保されているのであろうか。
　このことから以下の研究課題を設定する。

組織拡大とともに必要とされる統合者の役割は，ベンチャーの中でどのように果たされているのであろうか。また，組織の成長に有効とされるスラック資源を持つ余裕がないベンチャーでは，急成長に伴い必要とされる追加の人的資源をどのように確保しているのであろうか。

　これを分析する枠組みとして用いるのは，急成長を実現したベンチャーでは，経営チームに人的資源柔軟性を有する人材が人的スラックとして存在し，成長時の環境変化への対応力を担っているということである。だが，余剰資源としてのスラックには経営効率化のために削減圧力がかかり，特に経営資源の余裕に乏しい初期ベンチャーではその圧力が強いと思われるので，資源調達に関わる創業者が意図的であるかどうかにかかわらず，削減圧力を軽減する形でスラック確保に何らかの形で関与しているということである。
　この調査のために本書は，イー・アクセス株式会社の創業初期の内部における危機とそれを乗り越える成長の経緯を，自身の行動や意識を振り返りながら自己エスノグラフィとして記述する。そして他のベンチャー参画者のインタビュー調査を加えて，組織成長に必要とされるスラック資源の充足とベンチャーの急成長がどのように実現されているのか，創業者との関係や参画経緯なども踏まえ，それを可能とする要素は何であるかを明らかにする。

2　筆者の役割

❖ ソフトバンクの参入による危機

　イー・アクセスを成長させる契機は，Greiner (1972) が指摘するように危機であった。イー・アクセスの歴史で最大の危機は，2001年6月のソフトバンクYahoo! BBの価格破壊的新規参入であった。これは，イー・アクセスがISPと組み月額利用料金5,500円～6,000円程度でADSLサービスを提供していた所に，ソフトバンクがIT業界で知名度が非常に高いYahoo! ブランドを冠した上で月額2,880円という価格を設定して大々的にADSLサービスへの新規参入を仕掛けてきたものである。

　日本経済新聞の1面にも取り上げられたこの参入は一般消費者の大きな関心を呼び，ほんの数日で申込数は100万に達した。一方で，申し込みが殺到したことにより業務処理が滞留するとともに，初期のサービス提供地域外からの申し込みも多かったため，「いつまでも開通しない」という苦情もその後殺到し，Yahoo! BBに対する顧客サポートレベルへの不満を生むことにもなった。

　イー・アクセスは提携ISPとの調整に手間取ったものの8月になりYahoo! BBに追随して低価格のサービスを市場に投入した。また，想定客単価，獲得契約数を大幅に見直して事業計画を作り直した。この結果，追加の設備投資が必要となり，9月にカーライルと日本テレコムを引受先とする100億円の第三者割当増資を行った。

❖ トラブルシューター

　だが，それ以外にも後から見れば小さな，だが当事者にしてみれば大きな危機は何度も訪れた。

1）メールアドレスの漏洩

　初期の大きなトラブルにメールアドレスの漏洩がある。これは2001年1月23日に発生したもので，イー・アクセスがADSL開始地域情報提供サービス

のために自社サイトで登録して貰っていたメールアドレス約26,000件のリストを，その中の約1,000件の宛先に対して誤送信したものであった。

原因は，自社送信サーバーにおけるファイル名の設定ミスである。個人情報漏洩事件として毎日新聞に記事にされるとともに，被害者からのクレームも殺到した。当時社長室長兼広報担当であった筆者は緊急対策チームを組成し，責任者としてマスコミ，被害者，掲示板，WEB告知等の対応全般を指揮したが，最終的な事態収集までには数か月を要した。

2）人事崩壊と労務問題

2001年の夏頃から顕在化したトラブルとして，人事の崩壊があった。これは人事担当者の欠勤や人事制度の不備等により採用面接のスケジュール管理が混乱するなどの問題が発生したもので，社員からも会社人事に対する不信感が募った。人事担当者の欠勤は病気によるものであり，人事制度の不備は評価および報酬改定制度の不在，曖昧な職位と昇進基準の不在である。

根本には，創業メンバーの中に人事の専門責任者がおらず，形式的に小畑を人事担当取締役と位置付けていたものの，人事システムの構築を疎かにしていたことが問題としてあった。筆者は人事部を新設して部長に就任，前職の日本IBMの制度を参考に目標管理とキャリアインタビュー制度を導入した。同時に幹部社員による社員の相互評価を実施し，全員の職格を決定するなどを行い，人事制度を立て直した。

2002年2月には，以前より直属上司および周囲の人間と折り合いが悪かった社員が口論の末に退職した後，他の退職者と同調して未払い残業代の支払いを要求し，労働基準監督署へ訴えるという事案も発生した。この元社員は社内に残る協力者とも連携し，ネット上の掲示板等での中傷，競合他社への社員引き抜き等の大掛かりな企業攻撃が続いた。

筆者は人事部長として攻撃の矢面に立ち残業代を支払って和解するとともに，年俸制度を30％の時間外勤務を組み込んだものへと改定して社員の残業代未払い問題を解決した。

第5章　ベンチャー成長における滑業家の存在　153

3）カチカチ問題

　ADSLは新規技術であったため，技術的な問題にも襲われた。2001年11月頃から発生し2002年に入り拡大した問題に，ADSLモデムが頻繁な回線断・再接続を繰り返すという技術的問題があり，再接続時にモデムがカチっとスイッチ音を発することから「カチカチ問題」と呼ばれた。

　回線ノイズとチップのバグの2つの原因があり，顧客毎の個別チューニングをかけることで対応していたが，高速サービス導入により件数が急増し業務オペレーション部隊が負荷集中でパンクした。

　技術的問題の解決は技術部隊が担ったが，筆者は社長室長として状況整理と対応の管理を行うとともに，端末に向かい個々の顧客の回線接続状況を確認して設定調整を実施するという業務オペレーション部隊の回線チューニング業務にも参画した。

4）CTOの裁判

　イー・アクセスはその後も様々な問題を抱えた。

　2002年9月には，Yahoo! BBを運営するソフトバンクの子会社が，小畑のマスコミに対する発言（技術仕様の違いによる日本での可用性に関するもの）を営業妨害だとして，小畑個人を3億円の損害賠償を求めて訴えた。筆者は訴訟対応担当者として，弁護士と裁判資料作成に当たった。訴訟が情報通信技術委員会での不利な決定を回避することを狙った不当な提訴であって訴権濫用であることと発言が真実であることを主張し，2003年3月に相手側が訴えを取り下げることにより終結した。

5）上場中止

　2002年11月には東証マザーズへ上場申請したが，この際に作成した目論見書に当時の法令上の要求によりストックオプション配布者の自宅住所が番地まで掲載された。イー・アクセスでは全社員にストックオプションを配布していたが，目論見書は証券会社のホームページ等でPDF閲覧が可能であり，その事実を認識していなかった社員から大きな不満が上がった。

　さらに，上場が承認されブックビルディング（証券会社を通じた公募株買

付申込集め）が実施されたものの，折からの市況悪化を受けて十分な需要が集まらず上場は中止となった。上場を目指して頑張ってきた社員の落胆は大きく，目論見書の住所記載問題と相俟って，淀んだ空気が社内に蔓延した。

筆者は上場中止発表の翌日，翌々日の晩にタウンミーティングと称する社員集会を開催して，これまでのプロセスの説明を行うとともに，社員と経営陣とがフランクに議論する場を設定した。

❖ 統合と機能充足

筆者の動きは，社内の様々な部門を見渡し，全社的な問題となるリスクを持つ項目をいち早く察知して解決を図るというものであった。これは，Lawrence & LorschやFisherのいう統合者の役割に相当する。創業メンバーとして会社全体を把握することが可能で，かつ部門の問題に口出しすることが出来るだけの立場を築いていたからこそ果たせるものであった。

また，創業初期段階においては筆者に加えて田中も遊軍的な動きをしていた。田中は初期の活動を「イー・アクセスに入った当時は，総務省に何回も足を運んだりとか，営業がいなかったときに営業しに行ったりとかしていた。今の組織ほどしっかりとした現場のスタッフや量販店対応の人がいるわけではなく，けっこう何でも屋をやった。最終的に一番自分が強い財務のほうにいった。最初は何でも屋的にやることが出来たというのは，自分の能力とか行動力ではなくて，人がいなかったから。やるしかなかった，というよりやる人がいなかったというのが大きい」と語る。

筆者については，創業メンバーに加える際に千本は「あいつなら，何でもできるよ」と話している（企業家倶楽部, 2008）が，実際，初期は社長補佐や各種申請，情報システム立ち上げ，技術部門の作業要員など，様々な部門の応援に回っていた。

2000年5月に試験サービスを開始するとコンテンツ事業者などから提携話が舞い込み，事業開発担当としてそれらをこなす役割を担った。前職からの柵がなく友人や部下を連れても来なかった筆者は，この時期までは個人で動き，社長補佐的な何でも屋であった。

2000年10月に商用サービスを開始しマスコミ露出が高まると，筆者は広報に

変わった。会社の状況を見て，何をするのが会社を一番うまく動かすのかを考えた末の自らの選択であった。中途採用で部下を得て，チームとしての動きを強めていった。

　約1年間広報を務めた後，2001年10月に今度は人事へと変わった。広報にしても人事にしても，適任者の採用活動を全く行わなかったわけではなかったが，採用しても良いと思える人材はすぐには見つからず，自ら名乗りを上げていた。筆者にとっては，そのような機能を果たせることが自分の存在意義が最も感じられることであり，トラブルシューターとして指名されると，大変と感じる一方で自分にしかできないことであるという心意気も感じていた。

　このように，成長期のイー・アクセスにおいて筆者は，非公式な組織内行動として様々な役割を担うだけでなく，公式の担当職務を様々に変化させている。その動きは，組織の成長とともに危機が訪れると，その危機を乗り越えるために求められる役割を自らの動きで充足するものであった。この働きは，成長とともにより多くの情報処理が求められる状況への対応力としての組織スラックに相当する。つまり，筆者が役割を柔軟に変化させることによって，追加で求められる資源を充足するという組織スラックとして機能していたのである。

3　創業参画者の自己エスノグラフィ

❖ 自己エスノグラフィの試み

　イー・アクセスにおいては筆者は急成長を受け止める観点で組織スラックの役割を担っていた。何故そのような役割を担うようになったのか，あるいは担うことができたのであろうか。どうして資源的余裕のないベンチャー内でスラック資源として許容されたのであろうか。そして，創業者との人間関係により，他の創業メンバーとの事前の人間関係を持たずに1人で他業界から参画した事実はどのように関連するのであろうか。そのような疑問を解明するための手掛かりとして自らの心情を省みながら創業時の活動を自己エスノグラフィとして記述し，考察する。

❖ 創業初期の行動

　イー・アクセスの創業から遡ること7ヶ月，大学院の2年になった筆者の興味は秋の交換留学に向いていた。そのために夏前に修士論文をある程度書いておかなくてはならないと思っていたが，こちらは着々と進んでいたわけではなかった。指導教官の千本は修士論文についてほとんど指導らしいことはしておらず，筆者は研究論文の書き方のイロハもわからないまま何となく学生レポートの延長でどうにか論文にならないかしらと思っているだけだった。「複雑系」や「成功のジレンマ」などに興味を持ち図書館で文献を読んだりしていたものの，きちんとした研究論文とは何なのかを依然として全く理解できていなかった。

　ゼミは週1回アークヒルズの個人事務所で行われていたが，Timmonsの輪読で時間を使っているだけで，5人のゼミ生は誰も自分のビジネスプランで本気で起業したいなどという意欲は持っていなかった。それが，学内で開催されたパネルセッションを契機として，筆者は一気に創業参画へと傾いていった。

　1999年のクリスマス直前にミネソタへの交換留学から帰国すると，直ぐに千本から電話が入った。「一緒に会社をやるエリックという人間がいるので連絡してくれ」と言われ，教えられた番号に電話をかけたところ，六本木のアークヒルズにあるホテルのロビーで会うことになった。

　ファーストネームと携帯電話番号しか知らず，Googleの検索もなかった時代であり，事前にエリックがどういう人間かを調べる術もなかったが，何となく金髪で少し大柄な西洋人だろうと勝手に思い込んでいた。だがロビーで待っているところに「Mr. Kobayashi?」と話しかけてきたのは中肉中背の東洋人だった。威圧感や嫌味のないごく普通のその男性がエリック・ガンだった。

　その足でアークヒルズの中にあったゴールドマン・サックスのガンのオフィスに連れていかれると，イー・アクセスの事業計画書を30分ほど説明された。「OK?」と聞かれたが，通信業のこともADSLのこともほとんど知識がなかったため気の利いた感想や鋭い質問もできず，ただ頷いただけだった。するとガンは「神谷町の33森ビルに行って『原さん』と会ってきてください」と言った。会社はそこにオフィスを借りており，既に活動しているという。

第5章 ベンチャー成長における滑業家の存在　157

そこでその足でアークヒルズから歩き33森ビルへと向かった。ビルに着き，指示されたとおりエレベーターで2階に上がったが，そこは工事中でオフィスなどなかった。間違えたかと思い1階に降りビルの回りをしばらくウロウロしたが，それらしい場所は見当たらなかった。そこでガンに教えられた番号に電話してみると，「話は聞いている。2階のエレベータホールに来ると仮設のアルミドアがあるから，それを開けて奥まで入ってきてくれ」と言われた。

改めてビルに入り，言われたとおりに恐る恐る入っていくと，ガランとした暗いスペースの奥に机が数個並べられており，少し年配の白髪交じりの人物が座っていた。それが原だった。「千本さんから聞いてるよ」と言って原は，創業の現状や簡単な就労条件について話し出した。

自分自身は千本だけを見てイー・アクセスへの参画を決めていたつもりだったが，後から思えばガンと会ったのは最終面接のようなものだったのだろう。勿論，千本が認めているので余程のことがない限りはガンが断ることはなかったであろうが，共同創業者であるガンがどうしても難色を示せば，千本は別の選択肢を示して筆者の参画を諦めさせたかも知れない。

翌日からオフィスに顔を出し始めると次々に仕事が沸いてきた。最初の仕事のほとんどは庄司を補佐するものであり，通信事業を行うための登録手続きや選定中の機器ベンダーとのミーティングへの出席などであった。

❖ 立場の獲得

実際に最初の2，3ヶ月の間に自分が手掛けていたのは，JPNIC申請（通信事業者としてのIPアドレス取得），CAN（業界団体）調査，東京めたりっく通信のショールーム調査，定例会議のまとめ，千本の退任講義の調整といった内容であった。

どれも必要な業務ではあったが直接的に実業に結びつくようなものでもなかった。だが，気持ちは常に高揚していた。深夜にオフィスを出て終電を乗り継ぎ，25時頃に最寄り駅から自宅へ歩く道で，何故かわからないが気持ちが高ぶり，熱い思いが込み上げてきた。あの時自分の心の中に湧き上がっていた熱は，冷静な感情や認知ではない類のものであった。つまり起業の魔法にかかっていたのであった。

皆が顔を合わせる時間が少なかった創業期のイー・アクセスでは，意見を募るためにメーリングリストが用いられていた。千本は「ポストされた内容に24時間以内にレスがなければ，その内容は認められたものと見做す」という「24時間ルール」を唱えた。

メーリングリストに対しては，積極的にコメントする人間もいれば，あまりコメントを返さない人間もいた。決められていたわけではなかったが，その時々の状況を見ながら何か問題を提起するのは筆者が行うことが多かった。それに対してよく意見を返すのは小畑であり，回数は多くないものの鋭い内容をポイントで返すのが阿部だった。

こうした活動の中で，組織図などなくても各々が自律的に動き，その中で各自の役割が固まってきていた。社内にそれまで誰も知り合いがなかった筆者も，その能力を日常の行動の中で自然と他のメンバーからも認識されるようになり，それがポジションを固めることになっていった。他の創業メンバーも同じであり，日常の中で自ずと役割が決まってきていた。自分が全体調整的な役割を担うようになっていったのは，専門業務がないという消去法的な面もあったが，基本的には自らの動きでその役割を確立していった。

イー・アクセスの人間関係においては，業界部族の縁戚関係とでも呼ぶべき前職からのつながりが非常に大きく影響していた。千本はネットワークの中心にあるので，多方面にわたる縁戚関係を有していた。ガンは，金融業界の強固な縁戚関係で固まっていた。小畑も，自らの複数のネットワークから人材を勧誘しており，広い縁戚関係を有していた。

そんな中での筆者は，言うなれば縁戚関係を持たずに突然他の部族から首長の養子に来たようなものだった。そういう人間がその部族に染まっていくには，習わしを学ぶとともに，出来る子だという所を見せて認めてもらう必要があった。

他の社員が心の内でどう見ていたかはわからないが，千本との関係を後ろ盾にして行動していた部分が筆者にはあった。他の社員では恐れ多くて千本に直接お伺いを立てられないような稟議承認事項を，千本に直接交渉して承認を得てしまうことがあった。

自部門では決して千本に対するヒラメ（上だけを見る存在）ではなかったが，

他部門との調整においては千本の威光を利用していた。また同時に，千本の強烈な圧力を受け止める緩衝材としての役割も果たしていた。

千本は様々な点において無茶とも思える要求をすることがあったが，筆者がその要求を吸収することで直属部下からの信頼を勝ち取っていった。それは，単に「外套」として千本の無理を覆い隠して悪い所を見せないのではなく，無理を下に曝け出した上で自分がそれをカバーするという形で，自分の立場を作っていたという側面もあった。これは，イー・アクセスの外部者や社内でも中枢から遠い人間に対し千本の好印象を演出しようとする行為とは明らかに違った。

通信業界の出身でなかった筆者は，創業メンバーとしてイー・アクセスの中枢にいながらも，ここは自分のホームポジションではないという感覚，特に業界という点でアウェイ感とでもいうべき強い部外者意識を持っており，それはイー・アクセスに籍を置いた13年間消えることはなかった。

一方で，コンピュータ業界にもどこにも帰る場所はなく，イー・アクセスをうまく運営することが自分にとっての最大利益であることもわかっていた。また，ビジネス・スクールで身に付けた広範囲な知識が最も活かせるのは，ベンチャーのように変化が激しく多岐にわたる状況対応能力が求められる環境でもあった。ここには，業界の枠を超えることのない大企業内部育成のゼネラリストと，ビジネス・スクールで学んだ人材との違いがあると思われる。

働くことにおいて筆者が日本IBM時代に最も嫌だったのは，毎年12月に行われる目標管理制度の評価面談であった。IBMは人事制度については先駆的な取り組みを行う企業だったが，設定目標に対する達成度で評価すると言いながら実質的には部門内相対評価であり，チームワークを掲げながら一緒に働く仲間に優ることで評価を勝ち取っていかなければならないことに納得がいかなかった。ビジネス・スクールに進むことにした一因には，そのような人事制度の問題点を考えたいということがあった。

イー・アクセスに入ると他者からそのような形で評価されるということがなくなり，それはとても心地良かった。創業者に仕えているという面と，経営者マインドを持ち人に使われているのではないという気持ちの両方が存在した。

だが，人事評価を行わないとぶら下がり人材が発生し，また正しく評価されたいという気持ちに応えることができない。社員が増加すると，適切に人事評

価を行い管理するというマネジメントへの転換が求められることになる。イー・アクセスの場合は，2001年秋から2002年にかけての人事制度の危機がその転換点となった。ただし，幹部社員は人事評価対象外のままであった。

❖ 筆者の立ち位置

　筆者が他の創業メンバーと異なるのは，千本と大学院の師弟関係にあるということであった。原と庄司もDDIでの上司—部下という直接的関係を千本と持っていたが，ビジネスの絡まない繋がりを持ち，千本の別荘でゼミ合宿を行うといった親しさを持っている点では特別な存在であった。

　イー・アクセスに参画した当初，筆者には起業に参画するという高揚感が確かにあり，心の底から湧き出てくるような思いもあった。だが同時に，かなり早い時期から千本には「自分が雇われている人間なのだ」という位置関係を思い知らされていた。それは「起業家意識，経営者意識を持て」と千本がよく言っていたこととは少々矛盾していたようにも感じられる。

　千本は人を見る目が鋭く，人を使いこなすことにも優れていた。周囲の中から使えそうでかつ従順に従いそうな人間を見つけだし，上手に仕事をアサインしていた。筆者についても，例えば広報を務めていた際には，千本個人のブランディングか会社のブランディングか良くわからない内容でも表面上は従順に業務をこなすことを見抜いていた。

　リチャード・ブランソン，孫正義，スティーブ・ジョブズなど，創業者個人が企業のブランディングやマーケティングに大きな効果をもたらしており，千本自身を売り込む行動もイー・アクセスに必要なことであったが，当時の筆者にはそこまではっきりとは思えていなかった。「会社のため」という建前と「個人のためではないか」という本音の狭間で揺れていることもあった。

　ガンも，直接的に会社のためと言えるか怪しいことには本音では懐疑的だった。それが事件として表面化したのが，千本がUC Berkeleyでの客員教授を引き受けて，出張した時であった。

　千本は自分の売り込みに余念がなく，海外の会議に出席するとそこで人脈を築き，講演等の機会を獲得してきた。日本であれ海外であれ，初対面の人間の誰にでも話しかけて短時間で人間関係を築く能力は日本人離れしていた。UC

Berkeleyでの客員教授を引き受けた千本は，2日間現地に赴いて講義することになった。

そこで現地での助手として筆者を出張扱いで連れて行こうとしたが，それに強硬に反対したのがガンだった。会社とは関係しないことなので経費を使って出張として行くことは認めないと主張し，筆者だけでなく千本に対しても譲らなかった。結局千本は，社外役員を務めていたシリコンバレーの企業の経費から筆者の旅費を出すように手配した。

筆者とガンの関係は表面的には良好であったが，どこかに溝があった。ガンにしてみれば千本の子飼いであり，一番扱いにくいのが筆者だったのかも知れない。結局在職中に筆者は，UC Berkeleyに2度，その他にシンガポールやベルギーでの国際会議にも千本に同行した。

千本の講演資料の準備だけでなく，スピーチ・ドラフトや社員向けメッセージの作成も筆者の仕事だった。講演資料やスピーチ・ドラフトは，千本から多少のヒントを事前に貰うことはあったが，ほとんどは筆者なりに考えて作成し直前に見せて了承を得ていた。それで大きな手直しが入ることはまずなかった。社員向けのメッセージに至っては，レビューを受けることなく千本になりすまして発信することもあったが，その内容に後から文句がつけられたことはなかった。

千本と接する中でその思考回路を学習して，この人ならこんな風に考えるだろうということと，社員が千本に求めているのはこういったメッセージだろうということが何となく掴めており，建前を重視する千本にとってもそれは受け入れられるものだったと思われる。

2001年と2002年の年初の年度方針説明会も資料も，具体的指示を受けずに前日にひとりで徹夜して作成した。勝手に千本になりきれるようになっており，それは他の社員には真似のできない芸当であった。その意味では，千本と筆者は気持ちの共有ができていた。

千本に意見をできる者はほとんど居なかった。それは筆者も同じだったが，千本に諮ることや了承をとりつけることはある程度はできた。例えば，人事に絡む案件などを，千本の部屋をノックしてお伺いを立てることができるのはガンと筆者くらいだった。

原は千本に呼ばれて様々な指示を受けたり叱られたりしていたが，千本に言い返すということはしなかった。筆者も面と向かって反論するようなことはなかったが，「だが」「しかし」といった形で異論を述べることがあった。

会議でも，千本が厳しい指示を出すことに対して「やれません」という人はまず居なかったが，それに近いことを言うことがあった。筆者は少し冷静な目で物事を見たがる面があり，発言などにも表れることがあった。そういう場合に千本は主張を譲ることなく「いいからやれ」と言い，筆者は「じゃあ頑張ります」と言って一旦収め，それで出来るところまでやっていた。

だが，振り返ってみると本当にそれで達成できてしまうことも結構あった。それでも出来ない場合もあるが，それに対する叱責はそれほど厳しくなく，明確なトラッキングが行われたわけではなかった。出来ないことに対して。出来ないことをそこまで責める文化はなく，それよりもやろうとしないことのほうが責められた。

❖ 創業者との関係

筆者は従順とは言えない可愛げがない部下だった。千本からすれば，心から忠誠を誓うようには思われていないということを見透かしていたのであろう。だがそんな筆者を，千本は心の底での思いはともかく，能力は評価していたと思われる。

千本は筆者を評して「フェア」であると語ったことがあるが，それは自らに対しても強く媚びることをしない性格を指していたとも言えよう。

このように，トップ・マネジメントであるカリスマ起業家である千本と側近の経営幹部としての筆者との間の二者間関係には，表面化しない反発も含めて近いけれども一体とはならない距離感があり，結果として千本をプロトタイプとするイー・アクセスという組織のアイデンティティと自分のアイデンティティにも二律背反的な同一化が生じていた。

千本に対しては，評価する点とできないと感じる点の二面性があり，特に人間を見抜く力の凄さやストレートに主張する力には凄いと思うものの，尊大さや強引さは真似したくないと感じていた。その一方で，人の見極め方などには感覚的に近いものを感じていたし，千本の本音の部分には理解できることも多

く，建前もわかった。

　イー・アクセスへの参画判断においては，千本を自らのロールモデルと考えていたが，それは誤解であって，千本のようにはなれないしなりたくもないと思うようになっていった。千本と接する中で，自分の立場や振る舞いについて，筆者なりに折り合いを付けていっていた。

　カリスマがシンボルとなる組織において，後続メンバーに対してカリスマの真実をそのまま見せることは自らの存在意義を否定することにもなりかねない。一方で，カリスマに仕えるという行為は，自らの気持ちを押し隠して業務に従事するという点において感情労働的側面をも有していると言える。結局のところは千本あっての自分のキャリアであったようにも感じられるが，千本を見抜くという判断をしたのも，千本に迎えてもらえるようにしたのも自分であったという思いもある。

4　滑業家のインタビュー

❖ 滑業家の定義

　イー・アクセスにおける田中や筆者のように，ベンチャーには初期段階で参画して様々に役割を変化させる人間が存在する事例が多くみられる。これはベンチャーが急成長を志向し，その実現過程においては大きな環境変化と組織変化に晒される存在であることから，その変化を吸収する役割が必要となるからである。このような人材を，組織を円滑に動かす潤滑油的な働きをすることから，滑業家（かつぎょうか）と呼ぶことにする。

　では，ベンチャーは滑業家をどのように獲得しているのであろうか。イー・アクセスにおいては，田中はゴールドマン・サックスにおいて共同創業者のエリック・ガンの有能なスタッフであった。イー・アクセスの創業に対しても，初期の計画立案や事業計画書の執筆を担っており，実質的には創業者同等と見做すことができる。さらに，エリック・ガンにゴールドマン・サックスの地位や報酬を捨てイー・アクセスに賭けるように促したのも田中であった。即ち田中は，勧誘されたのではなく自らが積極的に起業に参画していた。

筆者は，ビジネス・スクールにおいて千本のゼミ生であった。ゼミ生は5名いたが，ゼミ代表として中心的に活動していた。そして，当時学内で行われた起業に関するパネルセッションに登壇した千本の話に惹き込まれ，休職していたコンピュータ会社に復職するのではなく創業活動に参画したいと思い，その日のうちに千本に起業参画機会を求める相談メールを送っている。筆者も田中と同様に，勧誘されたのではなく能動的に起業に参画している。

このように人間関係で参画した人間には，創業者に一方的に勧誘されたのではなく，創業者に対して自らの参画を働きかけているという側面も有している場合が多い。

それでは，他のベンチャーでも同様の人材を見出すことができるのであろうか。本研究では他の幾つかのベンチャーに初期段階で参画した人間にインタビュー調査を行った。そのうちから，局面に応じて役割を変化させている人材に焦点を当て，その内容を記述する。

❖ アッカ・ネットワークス　坪谷諭

坪谷諭は，一橋大学を出て1992年に新卒で住友商事に入社した。大学時代は1年間休学してワーキングホリデーでオーストラリアに滞在するなど，学生時代を謳歌したという。住友商事では，不動産関連の部門に配属となり，バブル崩壊後のゴルフ場開発の後処理を6年ほど担当した。その後，オフィスビルの賃貸事業などを3年ほど担ったが，新しいものを手掛けるというよりも既存案件の処理や管理の仕事が主だったという。坪谷は2001年2月で住友商事を退職し，3月にアッカ・ネットワークスに入社した。

坪谷がアッカ・ネットワークスに転職したのは，坪谷の大学時代の親友だった星野隆作の誘いがきっかけである。当時星野はイグナイトという米国に拠点を置くベンチャー・キャピタルに所属していたが，イグナイトにはアッカ・ネットワークスの創業者の湯﨑も通産省から出向していたことがあり，創業期のアッカ・ネットワークスの立ち上げにはイグナイトが大きく関与していた。星野はアッカ・ネットワークスの創業期のオペレーションにおいて「いろいろ何でもやってくれるような人が欲しい」と考えて，2000年の夏頃から気心が知れた坪谷に声をかけたのであった。

当時の坪谷の気持ちとしては,「約10年間住友商事にいて,別に不満があったわけでもなんでもなかったが,ずっと1つの大企業にいる人生はどうなのかと思っていたところもあった」という。それで,話しだけ聞いてみて終わっても構わないということで,湯﨑と会ったところ,湯﨑の人柄を含めて前向きに興味を持ち,3回ほど会って最終的に移ろうと坪谷は決断をした。

坪谷としては「直接的には星野の誘いだったが,より本質的には大企業で結局目指すところは出世みたいな形になり,それが上司との関係などの人間関係で決まってきて,それを気にして生きるのがくだらないなと。自分の価値観の中で,将来的に駒になるくらいなら,今ここで良い話が飛び出て,そういう所で中心メンバーとしてやりたいと思っていた。そこに良い話がきた」という意識であったという。

アッカ・ネットワークスの初期メンバーの1人は坪谷を評して「良い意味で,優秀なバカだった」と語る。その意図としては「湯﨑を尊敬して,湯﨑と一緒にやるということでずっとやっていた。でもそれはとても必要な存在だった」ということだと言う。

坪谷の入社時には,アッカ・ネットワークスは既にNTTコミュニケーションズからの出資と大量の出向者を受け入れており,坪谷の社員番号は56番であった。社長もNTTコミュニケーションズから来た坂田が務め,創業者の湯﨑は副社長となっていた。

坪谷は,入社以前には湯﨑以外には誰も知らないままアッカ・ネットワークスに入ったという。入社して坪谷はまず経営企画部門のマネジャーとなる。そこでの仕事は「何でも屋をやってきた。最初は組織そのものが出来ていないところを作っていくというタイミングで入った。最初はそういうところで会社の組織作りだとか,それこそルールの規程作りだとか,会社の体裁を整えていく仕事をやった。もう1つは事業計画のブラッシュアップ,毎回,見直し見直しでやっていた事業計画の作成の一部と,それのPDCA,ちゃんと上手くいっているかどうかのチェック。大きくその2つが仕事だった。それをだいたい2年やった」というものだった。

それから坪谷は情報システム部に移っている。この経緯について坪谷は「半分表向き,半分は裏の理由だったと解釈している。表向きは情報システム部長

のマネジメント能力が問題視されており，きちんとそこをサポートして欲しいという理由。だが一方では，経営企画のマネージャークラスにNTTコミュケーションズから2～3人がきて，自分がいるとやり難いということもあったと思う。事業計画等，IPOをいつするのかということも含めて，かなりNTTコミュニケーションズの意向が濃くなってきている時期だった」と語る。

　坪谷は1年間，情報システム部にいるが，そこで顧客情報の漏えい問題が発生し，坪谷は中心となりその対応に当たった。それが一段落した2004年5月に企画部に部長として戻っている。そこからはIPOの準備を担当し2005年3月に上場を果たした。その直後に，今度は法人営業の部隊にマネジメントの問題が起こり，そこへ法人統括部長として移った。そこで法人を担当する新しい本部長をリクルートし，2006年3月にまた企画部へ戻った。そこで執行役員企画部長を務めた。

❖ サイボウズ　山田理

　サイボウズ株式会社は，1997年8月に高須賀宣，青野慶久，畑慎也の3名により創業されたソフトウェアの開発会社であり，グループウェア「サイボウズOffice」シリーズを主要製品としている。2000年8月に東証マザーズへ上場，2002年3月に東証二部，2006年7月に東証一部に指定替えとなっている。

　山田理は大阪外語大学外国語学部を出て，1992年に新卒で日本興業銀行（以下，興銀）に入行した。元々は総合商社を志望していて三井物産への入社を考えていたが，先輩が総合商社の内定を蹴って興銀に入ったことから興味を持ち，結果的に興銀に入ったという。興銀ではディーリング業務，広島支店の営業，メディア情報通信の営業部と異動した後，2000年1月に退職して当時社員が15人程度だったサイボウズに入社している。

　山田がサイボウズに入社したきっかけは，広島支店時の飲み仲間でありJAFCOを経てベンチャー・キャピタルファンドを立ち上げた赤浦徹の紹介である。ファンドはサイボウズへ投資し，赤浦自身も社外役員を務めていた。当時山田の所属していたメディア情報通信営業部は，ビットバレー・ブームに乗ったベンチャーとの接触が多い部署であり，山田は堀江貴文らの起業家に触発されたという。

それとともに，富士銀行，第一勧業銀行と合併して興銀が消滅してみずほ銀行となることも大きな要因であった。山田は元々銀行員になりたいと思っていたわけでなく，興銀という特殊な銀行に拾ってもらい育てられたという意識を持っていた。そして，普通銀行の銀行員としてよりも新しい所のほうが将来活躍できると考えたという。サイボウズ入社時には少なからず幾つかの会社から声をかけてもらったが，高須賀，青野，畑という創業メンバーを見て，この会社だと判断している。

サイボウズの入社は1月であるが，その時点で財務担当の役員となることは決まっており，4月の株主総会で取締役となった。山田はサイボウズに入ると，財務だけでなく管理部門全般へと仕事の範囲を広げ，それだけではなく事業部長にもなっている。この経緯について山田は次のように語っている。

「入った当時は自分しかいなくて，管理部門にも人がいなかった。それでいきなり入って上場準備をずっとやり，そこから経理，労務といった人が増えていき，2000年8月に上場する段になり人事担当も採用した。人事，情報システム，法務，財務経理というのを担当しながら，会社が大きくなっていった。」

「そのうちに，新しい事業部がどんどん出て競い合うほうがイノベーティブなものが生まれ会社がもっと発展するのではないかというところから，事業部制に変えた。だが，社員が100人にも満たないところで事業部制に変えたため，結局競争原理など働かず，事業部のいがみ合いが出てきた。そこで，事業部を統合する話になった時に自分がそのマネジメントをやることになって，管理部門から回った。自分の下に開発，営業，マーケティング，SEといった機能の部長を置いて，そういう人たちの上で束ねるという仕事をやった。」

「事業部を担うことにしたのは，周りを見ながら自分かなと思ったから。当時は取締役会というのを作り経営会議があり，それに自分は入っていたが，事業部長をやる時に取締役から抜け，経営会議からも抜け，事業部長という風になった。見かけ上はワンランク落ちるような感じでなって，全体系のところは携わらなかった。それは自分の意思で，状況を見て会社の中で自分が

それをすることが一番役立つと思ったからだった。」

「そこで，事業部長を1年やり，その部署を上手く纏めて全体的な雰囲気を良くした。そうするとこの1個の事業部は規模的にほとんど会社に等しく，そこは職能で分かれているので，今度は職能制にしようということになった。開発部，営業部，マーケティング部，事業支援部，管理部という風に分けたときに，今度はマーケティング部の部長がいなかったので，マーケティング部長になった。」

「マーケティング部長をまた1年やって，その後管理部門に戻った。自分のホームポジションが管理部門だという気持ちはあり，マーケティングをやっていても本来は管理部門だなとは感じていたが，マーケティングのプロではなくてもマネジメントとしては務まった。マーケティングを知っている人は周りにいっぱいいるので，その人たちの話を聞いて，どう整理して意思決定するかというのが仕事で，自分が1年間やったのはマーケティングの仕組み作りだった。もともと気質としてマーケティングに興味があるわけでもないし，そこで生きたいとも全く思っていない。」

サイボウズで事業部長をしていた時に山田は，納期と製品品質の兼ね合いに関して，主導的創業者であり社長を務めていた高須賀と意見が対立したことがあった。納期厳守を主張する高須賀と品質に対する懸念から納期を遅らせてほしいと希望する部下の間に立った山田は，最終的に納期を遅らせる判断をした。

これに怒った高須賀との間で，どちらかが辞めるというレベルにまで拗れたという。山田がじゃあ辞めると言うと，高須賀はしばらく考えて自分が辞めると言い出し，大問題となった。結局，高須賀が会長となり，副社長の青野が社長になるということで落ち着き，結果的に1年後に高須賀は会社を去っていった。そのような強情さも，創業者と対峙する強さも山田は持ち合わせていた。山田は高須賀について「起業家であって，自分で事業を興したい人だけど，マネジメントはあまり得意でなかった」と評している。

サイボウズは発展を続けて，2006年に東証一部に指定替えとなった。2014年12月期で，連結売上高約60億円，連結従業員数429名となっている。山田は2007年4月に取締役副社長となり，現在もその任に就いている。

❖ インフォキャスト／インデックスデジタル　田畑正吾

　株式会社インフォキャストの前身は1997年6月に合資会社として設立されたDNSである。創業事業はインターネット上でメーリングリストを個人に提供するサービスであった。創業者は何れも1996年にNTTに入社した谷井等，中村崇則，福井直樹，とあと2名の計5名であるが，2000年1月に株式会社に改組してインフォキャストとなった時には，谷井，中村，福井以外の2名は会社を離れていた。ベンチャー・キャピタルの出資を受けて株式会社した後に発展を遂げ，社員も17名まで増加したが，2000年10月に楽天に会社を売却してインフォキャストは消滅した。

　田畑は，神戸大学経営学部を出て1995年に新卒で日本興業銀行に入行した。田畑は元来理系志向があり，高校時代も理系のクラスにいた。また機械モノが好きな青年だったという。そこで就職活動においてもNECやソニーといったメーカーを考えていたところ，興銀のリクルーターから電話がかかってきた。メーカーを考えているという田畑にそのリクルーターは「銀行に入ったらいろんなメーカーに出入りできるし，プロジェクトファイナンスのような産業を支える大きなこともできる」と夢を語り，田畑は「それも意外にいいかもと思って，何となくそっちのほうを選んだ」という。

　ただし，銀行に入った当初から長く勤めあげようとは思っておらず，自分で何かをしたいという思いを漠然と持っていたという。かといって何か具体的にあったというわけではなかったが，入行して4年ほど経った時に，ワタミの渡邉美樹の本を読み，もともと飲食店をしたいという思いも手伝い，自分にも出来そうだと思って辞めることを考えるようになったという。ただしその時は，「まずは辞めて，ワタミのような外食チェーンの店長をやり，ノウハウを溜めようか」という感じで，それほど深くは考えていなかったという。ただし，何か自分で作ろう，自分でしたい，という思いは強く持っていたという。

　入行して4年間を神戸支店で過ごした田畑は，東京の業務部に異動になった。業務部はシステム開発を手掛ける部門であり，銀行の中では本業から外れた位置にある。田畑は全く希望していなかったその部署に異動となったことで，銀行の中での自分の評価があまり良くないということを感じて，自分でやる準備

をしようと考えだしたという。

1999年の夏の終わり頃，興銀を辞めて大阪に帰ること考えていると伝えた友人の一人が，神戸大学の学友でありDNSの創業者の一人である中村であった。それを聞いた中村は，DNSという合資会社をインフォキャストという株式会社に組織化するので一緒にやらないかと声をかけた。田畑は，外食チェーンの起業をしたいという思いはあったが，特に準備をしていたわけではなかったので，先ずは話だけ聞いてみようと思い社長を務めていた谷井に会ったところ，意気投合してインフォキャストに入ることにした。DNSのメンバーはいずれも神戸大学で田畑の同学年であるが，田畑が入社前から知り合いだったのは中村だけであった。

2000年1月にインフォキャストに入社すると，田畑は10月に同社を楽天に売却するまで大きく役割を広げている。入社時は財務担当であったが，総務や管理的な所を徐々に担うようになっている。この時のことを田畑は「会社をやるという時は，会社の規模を問わずに営業を絶対にしないと売上が上がらないので営業は必要。また，インフォキャストみたいな会社だと開発が重要になってくるので，開発と営業がもともとのメンバーの中にいた。その状況で，自分に何が出来るかと言えば，それ以外のこと全部，営業と開発以外は全部やっていた。開発は出来なかった，営業もどちらかと言えば得意ではないと思っていた。それ以外のところだったら全部出来るかなと思った」と語っている。

田畑が担った業務には，例えば人事のようにそれまで全く経験のなかったものもあったが，この点については「小さな組織だったので，例えば人事評価の仕組みがどうのとか，何か特筆すべきスキルが必要なほど組織が大きくなかったので，社会保険の仕組みってこうなのかとか，普通に本屋さんで本を買ってきて読んで分かるレベルのことで全てが出来たので，それほどスキルは必要ではなかった」と語り，独学で対応している。

立ち上げ時で，高度な専門性よりも当面の対応を要求される業務を回している状況といえる。田畑には，例えば財務のような特定業務に対する強いこだわりは，当時もその後もないという。

インフォキャストを楽天に売却した後，田畑は谷井とともにインデックスデジタルを共同創業し，副社長となった。インフォキャストの創業者であった中

村と福井はインデックスデジタルに参画せずに他の道を選んでいるが，この経緯について田畑は「開発を中村君が，営業は別の人間が担当し，谷井と私の2人で楽天への売却の交渉をやっていた。当時は気付かなかったが情報の共有が上手く出来ておらず，中村君や他の役員に情報を発信しているつもりだったが，必要最低限のことしか発信していなかったので，向こうからすると何でもかんでも谷井と田畑で決めている，というような話になっていた。中村君も他のメンバーも一緒に新しい会社をするものだと思っていたが，彼らの中ではこっち2人で何でもかんでも決めているというボタンの掛け違いがあって，彼らは別の事業を構想していて，全然違うビジネスモデルだった。そんなに喧嘩をしたわけではないが，だったら別の会社でやろうかという話になって，別の会社をそれぞれ立ち上げた」と語っている。結果的に谷井と田畑が2人で会社を立ち上げている。

インデックスデジタルでの田畑の働き方は，インフォキャストの時とほとんど変わっていない。肩書的には副社長で実質的には管理部長だったという。組織規模は大きくなっていっても組織構成はあまり変わらずに，管理，営業，開発，マーケティングといった部署があった。その中の管理部門を田畑はずっと担当していた。管理部門担当で財務と総務，組織的なところをずっと担っている。営業やマーケティングといった業務に対して積極的に介入するといったことは行っていないが，新しいサービスのコンセプトを考えることであるとか，実際サービスを使ってみての評価といった所には口を出していた。

インデックスデジタルは成長を続け，2006年にシナジーマーケティング株式会社に商号を変更，2007年には大証ヘラクレス（現ジャスダック）へと上場を果たした。2014年にヤフーの買収提案を受け入れて子会社となり上場廃止となっているが，谷井は引き続き社長を務めている。一方の田畑は同社を離れ，現在はサイボウズの常勤監査役を務めている。

❖ JTOWER　中村亮介

　株式会社JTOWERは，イー・アクセスの創業に参画した田中敦史により2012年6月に設立された，携帯電話事業者などの通信会社による基地局設置のためのアンテナやケーブル等のインフラ設備を提供するベンチャー企業である。

創業事業であるインフラシェアリング事業では，インドア設備と言われる商業施設やオフィスビル，マンションなどの内部での電波受信状況を改善する設備を設置して，複数の携帯電話事業者に共有してもらうサービスを手掛けている。2013年8月には産業革新機構等より10億円，2014年10月には国内金融機関系のベンチャー・キャピタルより2.5億円の第三者割当増資を実施しているが，上場には至っていない。社員もあまり増えておらず，事業が順調に成長していくかどうかは未だ不透明である。

田中はイー・アクセスの創業メンバーであり，その前はゴールドマン・サックス証券で通信業界のアナリストとしてエリック・ガンの補佐役を務めていた。イー・アクセスおよびイー・モバイルにおいても財務面で中心的な役割を担った後，JTOWERを設立するために2012年3月付けでイー・アクセスを退社した。

中村亮介は，慶應義塾大学経済学部在学中に公認会計士の2次試験に合格し，2005年の卒業とともに中央青山監査法人に入った。その後グループ内で財務系のM&Aコンサルティング業務を手掛けるPWCアドバイザリーに所属した後に，2007年10月にイー・アクセスに入社している。

当時のイー・アクセスは子会社のイー・モバイルにより携帯電話事業に参入してサービスを開始した直後だったが，並行してカルティブという子会社を設立して自社でのベンチャー投資を手掛ける事業を立ち上げようとしていた。共同創業者のガンや創業メンバーの田中の持つ元ゴールドマン・サックスの金融ノウハウを活用するとともに，田中の自分の得意分野で事業を立ち上げてみたいという希望を叶えるものでもあり，多分に趣味的な側面も持っていた。

中村は「将来的には事業会社の経営陣に入って会社のマネジメントをしたい」というキャリアプランを持っていた。そこで，コンサルティング業務という外部からアドバイスする立場ではなく事業会社で主体的に仕事をしてみたいと考えて転職活動を始め，イー・アクセスにおけるカルティブ業務の中途採用の募集を知ったという。

応募して2次面接に面接官として出てきたのが田中であった。中村は当時の印象について「けっこう面接のときの雰囲気がかなり緩かったので，面白い人だなあと思った。いろいろ後で調べて，若くして創業メンバーの1人で，経営陣に入っている。仕事も若いうちから任せてくれそうな感じがしたので，入っ

てみようかと」と語っており，田中に惹かれてイー・アクセスに入っている。

イー・アクセスの中では，カルティブを通じたベンチャー投資も行ったが，主な仕事はイー・モバイルの財務関連業務であった。イー・モバイルに携わった経験を中村は「最初の頃は，ベンチャーでやるか大企業でやるかはあまり意識せずに単純に事業会社のマネジメントと考えていた。だが，イー・モバイルに入った後に，その頃から大きな会社ではあったけれど，かなり成長速度が速くユーザー数も増え，売上も年平均10％以上増えて利益も増え，会社全体としてすごく成長していた。そういう中にいると楽しいし，いろんな経験もさせてもらい，会社の成長と共に自分も成長しているようで，そこにベンチャーの面白さを感じた。その辺から，どうせなら小さい会社，より自分がその成長への貢献度合が高い会社でやりたいと思うようになり，ベンチャーの経営に関わってみたいと考え方が変わった」と語っている。

田中がイー・アクセスを退職すると聞いた中村は，田中が別の会社を創るはずだと考えて直ぐに田中に話をしたという。その時のことを中村は次のように振り返っている。

「正直もう，敦史さんが退職すると聞いて，退職するということは別の会社を創るということだと思ったので，そこでやらせてくださいと自分から言った。それを聞いた瞬間に。その時には，何をやるとかJTOWERとかそういうのは全然見えていなかったが，単に敦史さんが新しいことをやるのだったら，そこでやりたいと考えた。後々，時間が経つにつれて，何をやるのだろうとか心配したが，JTOWERの計画を聞いて事業にも将来性があると思い，本格的な意思決定をした。」

「敦史さんだったら何をやっても上手くいかせるだろうというのは感じていた。エンジニアではないので，テクノロジー系でいくわけではないと思ったし財務ビジネスをやらないということは分かっていた。でも人脈はすごく広いネットワークを持っていて，ベンチャースピリットはもちろんある，経営的なスキルもあると思ったので，人がついてくると思った。それは会社に入ってくる人も含めて，社外のパートナーも含めて，敦史さんには人がついてくると思った。結局，ビジネスは人。優秀な人が集まって，優秀な人と組

むことが出来れば，何をやっても事業としては上手くいくのではないかと思った。」

この感覚や創業者へのアプローチは，筆者が千本にベンチャーへの参画を訴えたのと似たものがある。

インタビュー時点ではJTOWERは5人で稼働している。中村の仕事は，財務的な管理を最低限のこととして期待されながらも，財務に絞らずにビジネスを拡大するために様々な業務に取り組んでいる。中村は，「小さなベンチャーで5人の中でやると，何でもやらなければならない。営業もやるし，人とのネットワーク作りとか管理も自分でやらなければならない」と語る。

5　滑業家の探求

❖ 滑業家の資質

ベンチャーの中には，初期段階で参画し様々に役割を変化させる人間が存在する事例が多くみられる。これはベンチャーが急成長を志向し，その実現過程においては大きな環境変化と組織変化に晒される存在であることから，その変化を吸収する役割が必要となるからである。

山下（2001）のインフォキャストの場合にも，急速な拡大はベンチャー・キャピタルの関与による経営能力の向上に加えて，田畑が加入したことにより柔軟に役割を変える人物が充足されたことが大きかったとみられる。初期段階のベンチャーにおける日常のオペレーションにおいては全員が柔軟に細かく職務を担い仕事を回し高生産性を実現しているが，大きな機能の欠落部分に対しては特定の人物がそれを埋めている。そのような人物は組織の中で様々に自らの果たす機能や担う役割を変えて組織内の業務の滑りを良くしており，滑業家と言うことができる。

これはLawrence & LorschやFisherの提示した統合者に通じる。ただし，この統合者は権限や管理体系に裏付けられた存在として役割を担っていると見られており，その議論はある程度規模の大きな組織に対するものであって，組織

特性としての変化の程度に応じた適合性を論じてはいるものの，組織変化は比較的緩やかである。

　一方，成長するベンチャーは短期間で発展を遂げるため，その急成長段階における変化の割合は大企業と異なり非常に激しい。急速に組織が拡大してその性質に違いが生まれる（分化）が，それを組織全体としてうまく機能するように結びつけること（統合）を公式に担う人間がいない状況であり，組織を統合に向かわせる役割を担う人間が求められる。そのような状況で統合者は公式権限や管理体系の裏付けのないところで臨機応変に動いて統合を促すことになる。

　では，どのような人物が滑業家となれるのであろうか。本研究で識別した人物のバックグラウンドは，筆者はSEを経てMBAを取得しており，坪谷は総合商社出身である。山田と田畑は銀行出身であり，田中は投資金融機関，中村は財務系のコンサルティング会社と，いずれも金融機関やそれに準ずる会社である。

　全員が文系学部出身であり専門技能へのこだわりは強くない。ゼネラリスト的志向を持ち，ビジネス・スクールのような経営全般の実践的訓練を受けることや，金融機関で企業経営を評価する経験を積んだ，環境適応意識の高い人間が統合者の役割を果たせると思われる。一方イー・アクセスでも米国のMBAホルダーであるものの日本語能力に難のあった鈴木が同様の役割を果たせていないことを勘案すると，単にゼネラリスト的素養というだけではなく，（リーダーやマネジャーとしてではなく）プレーヤーとしての能力が求められるであろう。

　また，金融機関やそれに準ずる会社の出身ではない筆者と坪谷も通信業界は門外漢であり，新卒で携わった自分のホームポジションとなる業界とは違った環境に飛び込んでいる。そのような他業界から来た人材のほうが役割を柔軟に変えた動きを行うことができている。

　Beckman & Burton（2008）によれば，ベンチャーにおいて将来的に専門性の高い適任者で埋めることを想定してとりあえずポジションを設けて誰かで埋めておくことは，広範な経験を有する経営幹部をそのベンチャーに引き付けることを阻害し有害であるとされる。だが，イー・アクセスでは筆者がそのような立場を担い，山田や田畑もそれぞれ経験のない業務に就いて事業を動かすこ

とができている。

これは，そのポジションを設けて就くことが，後から他人で埋めるために便宜的に行った行為ではなく，就任した人物がその仕事を本当にこなせることを想定してポジションに就けていた行為であったと見ることができる。そう考えると役割柔軟性を持てる人材は限定的であるが，ゼネラリスト的素養がそれに活きることが推察される。

❖ 滑業家の許容

では，ベンチャーの立ち上げ時に滑業家はどのように存在しているのであろうか。

イー・アクセスにおける筆者の場合，MBAを取得し経営全般の素養を身に付けていたことやキャリアがゼネラリスト志向であったことに加えて，通信業界の専門知識に劣っており，積極的に新しい役割を担って自らのポジションを作る必要があったことが指摘できる。

またイー・アクセスでは無駄の削減が徹底され，スラック資源を許容する雰囲気は皆無であったが，社長の千本の直接の教え子であることで他メンバーから特別視される傾向があり，表面上は余剰資源とは見られていなかった。

さらに，単に千本の後ろ盾があるというだけではなく，実際の貢献を示すことによって他のメンバーからの評価を獲得していっており，「小林はいつも忙しそうにしている」と言われていた。だが実際には欠けると致命的な業務を担っていたというわけではなく，潜在的には人的スラックの役割を担っていた。

千本も意図的にそのような人物を創業チームに加えていたことが窺える。創業メンバーであることは，企業全体を熟知するとともに意思決定構造も熟知しており，企業内特殊技能を習得していた。

また，もう1つ言えることは，何でも屋的存在の必要性は他のメンバーにも理解されているということである。そして，通信事業者としての本業ではないとしても，組織を支えているという自負が役割柔軟人材であることを当人に納得させている。他の創業メンバーはいずれも通信業界や金融業界の専門性の高い人材で，田中以外は自分の業務を環境からの要請を踏まえて能動的に変化させていたわけではなかった。

イー・アクセスの場合には，予実管理の過程で厳しい利益重視姿勢が貫かれた。数年後には「1円の節約は1円の利益」という標語が作られ，社員証の裏に記されて徹底された。これをもたらしたのは社員におけるコスト意識の徹底であり，利益を生むことを重視する価値観の共有であった。

一方で，対外的に掲げられた企業理念を達成するための指針—お客様第一主義や高品質—は社員に浸透せず，ファザード化している。イー・アクセスの場合，価値観の共有は出来ており，それが成長要因にもなっており，一方で対外的にはファザードを掲げているという表裏の使い分けも行っている。社員もそれを感じているが，その時にそのようなギャップを埋めて，組織をうまく動かすような働きをしている存在が内部にあり，内部的な矛盾を受け止める緩衝材としての役割が存在している。

このようにベンチャーでは，特に人的資源柔軟性の高い人間が潜在的な人的スラックとして少数存在し，それが多数の専門性の高い人材と組み合わされることにより，組織全体としての急成長実現能力が達成されている。

❖ 滑業家の調達

イー・アクセスで役割を柔軟に変え滑業家として機能していたのは田中と筆者である。田中のインタビューでの語りと筆者の回顧から窺えるのは，業務内容に対するこだわりのなさである。田中は「当初は結構何でも屋をやった」と語っている。筆者も初期に様々な業務を担っただけでなく，ある程度組織が成長し職掌意識が高まった後も，広報→人事→総務→経営企画→情報システムと，緊急に強化が必要とされた機能を次々と担った。

この2人は創業者との人間関係モデルで創業メンバーに加わっていることが共通する。人間関係モデルで加わった人間が何でも屋的に動くのは，創業者との繋がりでメンバーとなっているために特定機能へのこだわりが少ないこと，創業者から機能補填の要請を受けやすいこと，創業者と考え方や意識が近いこと，などが考えられる。

一方，資源探索モデルで創業メンバーに加わった小畑・庄司・原・鈴木には，そこまで未経験の業務に取り組む現象はみられない。これはそもそも特定分野において必要な資源として探索された人物であり，その分野に強みを持ってお

り，その分野を担うことが最も効率が良いからであろう。

　本章で取り上げたその他の人物についてみてみると，インフォキャストの田畑は創業者の1人である中村の学友との人間関係により参画しており，JTOWERの中村も創業者の田中とイー・アクセスにおける直属の上司・部下の関係であり，人間関係で結びついている。一方，アッカ・ネットワークスの坪谷は創業者の湯﨑との繋がりがあったわけではないが，初期の同社の経営に社外役員として深く関与したイグナイトの星野の学友であり親友とまで言える強い人間関係を持っている。また，サイボウズの山田も同社の社外役員の赤浦との人間関係から参画している。

　いずれも当該ベンチャーの事業に関わる特定業務機能充足のために資源探索で加わったのではないが，田畑と山田については共に日本興業銀行という金融機関の出身であり，財務面から企業全体を見渡すことを期待されて参画している。

6　小　括

　ベンチャーには，初期段階で参画して，急成長する組織を融合させて結びつける統合者に加えて，様々に役割を変化させて，急成長から生じる環境変化と組織変化を吸収し組織の発展に貢献する人間が存在する事例が多くみられる。そのような役割柔軟性を持つ滑業家は普段から何等かの業務を果たしており，スラック資源とは見做されていない。だが実際は必要に応じて自らの役割を変えられるような余裕を有しながら隠れスラックとして機能している。

　ベンチャーでは，量的（ヘッドカウントとしての）スラックは許容され難いので，経営チームのメンバー内に，特に緊急性が高くない業務に従事することや忙しそうに見せながら余裕を有しているという質的なスラックを有していることが有効である。

　このような役割柔軟性を持つ滑業家は，当初は会社の本業ともいえる業務に深く携わっているのではなく，業務専門性の乏しい管理・財務・企画といったスタッフ部門に置かれている。そして，創業者との人間関係により参画していることが多い。これは，その人物の持つ技能が専門性という観点で資源探索さ

れるものではないし，欠落機能を埋める中途採用として公募されるものでもないからである。

　だが，滑業家が重要な役割を果たすことから，人間関係モデルによるメンバー獲得が急成長の鍵となってくる。また，滑業家はその企業の本業から離れた所に位置する周辺人材であるが，周辺人材であることが許容されるのは創業者との関係と能力の顕示による地位の獲得があるからである。

　業界の視点での異質性には役割柔軟性から見た意義が窺える。ベンチャーの滑業家は他業界か金融業界からやって来ており，ホームポジションではなく業界慣習に染まっていないことが，様々な役割を積極的に受容させている。

　そのような人材は，創業者あるいはコアとして関与するベンチャー・キャピタリストとの人間関係でやってくる。そして，変化対応力としての組織スラックとして機能するが，一方で急激な変化対応が必要とされない時期は他者からスラックとは見られないような動きをしている。

終章

草創期の魔法の種明かし

1　経営チームのダイナミズム

　本書では，第2章において，イー・アクセスを東京めたりっく通信，アッカ・ネットワークスという同時期に同事業に参入した他のベンチャー企業と比較した。これを通して，創業チーム形成を人間関係によるか資源探索を追求するかは創業者に強く依存しているが，一体感が強いはずの創業者と組織の目的の間に初期から乖離が生じ意図的に資源探索を避けている可能性があり，企業統治意識の違いが創業チームの形成プロセスに大きな違いを生むことを示した。
　また，初期のベンチャーでは正統性の確保が重要課題となるが，起業家自身の正統性がベンチャーに正統性を与えてチーム形成プロセスを変えていることも示した。そして，創業チーム形成プロセスと業績の関係は，成長速度に加え，事業の人的資源調達上の特性や規模に左右されることを明らかにした。
　第3章では，イー・アクセスのエスノグラフィ的研究を通じて急成長ベンチャーの文化と統治の解読を試みた。結果として，（ビットバレーのような）一過性ブームのベンチャーとの違いの認識や正統的ベンチャー意識，職掌や人事評価等の管理的要素の欠如，キャピタルゲインという成功報酬の理解がそこには存在し，"Make it happen!"の掛け声のもとに"自分達の"会社に新規参画者を自然と寛容に受け入れ，自律的に他者・他部門を助けるという組織市民行動的行動となって現れていることが示された。

創業期には能力の高い創業メンバーが企業家のアイデンティティを有することによって秩序づけられており，その下で「職掌がないからやらない」ではなく「職掌がないから誰でもやる」という意識が共有されていることが組織の動きを活性化し，高生産性を導いていた。また，ベンチャーの成功時のキャピタルゲインとしての経済的報酬と失敗時の差分が組織内部で自らの立場を向上させることによる経済的差分より遥かに大きいことも，明確に認識されていた。組織拡大時は，創業者─創業メンバー─後続社員という3層構造において，創業メンバーが創業者のネガティブな面を覆い隠し，ビジョナリーとしてのポジティブな面のみを後続社員に呈示することにより，統治が機能していた。
　第4章では，イー・アクセスの創業からの組織構造の変化を追い，創業初期の組織は集まった人に従うが，幹部層はかなり長期にわたりフラットな文鎮型であること，各幹部が束ねる部署の中には階層があるがそれを司る根本は階層になっておらず，トップ自体の存在も強力な頂点となっているわけではないことを指摘した。トップ・マネジメントは，そのような体制・仕組みを構築すると実務的な動きは目立たなくなっていたが，ビジョナリーとして成員を惹きつける統合力としての役割を担っていた。
　ベンチャーの高生産性をもたらす一因は上位層における組織階層のなさと職掌や職務権限の曖昧さであり，上位層はフラットで緩やかに結合するネットワーク組織の形態となり組織の経営資源を動員して利用するとともに，ネットワークの各ノードはその下に階層を抱えており組織運営として統制がとれていることが示された。そして，階層の上の部分はフラットに，下の部分はピラミッドに管理の幅を絞るという形が，セクショナリズムを防いで高生産性をもたらしていることを明らかにした。
　第5章では，急成長による歪みや追加資源の必要性を吸収する存在として，組織スラックに注目した。ベンチャーには，初期段階で参画し，その後に成長に応じて様々に役割を変化させる人間が，経営チームメンバーの中に存在していた。
　そのような人間は，創業者や創業活動に深く関与するベンチャー・キャピタリストとの人間関係によって他業界か金融業界からやって来て，追加資源要求が顕在化するまでは業務専門性の乏しい管理・財務・企画といったスタッフ部

門に置かれている。そして，必要に応じて自らの役割を変えられるような余裕を有しているが，日常的に何らかの業務を果たしており，通常はスラック資源とは見做されていない。

これらの研究を通じて本書は，創案，創業，発展と続くベンチャーの成長過程（Cardon et al., 2009）を，創業者と経営チームメンバーの動きに注目して，そこで何が起こっているのかを追ってきた。そこから見えてくるのは，創業者と経営チームメンバーの果たす役割が成長過程とともに変化していくことのダイナミズムであった（図表終-1）。

ベンチャーに求められるEntrepreneur, Producer, Integrator, Administratorの各々の役割（Adizes, 1979）の重要性は，組織の成長とともに変化する。企業の置かれる段階に応じて組織の運営を有効に行うべく変わる必要があり，成長するベンチャーはそれがうまく行われる。

ベンチャーにおける企業家的態度と管理者的態度（Drucker, 1974; 清水, 2000）の重要性の比重は，ベンチャーの置かれる状況により，また短期的視点と長期的視点にもよって変わる。初期のベンチャーの創案・創業活動に強く求められ

図表終-1　ベンチャーの創業チームの役割変化

創造的
飛躍的革新を志向する
枠を壊して最大成果を求める
アントレプレナーシップ
企業家的

- 主導的起業家　Entrepreneur（創案）
- 追随的企業家　Producer（創業）
- 経営トップ　Integrator（心理的）
- 滑業家　Integrator（構造的）
- 経営幹部　Administrator（発展）

計画的
漸進的革新を志向する
一定枠内で最大成果を求める
管理者的
マネジメント

るのは，創造的な企業家的態度であろう。一方で，企業は成長するにつれて管理者的態度を強化する必要がある。規模の拡大は組織の分化をもたらすが，それを秩序づけて統制していくためには創造活動ではなく方向付けや管理的側面が求められるのである。

　ベンチャーは時間とともに変化し，成長とともに管理者的要素が濃くなっていく。その際に，企業家的態度と管理者的態度は1人か2人の創業者が態度を変化させて担っているのではなく，初期メンバーを含めた経営チームにより分担して担われている。

　さらに言えば，組織が成長して変化してもカリスマ的トップの動き自体は大きくは変わっておらず，その下のUpper-Middleに位置する経営チームメンバー層の行動が変化している。ベンチャー組織の急成長に伴う環境変化は経営チームメンバー層によって吸収されており，それが経営チームメンバーの役割となっている。

　ただし，急成長による分化を統合する機能は，拡大する組織のメンバーの求心力となるビジョナリーとしての心理的な統合者と，非ルーチン的かつプログラム化されていない問題をさばく実務的・構造的な統合者（Lawrence & Lorsch, 1967b; Fisher, 1970）により担われており，前者は追随的企業家により化粧を施された上で主導的起業家がその役割を果たし，後者は追随的企業家の中から人間関係によりベンチャーに参画した人間がその役割を果たしている。

　事例からも，ベンチャーにおける創業者と創業メンバーの役割が全く異なっていることが見えた。イー・アクセスでは，発展期に経営チームメンバーが後続メンバーの勧誘とオペレーションに注力しているのに対して，創業者は資金調達やロビー活動に従事していた。

　Upper Echelons Theory（Hambrick & Mason, 1984）では，経営層の特性が組織成果の規定要因となっていることが示されているが，同じ経営層でもトップとその下のUpper-Middle層の役割も特性も異なっている。トップとUpper-Middleは異なった存在であり，ミドルの延長線上にトップがあってミドル層を上り詰めるとトップに辿りつくわけではない。

　ただし，トップはフォロワーに受容される必要がある。したがって，企業の内部登用者がトップとなる場合には，ミドルとして活躍することはフォロワー

に受容される妥当性のためのプロセスであると見做すことができる。一方，ベンチャーの創業者の場合は創業メンバー集めがそのプロセスとなっている。

　創業者がビジョナリーとしての経営トップに変わっていくことができず，またオーナー意識に固執して経営チームメンバーが管理者的態度を担うような体制を作れない場合には，トップ・マネジメントの人物自体を変える必要があり，それはベンチャー・キャピタルが主導することが多い。それが出来なければ組織は長期的に成長できない。

　一方，主導的起業家以外の初期メンバーは，組織の成長とともに追随的な企業家から組織運営を担当する管理者へと役割を変化させている。

　役割を変化させる理由は，各々の精神的中心性と関連するであろう。創業期には，企業家に自己をカテゴリー化する初期メンバーであるが，組織が生まれ発展する過程でその組織のアイデンティティ形成へ関与するとともに，自己のカテゴリー化対象はその組織へと変化していく。自らもその組成に大きく関与して，新たに妥当なカテゴリー化対象が生まれたのである。その組織の中で，そして個人の持つ精神的中心性と組織が置かれる状況の兼ね合いの中で，企業家ではない役割が顕現化する。

　またこの時点で，組織アイデンティティとの部分一致・不一致が生じているが，最適弁別性により組織の中で独自の望ましい行動を各自がとることになる。創業時点においては，参画メンバーが異様ともいえる熱気の中で活動している。参画者は，内面から自然と言いようのない熱意が湧きあふれてきたと語る。つまり，精神的中心性によらず，初期段階では自らを企業家にカテゴリー化し創業の役割が顕現化し，そこで求められる活動をしているのである。

　だが，状況とともに顕現化する役割は変わっていく。人そのものは同じ人物であっても，顕現化する役割は変わっていく。個々人においてどのような役割が顕現化するかは，当人の持つ精神的中心性と関連し，環境から促されるものと内面がもつものの兼ね合いから顕現化する役割は変わってくる。

　多くの創業メンバーのアイデンティティは，創業メンバーに階層が作られ指揮命令系統が意識された組織となっていく過程において，組織の一員としての管理者へと変わっていく。そのタイミングが遅い（企業家的熱狂が続く）ほうが当初の急成長性は確保されると思われるが，規模の拡大とともに組織的管理

も重要となる。ベンチャーの発展は，参画者の顕現化する役割が様々な相関のもとに動的に構成されていくプロセスと見做すことができるのである。

主導的起業家である創業者は大きな役割を担う。組織の文化創造に最も重要であるのは創業者からの影響（Schein, 1989）であり，創業チームの形成は創業者に強く依存しているので，組織変化の違いは創業者の影響が大きい。しかしながら主導的起業家では担うことのできない役割というものが存在する。それが追随的企業家である初期メンバーや滑業家が果たすものであり，起業家の化粧と後続メンバーへの提示，全体の最適化，欠落機能の補完などが相当している。

ベンチャーの特質は，成長性，変化の大きさである。つまり変化の大きさのマネジメントがベンチャー・マネジメントの本質である。コンティンジェンシー理論に従えば，不確実な環境に対しては有機的組織が適合し，分化と統合が進む。だが，ベンチャーの変化は，外部環境が不確実なだけでなく自らの内部環境が不確実であり，自らの変化をどう管理統制するかの困難がベンチャー・マネジメントの難しさである。これが中小企業経営とは異なっている。成長を志向しなければベンチャーではない。起業（立ち上げること）だけでなく初期の急成長をコントロールできることが重要であり，素晴らしい企業家はこの部分についてチームを形成してクリアしている。

2　本書の含意

❖ 理論的含意

本書は，ベンチャーの組織形成と発展という事象に対して，筆者が当事者として参画した事例を中心として内部者ならではの情報や関係者のインタビューを交えて，深くアプローチしている。

創業活動は，その変化の激しさや組織体としての余裕のなさから，活動時期にアカデミックな研究対象として捉えられることは困難である（Aldrich, 1999; Forbes et al., 2006）。筆者の研究も，イー・アクセスの創業活動の実行時点でその活動を研究対象として扱っていたわけではない。

しかしながら，活動の当事者が研究者となって当時を振り返り，本人の回顧だけでなく他の多くの当事者のインタビューや資料をもとにして，ありがちな創業企業家の回顧録とは全く異なったチームとしての創業活動の実態を明らかにしている。

　創業活動の現実を参画者の心情にも触れながら濃密かつ詳細に記述して研究のテーブルに上げた例はほとんどみられず，本書は記述しているデータそのものに価値を有している。また，エスノグラフィ，自己エスノグラフィ，事例分析を通じて，文化の記述という意味や心情の世界とネットワークや組織組成の分析という構造の世界を多面的に扱っている点にも価値を有している。

　その上で本書は，エスノグラフィを通じたベンチャーの文化の解読をベースとした上で，創業者の柵による企業統治への意識の差が創業チーム形成プロセスに影響することに光を当てるとともに，事業特性とベンチャー発展段階の適合性を絡めて創業チーム形成プロセスの相違と業績の媒介メカニズムを究明した。この点にも，理論的な価値を有している。

　また，上層部はネットワーク（≒フラット）で下層部は階層という構造の有用性を提起した。組織構造の議論として，組織全体に対してフラット型かピラミッド型かあるいはネットワーク型かといった観点から捉えるのではなく組織階層に応じて異なった構造を持つことの意義や，セクショナリズムを回避してメンバーが目覚ましいパフォーマンスを自律的に上げるベンチャーの高生産性がそのような構造からもたらされることを参画者の意識を関連させながら提示した点にも価値を持つ。

　さらに，起業家としての創案・創業活動の中心的役割を果たし，発展段階においては時には影を薄くして事業遂行者の自律的行動を促し，そして成長したベンチャーにおいて求心力としての役割を果たすという，創業企業家の内部的役割を解明したことも理論研究に対する本書の貢献である。

　加えて，ベンチャー急成長を支える隠れスラックの存在と，創業者あるいは創業活動に深く関与するベンチャー・キャピタリストとの人間関係により他業界から参画する者がそのような存在として確保されていることを指摘し，その調達と創業チーム形成プロセスとの関係を解明した。

　そして，これらの研究を貫く視点として，カリスマ的リーダーとしての起業

家を支える側近が，カリスマ的リーダーとの交換的関係と創業初期段階におけるアントレプレナーとしてのアイデンティティの共有に動かされて，カリスマを貶めつつ祀り上げることを行っている構図を描き出した。

それによって，追随者は自らの存在意義を確保して精神的な折り合いをつけている。一方で，そのような人間をひきつけることができるのはカリスマ的リーダーの能力の1つであり，カリスマ的リーダーは特定人物の側近に依存せずとも，そのような役割を果たす人間を調達し活用する力を有している。

これらを通して，創業企業家と他の起業参画メンバーの間で成長段階とともに変化する役割分担のダイナミズムを描いて，チームによるとされる起業活動の実態を明らかにし，ベンチャーの高生産性や急成長の達成要因を解明したことが，アントレプレナーシップ分野と組織マネジメントの分野における本書の理論的貢献である。

❖ 実践的含意

本書は，事例に根差した研究であり，実務に対する様々な示唆を与えている。

まず指摘できることは，創業チーム形成プロセスの改善に対する示唆を与えることである。多くの創業チームの形成は，自らのネットワークや知識を駆使して身近な参画者を口説くことからはじまり，闇雲に行われている。本研究の成果に従えば，事業の特性に適合したメンバー調達方法の選択ができるようになり，それが結果として業績の向上につながることが期待できる。また，創業初期段階からスラック資源充足に対する意識を保持できるようになり，急成長のマネジメントをどのように行うべきかの指針を得られよう。

また，起業活動が活発化した段階において，どのような組織体制でオペレーションを牽引し，参画者がどのように業務遂行するべきか，という点に示唆を得て，その改善につなげることも見込むことができる。

さらに，本書はチームとしての創業活動の姿を描き出すことで，創業参画者の裾野を広げることにも貢献しよう。自らが起業するのでなくとも，創業初期段階に参画するということがどのような楽しさや意義を持つものであるか，そのリスクやリターンはどのようなものであるのかが明らかになることによって，創業者とはならずともベンチャーに参画しようとする者が増加し，結果として

創業数も成長するベンチャーの数も増加することが期待できよう。

❖ 今後の研究課題

　上述のとおり，本書は理論的にも実践的にも示唆に富んでいるものの，幾つかの限界を孕んでいる。

　まず指摘されるのは，事例研究という限定された研究対象に特異性がある可能性である。通信事業は，規制や規格標準化との存在，設備投資産業，技術革新の速さなどの，特有の事業特性を有している。また，研究対象とした創業企業家や起業メンバー個々人にも特性があり，そこから導出され仮説として提示された含意がどれほど一般化できるかについては議論の余地がある。

　また，本研究は定性的方法に依っており，かつ事例研究・参加観察エスノグラフィ・自己エスノグラフィを組み合わせたハイブリッドな方法となっていることから，方法論が内包する科学的厳密性についても限界を持っている。そのため，理論構築型ではなく仮説提示型の研究となっている。しかしながら，これらの定性的方法により，研究対象をより深く探求し複雑な事象を理解することが可能になっていることも事実である。

　このような限界を踏まえて，本研究をさらに発展させていくために求められるのは，他の創業活動の事例にアクセスして同様の研究の蓄積を行うことである。情報通信をはじめとする技術の進化やインキュベーションやファイナンス等の創業支援の発展など，創業活動をとりまく環境も多くの激しい変化がみられる。リアルタイムで創業活動にアクセスすることの困難さは依然として変わらないが，同様の創業事例研究を蓄積していくことによって，研究成果の一般化の可能性は広がっていくと考えられる。

3　おわりに――ベンチャーのキャリア形成手段としての意義

　本書を執筆しながら，創業参画というキャリアを選ばなかったらどうなっていたかを考えることがあった。ビジネス・スクール卒業後にコンピュータ会社に復職していたら，役員にまで昇進することもなく，頑張ってそれなりに昇進したと自らに言い聞かせて気持ちに折り合いをつけつつも，心の片隅に人生の

目標を果たせなかったという思いを抱えながら仕事人としてのキャリアを終えていただろう。

そのように感じる理由は，自らの仕事における競争的貪欲性の弱さや責任に対するこだわりの弱さ，甘さを自覚するからである。

トップ・マネジメントには，リーダーとしての素晴らしい資質や人間性を求めがちであるが，経営者に傲慢症候群が指摘されるように，実際にトップとなり成果を上げるにはもう少し異なった資質が重要となると思われる。

例えば，後継社長を選ぶ際に自部門の利益にこだわらず全社最適を考えられる人物と縄張り意識が強く自分の領域を重視する人物が候補だったとした場合，後者が指名されたとしても不思議ではない。利己的だが実力があり自らの責任範囲を最適化することへの意識が強い者を活かすには，トップにして全体を当人の責任領域にするのが妥当である。ある程度の腕力，自己主張，強欲さを持つ者をトップに据えるほうが組織としてよく機能し組織目的が達成される可能性が高まるのであれば，そこには合理性がある。

また，トップの重要な特性には，本音と建前をうまく使い分けられることもある。時に社員への誠実な姿勢よりも，本音と建前をうまく使い分けながら効率性や合理性に基づくドライな割り切りで判断を下している。

トップ・マネジメントとリーダーの違いは，実はこういった所にある。即ち，人間的に素晴らしくて他人の憧れとなる人物がリーダーであるのに対して，人間性よりも地位や能力が憧れとなるのがトップ・マネジメントである。ただし，一般成員はその実際の人間性に触れる機会を持たない。

大成功する企業家にも，本音と建前の違いが透けて見えている。営利企業の経営者として利己的でありながら，社会のためといった建前を掲げる。そして，本質は利己主義でありながら，嘘を本当のように見せることや実現するしたたかさ，事業をなんとしても成功させようとする貪欲さ，何としても勝つための智慧や大胆な手段，といった強みを有している。大成功する企業家の競争相手の企業に対する対抗心は凄まじいものがあり，強い競争的貪欲性を持っている。

筆者にはそのような強い競争的貪欲性は欠けている。会社で担う事業を何としても成功させたいとまでは思えなかった。だが，一方で大企業の上位マネジメントになりたいという希望を自分は持っていた。そして起業への参画という

選択がその希望を叶えることとなった。

　結果として，キャリアへの内的満足度は高くなったと感じている。自分で起業できるという気持ちは終ぞ育たなかった。だが，そのような筆者が，創業に参画することによって自らのキャリアに満足感を持つようになったのである。

　また，初期メンバーとして組織に関与すると，社内において自分の占める比重が大きく自分の存在意義を感じやすい。初期段階から組織にいると内部のことが隅々までよくわかり，全体がつかみやすく物事がどうなっているかを理解しやすいのである。単に上位マネジメントになるというだけでなく，ベンチャーにおいて自分が取り組む仕事の意義や自分が身を置く環境に対する充実感を感じやすいことが，キャリアの満足度を高めることに繋がっている。自ら起業する者だけでなく，より多くの人間にとってのキャリア・マネジメントの手段としても，ベンチャーは大きな意義を持っている。

　振り返ってみれば，筆者が創業参画というキャリアを選んだのは，修士課程でのゼミの指導教官であった千本教授がパネルセッションの壇上で語った「ベンチャーで働くことのキャリア・マネジメントにおける意義」に動かされたものであった。決して，事業の新規性や革新性の魅力であるとか，創業の社会的意義といったものに動かされたわけではなかった。

　創業に参画したいという気持ちはキャリアの自己決定のための手段であって，起業して自ら事業を育てることに喜びを見出せそうというものではなかった。創業への参画は，キャリアを自分でコントロールしたいという自分の生き方を選択するものであったのである。

　ただしその時に誤解していたのは，千本を自らのロールモデルと思ったことである。当時の自分は，イー・アクセスへ参画することで将来的に千本のようになれるかもといった意識があったが，創業企業家になる者と追随して参画する者の間の大きな違いはわかっていなかった。

　千本がパネルセッションの壇上から煽ったのは起業家になることであり，現在のアントレプレナー教育も創業企業家を生み出すことに焦点が当たっている。自分のように創業企業家とはならない人間が誤解して創業に参画するのであればそれはそれで良いかも知れないが，起業活動の成功の鍵となる創業チームに有用な人材を数多く参画させるためには，創業企業家となることを煽るのでは

なく追随的企業家となることの意義やキャリアにおける効果をアントレプレナー教育においてもっと訴えるべきであろう。

イー・アクセスの2名の共同創業者と10名の創業メンバーのうち，今はソフトバンクとなった会社に残っているのはガン，阿部，矢萩，岡本の各氏だけとなったが，皆それぞれに新たな世界で活躍している。彼らがイー・アクセスに参画していなかったとしたらどのようなキャリアを歩んでいたかは神のみぞ知る，であるが，少なくともイー・アクセスへの創業経験は前職にとどまって既成組織の制度の中で苦闘するよりも遥かにダイナミックであり，高い内的キャリア満足度をもたらしているように思われる。

イー・アクセスの正社員を辞めて神戸大学の博士課程に進むことを聞いた秘書の1人は，以下のメッセージを送ってきた。

> 僭越ながら私から見て
> うちの会社において社内でだれともつるまず，
> 平等な目で物事に対処されますお姿は
> 社会人としての憧れでもありました。

いつの間にか，イー・アクセスも社内政治にまみれた会社となっていたことと，その中で最初からその中に居ながら最後まで染まりきらなかった自分の姿が感じられる言葉だったが，それを見て何となく救われたような気持ちになった。自分はイー・アクセスというベンチャーで自らのキャリアを築き，それを土台にして晴れやかな気持ちで次のキャリアに向けて道を歩み始めることができたのであった。

本書は，ギラギラと起業を志さない人間にとっても，内的キャリア満足度を高める手段としてベンチャーへ参画することに大きな意義が見出されることを示している。

■あとがき

　本書は，筆者の神戸大学における博士論文をベースとして，学術的観点と実務的観点の融合を図りつつ，書籍として加筆修正を行ったものである。博士課程における研究活動が思うように捗らず何度も悩んだが，研究成果を書籍として出版するに至り嬉しく感じている。

　本書の執筆にあたっては，数多くの人々にご指導・ご鞭撻ならびにご協力をいただいた。神戸大学の博士課程の指導教官である平野光俊教授には，学術論文の書き方にはじまり，研究への取り組み姿勢や研究対象へのアプローチ方法，レンズの選択など，アカデミックの世界の制度を基礎から教えていただいた。その上で研究内容に対しても非常に有益なご助言をいただいた。誰からの紹介もなく，2010年11月の経営行動科学学会の懇親会に押しかけて突然話しかけさせていただいた私に，とても親身になってくださり新たな道を導いてくださったことに非常に感謝している。平野先生に師事させていただかなければ，こうして教育研究者の道を歩み出すことはできなかったと思う。

　金井壽宏教授には，社会人博士課程のゼミを聴講させていただき，研究仲間のオープンなコミュニティへと迎え入れていただいた。出席者の方々の発表や議論，金井先生からの講評を通じて，様々な刺激を得て多くのことを学ばせていただいた。研究者を志すにはあまりにも無知で不勉強だった私を金井先生も平野先生も温かく受け入れてくださったおかげで，アカデミックの世界へと社会化していくことができた。

　忽那憲治教授には，博士論文の指導において，ベンチャー活動に対する視点の面から貴重なアドバイスをいただいた。実務経験を科学的・理論的に解釈し含意を得るという点で忽那先生からの指摘は非常に示唆に富む鋭いものであり，非常に有益であった。

　小泉大輔さん，余合淳さん，林祥平さん，横井豊彦さんをはじめとする平野ゼミの研究仲間の皆さんからは，博士課程在学中に数多くのアドバイスと精神的な支援をいただいた。知的体育会系を標榜するゼミ活動は厳しく，されど人

間的な触れ合いを大切にする平野ゼミの雰囲気は，神戸通いを楽しく感じさせる大きな要因であった。

　神戸大学では，尊敬できる指導者，信頼できる学友と出会える素晴らしい経験をすることができ，皆様には深く御礼を申し上げる。

　また，学者としての道を歩みだした多摩大学でも，寺島実郎学長，久恒啓一副学長をはじめ多くの方々から，様々な示唆に富んだ刺激をいただいた。ここな感謝を述べさせていただく。

　2010年夏に次のキャリアに悩んでいた時に，博士課程できちんと学ぶことと，その場所として神戸大学を勧めてくださったのは，私が副社長の時期にイー・アクセスの社外役員を務めていただき，イー・アクセスとイー・モバイルの経営統合交渉の際にはイー・アクセス側の立場で真夜中まで戦略の相談に乗っていただいた，慶應義塾大学総合政策学部の國領二郎教授であった。國領先生の的確なアドバイスのおかげで，こうして新たなキャリアを築いていくことができている。また，母校である慶應ビジネス・スクールの渡辺直登教授には，2010年秋に経営行動科学学会へ足を運ぶことをアドバイスしていただいた。改めて振り返ると，多くの方々の導きによって自分のキャリアが作られていっていることに感慨を覚えるとともに，今一度感謝の意を表したい。

　千本倖生氏に対する思いは，一言では表せないものがある。本書では，単に持ち上げるだけではない率直な記述をさせていただいており，千本氏に対する様々な想いが折り重なっていることがおわかりいただけるであろう。だが，千本氏はその眼力で私のそのような感情を全て見通した上で，私を遠ざけることなく組織に最も貢献できる形で登用し活かしてくださった。私には足元にも及ばない凄まじいその目的達成力や包容力には心から敬服している。そして，千本氏との出会いがなければ今の私の人生がなかったことは確かであり，非常に感謝している。

　また，本書の作成にあたっては数多くのインフォーマントの皆様，特にイー・アクセスの創業メンバーの人々には多大なるご協力をいただき，非常に有り難く思っている。その他，インタビューにお答えいただいた皆様，アドバ

イスを頂戴した全ての皆様に御礼を申し上げさせていただく。

　加えて，編集の労をおとりいただき，筆者の初めての経験となる書籍作成に対して丁寧かつ的確に助言をくださった株式会社中央経済社の納見伸之氏に，心より御礼申し上げる。

　自分がビジネスの世界を経て研究者の道を志したのは，コンピュータ会社勤務から産業能率大学経営情報学部教授へと転じ，在職中に59歳で早逝した亡父の背中を見て育ったことが大きい。研究者としての業績は未だ遥かに及ばないが，この書籍の執筆を通じて少しでも近づけていたらと思う。遅々として進まぬ研究活動を草葉の陰から見守ってくれた父功武と，齢八十を超えて元気で励ましてくれる母圭子にも，この場を借りて感謝を述べさせていただく。

　研究の合間には，愛する功生，武生，健，淳の4人の息子と愛娘の紗恵が癒しを与えてくれた。まだ幼い子供たちに十分に時間をとって遊んであげられず申し訳なかったが，それにもかかわらず，健やかに成長してくれていることを嬉しく，また頼もしく感じる。

　最後に，会社を辞めて研究者への道を志すことを応援し，休日を潰して神戸へ通う僕に代わり子供たちの世話や家庭のことを一切引き受けてくれた妻の多恵子には，誰よりも感謝している。君が居なければ，人生は遥かにつまらないものとなっていた。どうもありがとう。

2017年初夏

東京・多摩にて

小林　英夫

参考文献

Abrams, D. & Hogg, M.A. (2006) *Social identifications: A social psychology of intergroup relations and group processes.* Routledge.

Adizes, I. (1979) "Organizational passages—diagnosing and treating lifecycle problems of organizations." *Organizational dynamics,* 8 (1): pp.3-25.

Adizes, I. (1985) *How to solve the mismanagement crisis.* The Adizes Institute (風間治雄訳『アディゼス・マネジメント』東洋経済新報社, 1985年).

Albert, S. & Whetten, D.A. (1985) "Organizational identity." in L.L. Cummings & B.M. Staw (Eds.), *Research in organizational behavior,* 7: pp.263-295, JAI Press.

Aldrich, H.E. (1999) *Organizations Evolving.* Sage (若林直樹・高瀬武典・岸田民樹・坂野友昭・稲垣京輔訳『組織進化論』東洋経済新報社, 2007年).

Aldrich, H.E. & Fiol, C.M. (1994) "Fools rush in? The institutional context of industry creation." *Academy of management review,* 19 (4): pp.645-670.

Aldrich, H.E. & Kenworthy, A. (1999) "The Accidental Entrepreneur: Campbellian Antinomies and Organizational Foundings." in J. Baum and B. McKelvey. (Eds.) *Variations in Organization Science: In Honor of Donald T. Campbell,* pp.19-33, Sage.

Aldrich, H.E. & Kim, P.H. (2007) "Small worlds, infinite possibilities? How social networks affect entrepreneurial team formation and search." *Strategic Entrepreneurship Journal,* 1 (1-2): pp.147-165.

Aldrich, H.E. & Yang, T. (2012) "Lost in translation: Cultural codes are not blueprints." *Strategic Entrepreneurship Journal,* 6 (1): pp.1-17.

Allison, G.T. (1971) *Essence of Decision: Explaining the Cuban Missile Crisis.* Little Brown & Co. (宮里政玄訳『決定の本質—キューバ・ミサイル危機の分析』中央公論新社, 1977年).

Amason, A.C. (1996) "Distinguishing the Effects of Functional and Dysfunctional Conflict on Strategic Decision Making: Resolving a Paradox for Top Management Teams." *The Academy of Management Journal,* 39 (1): pp.123-148.

Ancona, D. (1987) "Groups in organizations: extending laboratory models." in Hendrick, C. (Ed.), *Group Processes and Intergroup Relations,* pp.207-230, Sage.

Arenius, P. & Minniti, M. (2005) "Perceptual variables and nascent entrepreneurship." *Small Business Economics,* 24 (3): pp.233-247.

Ashforth, B.E. & Mael, F.A. (1998) "The power of resistance: Sustaining valued identities." in R.M. Kramer & M.A. Neale (Eds.), *Power and influence in organizations,* pp.89-120, Sage.

Baker, T., Miner, A.S., & Eesley, D.T. (2003) "Improvising firms: bricolage, account giving and improvisational competencies in the founding process." *Research policy*, 32 (2): pp.255-276.

Bandura, A. (1977) "Self-efficacy: toward a unifying theory of behavioral change." *Psychological Review*, 84 (2): pp.191-215.

Barney, J., Wright, M., & Ketchen, D.J. (2001) "The resource-based view of the firm: Ten years after 1991." *Journal of management*, 27 (6): pp.625-641.

Baron, R.A. (2004) "The cognitive perspective: a valuable tool for answering entrepreneurship's basic "why" questions." *Journal of Business Venturing*, 19 (2): pp.221-239.

Baron, R.A. (2006) "Opportunity recognition as pattern recognition: How entrepreneurs "connect the dots" to identify new business opportunities." *The Academy of Management Perspectives*, 20 (1): pp.104-119.

Bass, B.M. (1988) "Evolving Perspective on Charismatic Leadership." in Conger, J.A., & Kanungo, R.N. (eds.), *Charismatic Leadership: The Elusive Factor in Organizational Effectiveness*, pp.56-84, Jossey-Bass.（片柳佐智子・山村宜子・松本博子・鈴木恭子訳『カリスマ的リーダーシップ—ベンチャーを志す人の必読書』67-102頁，流通科学大学出版, 1999年）.

Bass, B.M. (1990) "From Transactional to Transformational Leadership: Learning to Share the Vision." *Organizational Dynamics*, 18: pp.19-31.

Beckman, C.M. & Burton, M.D. (2008) "Founding the future: Path dependence in the evolution of top management teams from founding to IPO." *Organization Science*, 19 (1): pp.3-24.

Beckman, C.M., Burton, M.D., & O'Reilly, C. (2007) "Early teams: The impact of team demography on VC financing and going public." *Journal of Business Venturing*, 22 (2): pp.147-173.

Ben-Hafaiedh-Dridi, C. (2010) "Entrepreneurial team formation: any rationality?" *Frontiers of Entrepreneurship Research*, 30 (10): Article 1.

Blake, R.P. & Mouton, J.S. (1964) *The managerial grid: Key orientations for achieving production through people*. Gulf（上野一郎監訳『期待される管理者像』産業能率短期大学出版部, 1965年）.

Blatt, R. (2009) "Tough love: How communal schemas and contracting practices build relational capital in entrepreneurial teams." *Academy of Management Review*, 34 (3): pp.533-551.

Boeker, W. (1989) "Strategic change: The effects of founding and history." *The Academy of Management Journal*, 32 (3): pp.489-515.

Bower, D.G. & Seashore, S.E. (1966) "Predicting organizational effectiveness with a four-factor theory of leadership," *Administrative Science Quarterly*, 11: pp.238-263.

Brewer, M.B. (1991) "The social self: On being the same and different at the same time." *Personality and social psychology bulletin*, 17 (5): pp.475-482.

Bunderson, J.S. & Sutcliffe, K.M. (2002) "Comparing alternate conceptualizations of functional diversity in management teams: Process and performance effects." *The Academy of Management Journal*, 45 (5): pp.875-893.

Burke, P. J. (1991) "Identity processes and social stress." *American Sociological Review*, 56: pp.836-849.

Burns, J.M. (1978) *Leadership*. Harper & Row.

Burt, R.S. (2001) "Structural holes versus network closure as social capital." In N. Lin, K. Cook & R. Burt (Eds.), *Social Capital: Theory and Research*, pp.31-56, Aldine de Gruyter (金光淳訳「社会関係資本をもたらすのは構造的隙間かネットワーク閉鎖性か」野沢慎司編・監訳『リーディングスネットワーク論：家族・コミュニティ・社会関係資本』243-277頁，勁草書房，2006年).

Bygrave, W.D. (1994) *The Portable MBA in Entrepreneurship*. Wiley (千本倖生・バブソン起業家研究会訳『ＭＢＡ起業家育成』学習研究社，1996年).

Byrne, D.E. (1971) *The attraction paradigm*. Academic Pr.

Cardon, M.S., Wincent, J., Singh, J., & Drnovsek, M. (2009) "The nature and experience of entrepreneurial passion." *Academy of Management Review*, 34 (3): pp.511-532.

Chowdhury, S. (2005) "Demographic diversity for building an effective entrepreneurial team: is it important?" *Journal of Business Venturing*, 20 (6): pp.727-746.

Clarysse, B. & Moray, N. (2004) "A process study of entrepreneurial team formation: the case of a research-based spin-off." *Journal of Business Venturing*, 19 (1): pp.55-79.

Cogliser, C.C. & Brigham, K.H. (2004) "The intersection of leadership and entrepreneurship: Mutual lessons to be learned." *The Leadership Quarterly*, 15 (6): pp.771-799.

Conger, J.A. (1988) "Theoretical Foundations of charismatic Leadership," in Conger, J.A., & Kanungo, R.N. (eds.), *Charismatic Leadership: The Elusive Factor in Organizational Effectiveness*, pp.1-33, Jossey-Bass (片柳佐智子・山村宜子・松本博子・鈴木恭子訳『カリスマ的リーダーシップ―ベンチャーを志す人の必読書』39-66頁，流通科学大学出版，1999年).

Conger, J.A. & Kanungo, R.N. (1988) "Behavioral dimensions of charismatic leadership," in Conger, J.A., & Kanungo, R.N. (eds.), *Charismatic Leadership: The Elusive Factor in Organizational Effectiveness*, pp.78-97, Jossey-Bass. (片柳佐智子・山村宜子・松本博子・鈴木恭子訳『カリスマ的リーダーシップ－ベンチャーを志す人の必読書』103-124頁，流通科学大学出版，1999年).

Cooney, T. (2005) "What is an entrepreneurial team?" *International Small Business Journal*, 23 (3): pp.226-235.

Cooper, A.C., Folta, T.B., & Woo, C. (1995) "Entrepreneurial information search." *Journal of Business Venturing*, 10 (2): pp.107-120.

Cooper, C.D., Scandura, T.A., & Schriesheim, C.A. (2005) "Looking forward but learning from our past: Potential challenges to developing authentic leadership theory and authentic leaders." *The Leadership Quarterly*, 16 (3): pp.475-493.

Cyert, R.M. & March, J.G. (1963) *A Behavioral Theory of the Firm*. Prentice-Hall（松田武彦・井上恒夫訳『企業の行動理論』ダイヤモンド社，1967年）.

Davidsson, P. & Honig, B. (2003) "The role of social and human capital among nascent entrepreneurs." *Journal of Business Venturing*, 18 (3): pp.301-331.

Deci, E.L. (1975) *Intrinsic Motivation*. Plenum Press（安藤延男・石田梅男訳『内発の動機づけ』誠心書房，1980年）.

Delmar, F. & Shane, S. (2004) "Legitimating first: Organizing activities and the survival of new ventures." *Journal of Business Venturing*, 19 (3): pp.385-410.

Doutriaux, J. (1992) "Emerging high-tech firms: how durable are their comparative start-up advantages?" *Journal of Business Venturing*, 7 (4): pp.303-322.

Drnovsek, M., Cardon, M.S., & Murnieks, C.Y. (2009) "Collective passion in entrepreneurial teams." In A.L. Carsrud & M. Brännback (Eds.), *Understanding the entrepreneurial mind*, pp.191-215, Springer New York.

Drucker, P.F. (1974) *Management: Tasks, Responsibilities, Practices*. Harper Business（上田惇生編訳『マネジメント【エッセンシャル版】―基本と原則』ダイヤモンド社，2001年）.

Drucker, P.F. (1985) *Innovation and Entrepreneurship*. Harper Business（上田惇生訳『イノベーションと企業家精神』ダイヤモンド社，2007年）.

Dyer, J.H., Gregersen, H.B., & Christensen, C.M. (2011) *The Innovator's DNA*. Harvard Business School Press（櫻井祐子訳『イノベーションのDNA』翔泳社，2012年）.

Ellis, C. & Bochner, A.P. (2001) "Autoethnography, personal narrative, reflexivity. Research as subject." in Denzin, N.K. & Lincoln, Y.S. (Eds.), *Handbook of Qualitative Research 2nd ed.*, pp.733-768, Sage（藤原顕訳「自己エスノグラフィー・個人的語り・再帰性：研究対象としての研究者」平山満義監訳『質的研究ハンドブック3巻：質的研究資料の収集と解釈』129-164頁，北大路書房，2006年）.

Ensley, M.D., Carland, J.C., Carland, J.W., & Banks, M. (1999) "Exploring the existence of entrepreneurial teams." *International Journal of Management*, 16 (2): pp.276-293.

Ensley, M.D., Carland, J.W. & Carland, J.C. (1998) "The effect of entrepreneurial team skill heterogeneity and functional diversity on new venture performance." *Journal of Business and Entrepreneurship*, 10 (1): pp.1-11.

Ensley, M.D., Carland, J.W., & Carland, J.C. (2000) "Investigating the existence of the lead entrepreneur." *Journal of Small Business Management,* 38 (4): pp.59-77.

Ensley, M.D., Pearson, A.W., & Amason, A.C. (2002) "Understanding the dynamics of new venture top management teams: cohesion, conflict, and new venture performance." *Journal of Business Venturing,* 17 (4): pp.365-386.

Fisher, D. (1970) "Entrepreneurship and Moderation: The Role of the integrator." in Lorsch J.W. & Lawrence, P.R. (eds.), *Studies in Organization Design,* pp.153-167, Richard D. Irwin (清水勤訳『変化適応の組織』223-243頁, 産業能率短期大学出版部, 1973年).

Fleishman, E.A., Harris. E.F., & Burtt, H.F. (1955) *Leadership and supervision in industry.* Bureau of Educational research, Ohio State University.

Forbes, D.P., Borchert, P.S., Zellmer-Bruhn, M.E., & Sapienza, H.J. (2006) "Entrepreneurial team formation: An exploration of new member addition." *Entrepreneurship Theory and Practice,* 30 (2): pp.225-248.

Forster, W. & Jansen, K. (2010) "Co-creating new ventures: Attraction, search, and uncertainty in founding partnership formation." *Frontiers of Entrepreneurship Research,* 30 (10): Article 2.

Franke, N., Gruber, M., Harhoff, D., & Henkel, J. (2006) "What you are is what you like - similarity biases in venture capitalists' evaluations of start-up teams." *Journal of Business Venturing,* 21 (6): pp.802-826.

Galbraith, J.R. (1973) *Designing complex organizations.* Addison-Wesley Longman Publishing Co. (梅津祐良訳『横断組織の設計』ダイヤモンド社, 1980年).

Gardner, W.L. & Schermerhorn Jr, J.R. (2004) "Unleashing Individual Potential: Performance Gains Through Positive Organizational Behavior and Authentic Leadership." *Organizational Dynamics,* 33 (3): pp.270-281.

Gartner, W.B., Carter, N.M., & Reynolds, P.D. (2010) "Entrepreneurial behavior: Firm organizing processes." In Z.J. Acs & D.B. Audretsch (Eds.), *Handbook of entrepreneurship research,* pp.99-127, Springer New York.

Geertz, C. (1973) *The Interpretation of Cultures.* Basic Books (吉田禎吾・中牧弘允・柳川啓一・板橋作美訳『文化の解釈学』ⅠⅡ, 岩波現代選書, 1987年).

Geertz, C. (1983) *Local Knowledge: Further Essays in Interpretive Anthropology.* Basic Books (梶原景昭・小泉潤二・山下晋司・山下淑美訳『ローカル・ノレッジ——解釈人類学論集』岩波書店, 1991年).

George, B. (2003) *Authentic leadership: Rediscovering the secrets to creating lasting value.* John Wiley & Sons.

Granovetter, M. (1973). "The strength of weak ties." *American journal of sociology,* 78 (6): pp.1360-1380 (大岡栄美訳「弱い紐帯の強さ」野沢慎司編・監訳『リーディングス

ネットワーク論：家族・コミュニティ・社会関係資本』123-154頁，勁草書房，2006年）.
Greiner, L.E.（1972）"Evolution and revolution as organizations grow." *Harvard Business Review*, 50（4）: pp.37-46.
Hambrick, D.C. & Mason P.A.（1984）"Upper Echelons: The Organization as a Reflection of Its Top Managers." *The Academy of Management Review*, 9（2）: pp.193-206.
Hannan, M.T., Burton, M.D., & Baron, J.N.（1996）"Inertia and change in the early years: Employment relations in young, high technology firms." *Industrial and Corporate Change*, 5（2）: pp.503-536.
Harper, D.A.（2008）"Towards a theory of entrepreneurial teams." *Journal of Business Venturing*, 23: pp.613-626.
Hayward, M.L., Forster, W.R., Sarasvathy, S.D., & Fredrickson, B.L.（2010）"Beyond hubris: How highly confident entrepreneurs rebound to venture again." *Journal of Business Venturing*, 25（6）: pp.569-578.
Hayward, M.L. & Hambrick, D.C.（1997）. "Explaining the premiums paid for large acquisitions: Evidence of CEO hubris." *Administrative Science Quarterly*, 42（1）: pp.103-127.
Hayward, M.L., Shepherd, D.A., & Griffin, D.（2006）"A hubris theory of entrepreneurship." *Management Science*, 52（2）: pp.160-172.
Hellmann, T. & Puri, M.（2002）"Venture capital and the professionalization of start-up firms: Empirical evidence." *The Journal of Finance*, 57（1）: pp.169-197.
Hiller, N.J. & Hambrick, D.C.（2005）"Conceptualizing executive hubris: the role of（hyper-）core self -evaluations in strategic decision-making." *Strategic Management Journal*, 26（4）: pp.297-319.
Hmieleski, K.M., Cole, M.S., & Baron, R.A.（2012）"Shared authentic leadership and new venture performance." *Journal of Management*, 38（5）: pp.1476-1499.
Hoang, H. & Gimeno, J.（2010）"Becoming a founder: How founder role identity affects entrepreneurial transitions and persistence in founding." *Journal of Business Venturing*, 25（1）: pp.41-53.
Hogg, M.A., Terry, D.J., & White, K.M.（1995）"A tale of two theories: A critical comparison of identity theory with social identity theory." *Social psychology quarterly*, 58: pp.255-269.
House, R.J.（1976）"A 1976 theory of charismatic leadership." in Hunt, J.G. and Larson, L.L.（eds.）, *Leadership: The Cutting Edge*, pp.189-207, Southern Illinois University Press.
Hunt, J.G. & Dodge, G.E.（2000）"Leadership déjà vu all over again." *The Leadership Quarterly*, 11（4）: pp.435-458.
Issacson, W.（2011）*Steve Jobs*. Simon & Schuster（井口耕二訳『スティーブ・ジョブズ』講談社，2011年）.

Kamm, J.B., Shuman, J.C., Seeger, J.A., & Nurick, A.J. (1990) "Entrepreneurial Teams in New Venture Creation: A Research Agenda." *Entrepreneurship Theory and Practice*, 14 (4): pp.7-17.

Katz, D. & Kahn, R.L. (1978) *The Social Psychology of Organizations.* Wiley.

Katz, J. & Gartner, W.B. (1988) "Properties of emerging organizations." *Academy of management review*, 13 (3): pp.429-441.

Kets de Vries, M.F. (1995) *Life and death in the executive fast lane: Essays on irrational organizations and their leaders.* Jossey-Bass(金井壽宏・岩坂彰訳『会社の中の「困った人たち」―上司と部下の精神分析』創元社, 1998年).

Kets de Vries, M.F. & Miller, D. (1985) "Narcissism and leadership: An object relations perspective." *Human Relations*, 38 (6): pp.583-601.

Kim, P.H. & Aldrich, H.E. (2004) "Teams that work together, stay together: resiliency of entrepreneurial teams." *Frontiers of Entrepreneurship Research*, 24: pp.89-95.

Kim, P.H. & Longest, K.C. (2013) "You can't leave your work behind: Employment experience and founding collaborations." *Journal of Business Venturing*, 29 (6): pp.785-806.

Kirzner, I.M. (1973) *Competition and entrepreneurship.* University of Chicago press(田島義博監訳『競争と企業家精神―ベンチャーの経済理論―』千倉書房, 1985年).

Knight, D., Pearce, C.L., Smith, K.G., Olian, J.D., Sims, H.P., Smith, K.A., & Flood, P. (1999) "Top management team diversity, group process, and strategic consensus." *Strategic Management Journal*, 20: pp.445-465.

Kotter, J.P. (1990) "What Leaders Really Do." *Harvard Business Review*, 68 (3): pp.103-111.

Kreiner, G.E. & Ashforth, B.E. (2004) "Evidence toward an expanded model of organizational identification." *Journal of Organizational Behavior*, 25 (1): pp.1-27.

Krueger Jr, N.F. (2003) "The cognitive psychology of entrepreneurship." In Z.J. Acs & D.B. Audretsch (Eds.), *Handbook of entrepreneurship research*, pp.105-140, Springer US.

Krueger Jr, N.F. (2007) "The Cognitive Infrastructure of Opportunity Emergence." In C. Á. Cuervo, D. Robeiro & S. Roig (Eds.), *Entrepreneurship*, pp.185-206, Springer Berlin Heidelberg.

Krueger Jr, N.F., Reilly, M.D., & Carsrud, A.L. (2000) "Competing models of entrepreneurial intentions." *Journal of Business Venturing*, 15 (5): pp.411-432.

Lawrence, T. (1999) "Institutional strategy." *Journal of Management*, 25: pp.161-188.

Lawrence, P.R. & Lorsch, J.W. (1967a) *Organization and Environment: Managing differentiation and integration.* Harvard University Press(吉田博訳『組織の条件適応理論』産業能率短期大学出版部, 1977年).

Lawrence, P.R. & Lorsch, J.W. (1967b) "New Management Job: The Integrator," *Harvard

Business Review, 45: pp.142-151.

Lechler, T. (2001) "Social interaction: A determinant of entrepreneurial team venture success." *Small Business Economics*, 16 (4): pp.263-278.

Likert, R. (1961) *New Patterns of Management*. McGraw-Hill（三隅二不二訳『経営の行動科学－新しいマネジメントの探求』ダイヤモンド社，1964年).

Livingston, J. (2010) *Founders At Work-Stories of Startups' Early Days*. Apress, Inc.（長尾高弘訳『Founders at Work 33のスタートアップストーリー』アスキー・メディアワークス，2011年).

Maccoby, M. (2000) "Narcissistic leaders: The incredible pros, the inevitable cons." *Harvard Business Review*, 78 (1): pp.68-78.

MacMillan, I.C., Siegel, R., & Narasimha, P.N.S. (1985) "Criteria used by venture capitalists to evaluate new venture proposals." *Journal of Business Venturing*, 1: pp.119-128.

March, J.G. & Simon, H.A. (1958) *Organizations*. John Wiley（土屋守章訳『オーガニゼーションズ』ダイヤモンド社，1977年).

Martinez, M.A. & Aldrich, H.E. (2011) "Networking strategies for entrepreneurs: balancing cohesion and diversity." *International Journal of Entrepreneurial Behaviour & Research*, 17 (1): pp.7-38.

Maslow, A.H. (1954) *Motivation and personality*. Harper & Row（小口忠彦訳『人間性の心理学』産能大学出版部，1987年).

McCall, M.W. (1998) *High flyers: Developing the next generation of leaders*. Harvard Business Press.（金井壽宏監訳，リクルート・ワークス研究所訳『ハイ・フライヤー－次世代リーダーの育成法』プレジデント社，2002年).

McCall, G.J. & Simmons, J.L. (1978). *Identities and interactions: An examination of associations in everyday life* (rev. ed.). Free Press.

McGee, J.E., Peterson, M., Mueller, S.L., & Sequeira, J.M. (2009) "Entrepreneurial Self-Efficacy: Refining the Measure." *Entrepreneurship Theory and Practice*, 33 (4): pp.965-988.

Miller, C., Burke, L., & Glick, W. (1998) "Cognitive diversity among upper-echelon executives: Implications for strategic decision processes." *Strategic Management Journal*, 19: pp.39-58.

Milliman, J., Von Glinow, M.A., & Nathan, M. (1991) "Organizational life cycles and strategic international human resource management in multinational companies: Implications for congruence theory." *Academy of Management Review*, 16 (2): pp.318-339.

Mishina, Y., Pollock, T.G., & Porac, J.F. (2004) "Are more resources always better for growth? Resource stickiness in market and product expansion." *Strategic Management Journal*, 25: pp.1179-1197.

Murnieks, C.Y. & Mosakowski, E.M. (2007) "Who am I? Looking inside the "entrepreneurial identity." *Frontiers of Entrepreneurship Research*, 27 (5): Article 5.

Nelson, T. (2003) "The persistence of founder influence: Management, ownership, and performance effects at initial public offering." *Strategic Management Journal*, 24 (8): pp.707-724.

Obschonka, M., Goethner, M., Silbereisen, R.K., & Cantner, U. (2012) "Social identity and the transition to entrepreneurship: The role of group identification with workplace peers." *Journal of Vocational Behavior*, 80 (1): pp.137-147.

Owen, D. (2008) "Hubris syndrome." *Clinical Medicine*, 8 (4): pp.428-432.

Paeleman, I., Vanacker, T., & Devigne, D. (2011) "The Interaction between Financial and Human Resource Slack and its Effect on Venture Performance: Evidence from European High-Tech Ventures." *Vlerick Leuven Gent Management School (VICO)*, pp.1-29.

Penrose, E. (1995) *The Theory of the Growth of the Firm*, Third Edition. Oxford University Press.(日高千景訳『企業成長の理論 [第3版]』ダイヤモンド社,2010年).

Petit, V. & Bollaert, H. (2012) "Flying too close to the sun? Hubris among CEOs and how to prevent it." *Journal of business ethics*, 108 (3): pp.265-283.

Pfeffer, J. & Salancik, G.R. (1978) *The external control of organizations*. Harper & Row.

Raskin, R. & Terry, H. (1988) "A principal-components analysis of the Narcissistic Personality Inventory and further evidence of its construct validity." *Journal of personality and social psychology*, 54 (5): pp.890-902.

Reich, R.B. (1987) "Entrepreneurship reconsidered: the team as hero." *Harvard Business Review*, 87 (3): pp.77-83.

Reynolds, P.D. (2000) "National panel study of US business startups: Background and methodology." in Jerome Katz (Ed.), *Advances in Entrepreneurship, Firm Emergence and Growth*, Vol.4: pp.153-227, JAI Press.

Reynolds, P.D. & White S.B. (1997) *The Entrepreneurial Process: Economic Growth, Men, Women, and Minorities*. Quorum Books.

Rosenthal, S.A. & Pittinsky, T.L. (2006) "Narcissistic leadership." *The Leadership Quarterly*, 17 (6): pp.617-633.

Ruef, M. (2010) *The entrepreneurial group: Social identities, relations, and collective action*. Princeton University Press.

Ruef, M., Aldrich, H.E., & Carter, N.M. (2003) "The structure of founding teams: Homophily, strong ties, and isolation among US entrepreneurs." *American Sociological Review*, 68 (2): pp.195-222.

Sandberg, W.R. (1992) "Strategic management's potential contributions to a theory of entrepreneurship." *Entrepreneurship Theory and Practice*, 16 (3): pp.73-90.

Sarason, Y., Dean, T., & Dillard, J.F.（2006）"Entrepreneurship as the nexus of individual and opportunity: A structuration view." *Journal of Business Venturing*, 21（3）: pp.286-305.
Schein, E.H.（1989）*Organizational culture and leadership*. Jossey-Bass（清水紀彦・浜田幸雄訳『組織文化とリーダーシップ』ダイヤモンド社，1989年）.
Schein, E.H.（1990）*Career Anchors: Discovering Your Real Values*. Jossey-Bass（金井壽宏訳『キャリア・アンカー――自分のほんとうの価値を発見しよう―』白桃書房，2003年）.
Schumpeter, J.A.（1928）"Unternehmer." *Handworterbuch der Staatswissenschaften*（清成忠男編訳『企業家とは何か』1-51頁，東洋経済新報社，1998年）.
Schumpeter, J.A.（1934）*The theory of economic development: An inquiry into profits, capital, credit, interest, and the business cycle*. Transaction Publishers（塩野谷祐一・中山伊知郎・東畑精一訳『経済理論の発展』岩波書店，1977年）.
Schweiger, D.M., Sandberg, W.R., & Rechner, P.L.（1989）"Experiential Effects of Dialectical Inquiry, Devil's Advocacy, and Consensus Approaches to Strategic Decision Making." *The Academy of Management Journal*, 32（4）: pp.745-772.
Schwenk, C.R.（1988）*The Essence of Strategic Decision Making*. D.C. Heath & Co.（山倉健嗣訳『戦略決定の本質』文眞堂，1998年）.
Shane, S.（2000）"Prior knowledge and the discovery of entrepreneurial opportunities." *Organization Science*, 11（4）: pp.448-469.
Shane, S.（2004）*A General Theory of Entrepreneurship*. Edward Elgar Publishing.
Shane, S.（2008）*The illusions of entrepreneurship: The costly myths that entrepreneurs, investors, and policy makers live by*. Yale University Press（谷口 功一・中野 剛志・柴山桂太 訳『〈起業〉という幻想―アメリカン・ドリームの現実』白水社，2011年）.
Shane, S. & Venkataraman, S.（2000）"The promise of entrepreneurship as a field of research." *Academy of management review*, 25（1）: pp.217-226.
Shaw, M.E.（1976）*Group Dynamics: The Psychology of Small group Behavior*. McGraw-Hill（原岡一馬訳『小集団行動の心理』誠信書房，1981年）.
Shepherd, D. & Haynie, J.M.（2009）"Family business, identity conflict, and an expedited entrepreneurial process: A process of resolving identity conflict." *Entrepreneurship Theory and Practice*, 33（6）: pp.1245-1264.
Simon, H.A.（1947）*Administrative Behavior*. Free Press（二村敏子・桑田耕太郎・高尾義明・西脇暢子・高柳美香訳『【新版】経営行動』ダイヤモンド社，2009年）.
Sine, W.D., Mitsuhashi, H., & Kirsch, D.A.（2006）"Revisiting Burns and Stalker: Formal structure and new venture performance in emerging economic sectors." *Academy of Management Journal*, 49（1）: pp.121-132.
Smith, K.G., Smith, K.A., Olian, J.D., Sims Jr., H.P., O'Bannon, D.P., & Scully, J.A.（1994）

"Top Management Team Demography and Process: The Role of Social Integration and Communication." *Administrative Science Quarterly*, 39 (3): pp.412-438.

Spradley, J.P. (1980) *Participant Observation*. Thomson Learning Inc. (田中美恵子・麻原きよみ監訳『参加観察法入門』医学書院, 2010年).

Stinchcombe, A.L., (1965) "Social Structure and Organizations." in James G. March (Ed.), *Handbook of Organizations*, pp.142-193, Rand McNally.

Stets, J.E. & Burke, P.J. (2000) "Identity theory and social identity theory." *Social Psychology Quarterly*, 63: pp.224-237.

Stryker, S. (1968) "Identity salience and role performance: The relevance of symbolic interaction theory for family research." *Journal of Marriage and the Family*, pp.558-564.

Stryker, S. & Serpe, R.T. (1994) "Identity salience and psychological centrality: Equivalent, overlapping, or complementary concepts?" *Social Psychology Quarterly*, 57: pp.16-35.

Tajfel, H. & Turner, J.C. (1979) "An integrative theory of intergroup conflict." in W. Austin & S. Worchel (Eds.), *The Social Psychology of Intergroup Relations*, pp.33-47, Brooks/Cole.

Timmons, J.A. (1994) *New Venture Creation 4th edition*. Richard D.Irwin, Inc. (千本倖生・金井信次訳『ベンチャー創造の理論と戦略』ダイヤモンド社, 1997年).

Turner, J.C., Hogg, M.A., Oakes, P.J., Reicher, S.D., & Wetherell, M.S. (1987) *Rediscovering the social group: A self-categorization theory*. Basil Blackwell.

Van de Ven, A.H. & Garud, R. (1989) "A framework for understanding the emergence of industries." in R. Rosenbloom and R. Burgelman (eds.), *Research in Technological Innovation, Management and Policy*, 4, pp.195-225, JAI Press.

Van de Ven, A.H., Hudson, R., & Schroeder, D.M. (1984) "Designing new business startups: Entrepreneurial, organizational, and ecological considerations." *Journal of Management*, 10: pp.87-107.

Vecchio, R.P. (2003) "Entrepreneurship and leadership: common trends and common threads." *Human Resource Management Review*, 13 (2): pp.303-327.

Vesper, K.H. (1989) *New Venture Strategies*. Prentice Hall (徳永豊・井上崇通・小林一・二瓶喜博・森博隆・篠原敏彦訳『ニューベンチャー戦略』同友館, 1999年).

Walumbwa, F.O., Avolio, B.J., Gardner, W.L., Wernsing, T.S., & Peterson, S.J. (2008) "Authentic leadership: Development and validation of a theory-based measure." *Journal of Management*, 34 (1): pp.89-126.

Walumbwa, F.O., Luthans, F., Avey, J.B., & Oke, A. (2011) "Retracted: Authentically leading groups: The mediating role of collective psychological capital and trust." *Journal of Organizational Behavior*, 32 (1): pp.4-24.

Wasserman, N. (2003) "Founder-CEO succession and the paradox of entrepreneurial suc-

cess." *Organization Science*, 14（2）: pp.149-172.
West III, G.P.（2007）"Collective cognition: When entrepreneurial teams, not individuals, make decisions." *Entrepreneurship Theory and Practice*, 31（1）: pp.77-102.
West III, G.P. & Meyer, G.D.（1998）"To agree or not to agree? Consensus and performance in new ventures." *Journal of Business Venturing*, 13（5）: pp.395-422.
Weber, M.（1956）*Wirtschaft und Gesellschaft: Grundriss der verstehenden Soziologie: mit einem Anhang Die Rationalen und soziologischen Grundlagen der Musik*（Vol. 2）. Mohr.（世良晃志朗訳『支配の諸類型』創文社，1970年）．
Wiersema, M.F. & Bantel, K.A.（1992）"Top management team demography and corporate strategic change." *The Academy of Management Journal*, 35（1）: pp.91-121.
Xu, H. & Ruef, M.（2007）"Boundary formation in emergent organizations." *Research in the Sociology of Organizations*, 25: pp.125-153.
Yin, R.K.（1994）*Case Study Research 2/e*. Sage（近藤公彦訳，『ケース・スタディの方法』千倉書房，1996年）．
Zacharakis, A.L. & Meyer, D.G.（1998）"A lack of insight: Do venture capitalists really understand their own decision process?" *Journal of Business Venturing*, 13: pp.57-76.
Zaleznik, A.（1977）"Managers and leaders: Are they different." *Harvard Business*, 55（May-June）: pp.67-78.
Zolin, R., Kuckertz, A., & Kautonen, T.（2011）"Human resource flexibility and strong ties in entrepreneurial teams." *Journal of Business Research*, 64（10）: pp.1097-1103.

芦塚格（1999）「ベンチャー企業とネットワーク」忽那憲治・山田幸三・明石芳彦編著『日本のベンチャー企業――アーリーステージの課題と支援――』67-91頁，日本経済評論社．
磯谷明徳（2004）『制度経済学のフロンティア――理論・応用・政策――』ミネルヴァ書房．
伊藤精男（2015）「人材育成研究における「自己エスノグラフィー」の可能性」『九州産業大学経営学会経営学論集』25（4）：25-43頁．
稲村雄大（2008）「創業チームにおけるビジネス人材の役割」渡辺孝編『アカデミック・イノベーション』105-128頁，白桃書房．
牛田匡（2004）「自由教育学校研究に関する一考察：オートエスノグラフィー研究に注目して」『教育学科研究年報』30：61-68頁．
大月博司（2005）『組織変革とパラドックス（改訂版）』同文舘出版．
岡本呻也（2000）『ネット起業！　あのバカにやらせてみよう』文藝春秋社．
金井一頼（2002a）「ベンチャー企業とは」金井一頼・角田隆太郎編『ベンチャー企業経営論』1-26頁，有斐閣．
金井一頼（2002b）「起業のプロセスと成長戦略」金井一頼／角田隆太郎編『ベンチャー企業経営論』59-87頁，有斐閣．

金井壽宏（1989）「変革型リーダーシップ論の展望」『神戸大学経営学部研究年報』35：143-231頁。

金井壽宏（1991）『変革型ミドルの探求』白桃書房。

金井壽宏（1997）「有能感，自己決定，フロー経験と自己実現―これまでの経営学のモチベーション論を超えて―」『日本経営学会經營學論集』67：56-66頁。

金井壽宏（1998）「リーダーとマネジャー：リーダーシップの持論（素朴理論）と規範の探求」『國民經濟雜誌』177（4）：65-78頁。

金井壽宏（1999）『経営組織』日本経済新聞出版社。

金井壽宏，佐藤郁哉，ギデオン・クンダ，ジョン・ヴァン-マーネン（2010）『組織エスノグラフィー』有斐閣。

企業家倶楽部（2008）「千本倖生のすべて」『企業家倶楽部』13（2）：6-35頁。

木村琢磨（2007）「戦略的人的資源管理論の再検討」『日本労働研究雑誌』559：66-78頁。

清成忠男（1984）「ベンチャー・ビジネス―その日米比較」『組織科学』17（4）：32-33頁。

清成忠男，中村秀一郎，平尾光司（1971）『ベンチャー・ビジネス』日本経済新聞社。

小門裕幸（2007）「起業的企業を成功させる企業統治（ベンチャーバックトガバナンス）の仕組み―新興企業の喫緊の課題；新しいガバナンスの導入」『法政大学イノベーション・マネジメント研究センター イノベーション・マネジメント』4：31-60頁。

小林英夫（2014）「ベンチャーの報酬施策と人的資源柔軟性：中小企業とは何が異なるのか」『日本労働研究雑誌』649：62-72頁。

小林英夫（2015）「ベンチャー創業チームの形成プロセス：通信ベンチャーの事例比較」『組織科学』48（3）：41-54頁。

小林英夫（2016）『ベンチャーの組織形成と発展の研究』神戸大学大学院経営学研究科博士論文。

榊原清則（1999）『ベンチャー・ビジネス：日本の課題』科学技術庁。

坂田桐子，高口央（2008）「リーダーシップ過程における自己概念の役割」坂田桐子・淵上克義編『社会心理学におけるリーダーシップ研究のパースペクティブⅠ』53-77頁，ナカニシヤ出版。

佐藤智恵（2011）「自己エスノグラフィーによる「保育性」の分析：「語られなかった」保育を枠組みとして」『保育学研究』49（1）：40-50頁。

清水龍瑩（2000）「優れたトップリーダーの能力」『三田商学研究』42（6）：31-57頁。

鈴木隆雄（2010）「当事者であることの利点と困難さ：研究者として/当事者として」『日本オーラル・ヒストリー研究』6：67-77頁。

高橋勅徳（2008）「埋め込まれた企業家の企業家精神―神戸元町界隈における華僑コミュニティを事例として」『ベンチャーレビュー』12：23-32頁。

中小企業基盤整備機構（2011）「ベンチャー企業の人材確保に関する調査」『中小機構調査研究報告書』3（6）。

中小企業庁（2014）『中小企業白書2014年版』大蔵省印刷局。
東條巌（2008）『東京めたりっく通信物語』出版賛同人会。
成田喜一郎（2012）「次世代型学校組織マネジメント理論の構築方法：「水の思想・川の組織論」の創成過程」『東京学芸大学教職大学院年報』1：1-12頁。
南場智子（2013）『不格好経営—チームDeNAの挑戦』日本経済新聞出版社。
日経BP（2000）「編集長インタビュー」『日経ベンチャー』2000年5月号：40-43頁，日経BP社。
花家彩子（2012）「演劇経験を教育的に評価するための研究方法としてのオートエスノグラフィーの可能性」『学校教育学研究論集』25：85-98頁。
平田光子（1999）『ベンチャー企業における創業チームの役割』慶應義塾大学大学院経営管理研究科博士課程学位論文。
平野光俊（2006）『日本型人事管理—進化型の発生プロセスと機能性—』中央経済社。
福嶋路（2013）『ハイテク・クラスターの形成とローカル・イニシアティブ—テキサス州オースティンの奇跡はなぜ起こったのか』東北大学出版会。
松嶋登，浦野充洋（2007）「制度変化の理論化：制度派組織論における理論的混乱に関する一考察」『國民経済雑誌』196（4）：33-63頁。
松嶋登，高橋勅徳（2007）「制度的企業家の概念規定：埋め込まれたエージェンシーのパラドクスに対する理論的考察」『神戸大学大学院経営学研究科ディスカッションペーパー』2007-48。
松田修一（1998）『ベンチャー企業』日本経済新聞社。
松田修一（2014）『ベンチャー企業 第4版』日本経済新聞出版社。
松田博幸（2010）「ソーシャルワーカーはセルフヘルプ・グループから何を得ることができるのか？：自己エスノグラフィーの試み」『社會問題研究』59：31-42頁。
松原敏浩，Masum M. A. A.（2007）「リーダーシップ文献展望（11）：オーセンティック・リーダーシップとナルシシスティック・リーダーシップ（カリスマ的リーダーシップの両極端）」『愛知学院大学経営管理研究所紀要』14：51-71頁。
三隅二不二（1978）『リーダーシップの行動科学』有斐閣。
森雄繁（1994）『補佐役—新しいリーダーシップ像—』同文舘出版。
柳孝一（1994）「ベンチャー企業の位置づけと支援の必要性」早稲田大学アントレプレヌール研究会編『ベンチャー企業の経営と支援』1-26頁，日本経済新聞社。
山下勝（2001）『ベンチャー企業の生成プロセスに関する組織論的考察』神戸大学大学院経営学研究科博士課程学位論文。
山田仁一郎（2006）「不確実性対処としての企業家チームの正当化活動」『ベンチャーレビュー』8：23-32頁。
山田仁一郎（2015）『大学発ベンチャーの組織化と出口戦略』中央経済社。
湯﨑英彦（2009）『巨大通信ベンチャーの軌跡』日経BP社。

吉原英樹（1967）「組織スラックと企業行動」『国民経済雑誌』116（2）：78-95頁。
若林直樹（2009）『ネットワーク組織：社会ネットワーク論からの新たな組織像』有斐閣。
脇坂明（2003）「右腕が中小企業の経営業績に与える影響」佐藤博樹・玄田有史編『成長と人材——伸びる企業の人材戦略』勁草書房，62-85頁。

人名・企業名索引

人名

青野慶久 ……………………………… 166
赤浦徹 ………………………………… 166
阿部基成 …………………………… 8, 137, 158
五十嵐尚 …………………………………… 8
井深大 …………………………………… 31
稲盛和夫 ……………………………… 3, 72
上田惇生 ……………………………… 81
梅山伸二 ……………………………… 53
エリック・ガン ………… 3, 53, 98, 129, 156
岡本久典 ………………………………… 8
沖見勝也 ……………………………… 58
小畑至弘 ……… 7, 54, 129, 152, 153, 158, 177
笠原和彦 ……………………………… 32
河村啓史 ……………………………… 58
川村啓三 ……………………………… 53
木田昌宏 ……………………………… 58
小林博昭 ……………………………… 52
齊藤忠夫 ………………………… 17, 72
坂田好男 ……………………………… 59
真田哲弥 ……………………………… 73
庄司勇木 ………………… 6, 54, 137, 157, 177
杉村五男 ……………………………… 53
鈴木正誠 ……………………………… 58
鈴木松吾 ………………………… 9, 175, 177
スティーブ・ウォズニアック ……… 31
スティーブ・ジョブズ … 23, 31, 95, 97, 160
須山勇 ………………………………… 58
セルゲイ・ブリン ………………… 31
千本倖生 …………… 3, 53, 98, 129, 156, 191
孫正義 ……………………………… 95, 160
髙須賀宣 ……………………………… 166
高橋荒太郎 …………………………… 32
達城丈治 ……………………………… 58
田中敦史 …………… 4, 53, 106, 130, 154, 171
谷井等 …………………………… 73, 169
田畑正吾 ……………………………… 169
佃近雄 …………………………………… 25
坪谷諭 …………………………… 60, 164
テリー・ポルテ ………………………… 62
東條巌 ………………………………… 52
中村崇則 ……………………………… 169
中村亮介 ……………………………… 171
南場智子 ……………………………… 128
新田徹 ………………………………… 64
畑慎也 ………………………………… 166
原恵海 …………… 6, 60, 107, 132, 157, 177
平野剛 ………………………………… 53
ビル・ゲイツ ………………………… 23
深田浩仁 ………………………… 9, 130
福井直樹 ……………………………… 169
藤沢武夫 ……………………………… 32
藤原洋 ………………………………… 7
星野隆作 …………………………… 60, 164
ボブ・ディレイニー …………………… 6
堀江貴文 ……………………………… 166
本城慎之介 …………………………… 32
本田宗一郎 …………………………… 32
増田宗昭 ……………………………… 32
松下幸之助 …………………………… 32
三木谷浩史 …………………………… 32
三井信雄 ……………………………… 58
村上太一 ……………………………… 73
村口和孝 ……………………………… 128
盛田昭夫 ……………………………… 31
矢萩茂樹 ……………………………… 8
山田理 ………………………………… 166

湯﨑英彦 ·· 57, 165
ラリー・エリソン ··································· 23
ラリー・ペイジ ·· 31
リチャード・ブランソン ······················ 160
渡邉美樹 ·· 169

企業名

DDI ···························· 1, 3, 6, 13, 14, 18, 60,
　68, 72, 103, 107, 131
DeNA ·· 128
J-Phone ·· 22
JTOWER ·· 106, 171
KDD ····································· 7, 14, 59, 107, 130
KDDI ·· 14, 20, 22
NTT ·································· i, 1, 17, 52, 55, 169
NTTコミュニケーションズ ············ 57, 165
NTTデータ ···································· 8, 131
NTTドコモ ·· 22
NTTPCコミュニケーションズ ············ 58
Paradyne ··· 52
Vodafone ·· 22
Y!Mobile ··· 22
Yahoo!BB ························ 20, 22, 62, 151, 153
アッカ・ネットワークス ········· 2, 14, 20, 22,
　57, 138, 164, 178
イー・アクセス ············· i, 1, 3, 53, 60, 61, 68,
　98, 108, 129, 151, 155, 171, 175
イー・モバイル ································ iii, 21, 172
イグナイト ································· 57, 58, 164
インターネット総合研究所 ····················· 7
インデックスデジタル ························· 169
インテリジェントテレコム ····················· 8

インフォキャスト ··················· 73, 169, 174
カーライル ································· 20, 62, 151
ゴールドマン・サックス ········ 4, 11, 20, 61,
　72, 102, 108, 131, 156, 163, 172
サイボウズ ·· 166, 171
三和銀行 ·· 56
シナジーマーケティング ····················· 171
スピードネット ··· 7
数理技研 ······························· 52, 56, 64, 69
ソネット ··· 52, 69
ソフトバンク ···················· 7, 20, 22, 56, 71,
　99, 100, 151, 153, 192
ソフトバンクBB ······································ 22
ソフトバンクテレコム ··························· 22
ソフトバンクモバイル ··························· 22
デジタルハリウッド ······························· 13
東京インターネット ······················· 52, 56
東京電力 ·· 7
東京めたりっく通信 ·············· 2, 20, 52, 64,
　68, 138, 157
日本IBM ····································· 5, 58, 152, 159
日本高速通信 ·· 1
日本テクノロジーベンチャーパートナーズ
　·· 128
日本テレコム ··················· 1, 8, 22, 62, 131, 151
日本パラダイン ······································ 52
フィデリティ ···································· 9, 131
マイクロソフト ·· 7
モルガン・スタンレー ·········· 5, 11, 61, 62,
　72, 102
リコー ·· 52, 53
リブセンス ··· 73

事項索引

欧文

ADSL ……………………………… i, 1, 2
ADSLモデム ……………… 18, 52, 69, 110, 134
Annex. A ……………………………… 55, 69
Annex. C ……………………………… 55
FDD ……………………………… 100
FTTH ……………………………… 2, 21
ISDN ……………………………… 2, 55
MVNO ……………………………… 1
TDD ……………………………… 100
Upper Echelons Theory ……………… 46, 184
WiMAX ……………………………… 61

あ行

アイデンティティ …… 39, 88, 115, 141, 162, 182, 185, 188
アイデンティティ理論 ……………………… 88
天邪鬼の方法 ……………………………… 48
アントレプレナー ……………… 26, 28, 29, 33
アントレプレナーシップ …… 26, 80, 97, 188
異質性 ……………………… 46, 76, 118, 179
イノベーション ……………………… 28, 33
イノベーションのジレンマ ……………… 21
エスノグラフィ ……………………… 37, 187
オーセンティック・リーダーシップ
 ……………………………… 93, 95

か行

階層化 ……………………………… 135
外套 ……………………………… 115, 159
滑業家 ……………………… 143, 163, 174
カテゴリー化 ……………… 90, 116, 185
ガバナンス ……………………………… 65

カリスマ ……………………… 83, 96, 114, 163
カリスマ起業家 ……………………… 103
カリスマ性 ……………………… 23, 83, 93
カリスマ的リーダーシップ ……… 83, 93
感情的葛藤 ……………………… 48, 92
管理的活動 ……………………………… 84
機会実現 ……………………………… 31
機会認識 ……………………………… 31
機会の窓 ……………………………… 1
起業家 ……………………………… 26, 29
企業家 ……………………… iv, 24, 29, 80
企業家精神 ……………………………… 79
企業家チーム ……………… 34, 48, 74, 92, 124
企業家的アイデンティティ ……… 91, 97
企業家的活動 ……………………………… 84
企業成長の理論 ……………………… 148
企業成長理論 ……………………… 122
企業統治 ……………………… 65, 67, 70, 77
企業内特殊技能 ……………………… 176
キャピタルゲイン ……… 67, 104, 107, 142
キャリア・マネジメント ……… i, v, 191
キャリアアンカー ……………………… 106
キャリアプラトー ……………………… 107
急成長志向性 ……………………… 29, 125
凝集性 ……………………………… 46, 92
グループダイナミックス ……………… 47
経営チーム ……… iv, 15, 24, 33, 34, 43, 114, 181
経路依存性 ……………………………… 127
ケース・スタディ ……………………… 41
限定的合理性 ……………………………… 45
交換型リーダー ……………………… 101
交換型リーダーシップ ……………… 82
構造的アイデンティティ理論 ……… 88

構造的コンフリクト ……………………… 48, 76
傲慢症候群 ……………………………………… 94
コロケーション …………………………… 1, 17

さ行

最適弁別性理論 ………………………………… 90
参加観察エスノグラフィ ………………… 37
資源依存理論 ………………………………… 44
資源探索モデル ……………………… 43, 177
資源ベース理論 ……………………………… 31
事業計画書 ……………… 5, 11, 129, 156, 163
自己エスノグラフィ ……………… 39, 155
自己カテゴリー化理論 …………………… 88
自己決定感 …………………………………… 103
自己効力感 ……………………… 105, 112, 118
自己実現 ……………………………………… 83
社会的アイデンティティ理論 …… 88, 115
社会ネットワーク理論 …………………… 44
集団プロトタイプ性 ……………… 90, 116
主導的起業家 ………………… 32, 97, 115, 184
シリアル・アントレプレナー …… 71, 88, 95
自律性 ……………………………… 105, 112, 119
新規性の活力 ……………………………… 121
新規性の不利益 ……………………………… 121
新結合 …………………………… 28, 29, 80
人的資源柔軟性 ……………………… 148, 177
人的スラック ……………………… 148, 176
ストックオプション …… 13, 15, 79, 104, 107, 153
スラック ……………………………………… 21
成功の復讐 …………………………………… 21
制度 …………………………………………… 74, 86
正統性 ………………………………… 71, 87, 112
制度的企業家 ………………………………… 86
制度派組織論 ………………………………… 86
専門化 ………………………………………… 127
創業株 ………………………………………… 103
創業企業家 …………… 30, 32, 92, 105, 115, 187

創業者 ……………… iii, 3, 23, 30, 43, 52, 57, 68, 79, 93, 98, 124, 162
創業者持分 …………………………………… 63
創業チーム ……………… 6, 32, 34, 44, 51, 52, 57, 65, 68, 98, 108, 116, 123, 176, 181
組織アイデンティティ …………………… 90
組織市民行動 ……………………… 111, 122
組織スラック ……………… 146, 155, 182
組織設計 ……………………………… 126, 138
組織文化 ……………………………… 108, 119
組織ライフサイクル ……………………… 144

た行

第三者割当増資 ……………………… 12, 20, 63
脱個人化 ……………………………………… 90
多様性 ………………………………………… 46
知の熟練 …………………………………… 148
中小企業 ……………………………… 25, 67, 125
追随の企業家 …………………… 33, 114, 184
通信自由化 ………………………………… 1, 3
定性的調査 …………………………………… 36
定量的調査 …………………………………… 36
同一化 ………………………………… 91, 118, 162
統合 ……………………………… 118, 143, 145, 175
統合者 …………………………… 145, 149, 154, 174
同質性 ……………………………… 46, 76, 127

な行

内発的動機付け …………………………… 112
ナルシシスティック・リーダーシップ … 93
人間関係モデル ……………………… 43, 177
認知的葛藤 ……………………… 48, 92, 118
ネットワーク組織 ……………… 126, 139, 182

は行

ハブリス ……………………………………… 94
ビジョナリー ……………………… 118, 182, 184
フォロワーシップ …………………………… 84

プリンシパル・リーダー 32, 123
分化 118, 143, 145, 175
文鎮型組織 138
変革型リーダーシップ 82
弁証法的探求 48
ベンチャー 23, 25
ベンチャー・キャピタル 47, 57, 63, 66, 127
ホールセール 18
ホールセール型 54
ポジティブ組織行動 95

ま行

マネジメント 84, 85
マネジャー 85
マネジリアル・グリッド 82, 101

満足化原理 45

や行

役割アイデンティティ 92, 97, 116, 124
役割柔軟性 176
欲求階層説 82
弱い紐帯 44, 54

ら行

ライフサイクル・モデル 124
リーダー 30, 32, 83, 85, 93, 116, 190
リーダーシップ 29, 81, 85, 93, 101
リテール型 54, 69
類似性/引き寄せ理論 44, 50, 72
連結ピン 145
ロールモデル 71, 106, 163, 191

〈著者紹介〉

小林　英夫（こばやし　ひでお）

多摩大学経営情報学部教授，博士（経営学）。
1964年生まれ，東京都出身。
1987年　慶應義塾大学経済学部卒業。
2000年　慶應義塾大学大学院経営管理研究科修士課程修了。
2016年　神戸大学大学院経営学研究科博士後期課程修了。
専門領域は，組織マネジメントとアントレプレナーシップ。
日本アイ・ビー・エムを経て，イー・アクセスの創業に参画。同社の東証マザーズおよび東証一部上場に貢献し，携帯子会社イー・モバイルの立ち上げも手掛ける。イー・アクセス代表取締役副社長，イー・モバイル執行役員副社長を経て，2013年より多摩大学経営情報学部准教授，2016年より現職。

何がベンチャーを急成長させるのか
■経営チームのダイナミズム

2017年9月10日　第1版第1刷発行

著　者	小　林　英　夫	
発行者	山　本　　　継	
発行所	㈱中央経済社	
発売元	㈱中央経済グループ　パブリッシング	

〒101-0051　東京都千代田区神田神保町1-31-2
電話　03 (3293) 3371 (編集代表)
　　　03 (3293) 3381 (営業代表)
http://www.chuokeizai.co.jp/
印刷／昭和情報プロセス㈱
製本／誠　製　本㈱

Ⓒ 2017
Printed in Japan

＊頁の「欠落」や「順序違い」などがありましたらお取り替えいたしますので発売元までご送付ください。(送料小社負担)

ISBN978-4-502-23581-8　C3034

JCOPY〈出版者著作権管理機構委託出版物〉本書を無断で複写複製（コピー）することは，著作権法上の例外を除き，禁じられています。本書をコピーされる場合は事前に出版者著作権管理機構（JCOPY）の許諾を受けてください。
JCOPY〈http://www.jcopy.or.jp　eメール：info@jcopy.or.jp　電話：03-3513-6969〉